LES NOUVELLES DROGUES DE LA GÉNÉRATION RAVE

Parents, que savez-vous ?

DES MÊMES AUTEURS

LES SECTES EN BELGIQUE ET AU LUXEMBOURG, EPO, Anvers, 1994.

L'ORGANIZATSIYA. LA MAFIA RUSSE À L'ASSAUT DU MONDE, Calmann-Lévy, Paris, 1996.

LE CANNABIS EXPLIQUÉ AUX PARENTS, Luc Pire, Bruxelles, 1999.

ALAIN LALLEMAND
Dr PIERRE SCHEPENS

LES NOUVELLES DROGUES

DE LA

GÉNÉRATION RAVE

Parents, que savez-vous ?

BERNARD GRASSET

PARIS

© *Editions Grasset & Fasquelle, 2002.*

A Cathy

Il regarda l'angle de son bureau. L'étui à ciga-
rettes en cuivre, couvercle soulevé, une invitation.
Trois comprimés de méthamphétamines enrobés de
noir, nichés dans un des compartiments de la boîte,
partageant l'espace avec le phénobarbital, le butal-
bital et les plus dangereux de l'équipage, tous réunis
dans une cellule à part : l'unique cachet d'acide bleu
pâle, les quatre petits phencyclidines blancs, d'ap-
parence tellement inoffensive, et les trois capsules de
Contac, au-dessus de tout soupçon.

John Sandford, *Froid aux yeux*, 1991

PRÉLIMINAIRES

Tu es en terrain ardent.
Tu n'ignores pas ce refrain :
qui courtise le savoir tutoie le diable.

Martine Azoulai, *La Chair des dieux.*

❑ Qui sommes-nous ?

Quel curieux livre ! Ses auteurs affirment d'emblée qu'il existe des drogués heureux. Heureux, donc sans histoire. Voilà qui est en nette rupture avec la tradition française. C'est entendu : le recours aux drogues révèle la quête d'un plaisir supérieur ou d'une douleur atténuée. Il dénote l'existence d'une attente déçue face à la vie réelle. Mais réduire l'usage des drogues aux statistiques des services d'urgence et commissariats de police, bref, réduire les drogues à un malaise puis aux drames qu'il engendrerait inévitablement, revient à sous-estimer le pouvoir propre de séduction des stupéfiants. A nier les usages purement récréatifs et contrôlés. Nous avons même la faiblesse de penser que ces usages bénins – comme on évoque une maladie «bénigne» – sont majoritaires.

Pour autant, aucun usage de drogue ne se produit sans risque, et les pages qui suivent ne sont pas exemptes de drames. Ce pour quoi l'association d'un reporter et d'un psychiatre était indispensable : pour raconter l'«histoire des sans-histoire», l'un a trouvé des documents confidentiels en tous genres, fouillé les archives de police, les comptes-rendus de services hospitaliers, décrypté les formules chimiques, écumé les recoins de l'Internet. L'autre, outre l'accès privilégié aux sources médicales et académiques dont il bénéficie, était à même d'y superposer la rigueur du praticien mais surtout de sonder les âmes, les vertiges de l'absence de bonheur, et d'apporter aux faits bruts la chair dont ils sont dépourvus.

Mais au fait, qui sommes-nous ? Les auteurs de ce livre sont tous deux de nationalité belge, ce qu'on pourrait résumer ainsi : mi-français mi-néerlandais dans un pays qui fut le champ de bataille des puissances voisines, et où continuent à s'entrechoquer les politiques antidrogues les plus divergentes de l'espace européen. De 1997 à 2001, nous étions aux premières loges lorsque notre pays s'est engagé dans la dépénalisation de fait du cannabis et de sa détention pour usage personnel. Cette minirévolution a permis de confirmer le manque d'information de base sur ce qui demeure pourtant le stupéfiant illicite le plus répandu dans toute l'Europe : les parents, les éducateurs – et les consommateurs eux-mêmes – étaient particulièrement dépourvus d'informations fiables, livrées de manière claire et sur un support adéquat. Nous avons été fiers de combler ce vide en diffusant en Belgique le premier ouvrage de vulgarisation spécifiquement destiné aux parents, aux éducateurs et, ne soyons pas naïfs, aux consommateurs. Son fil conducteur : par le seul recours à l'autorité, le meilleur des parents n'est pas en mesure d'éviter un éventuel usage de stupéfiants par l'enfant si celui-ci a décidé de passer à l'acte. Par contre, l'adulte peut devenir une source d'information digne d'être écoutée pour autant qu'elle relaie une information objective, dénuée de biais idéologique. Et cette fonction de « leader d'opinion » peut être, elle, décisive.

Mais aujourd'hui, l'information doit porter aussi sur d'autres stupéfiants, plus récents, moins répandus et plus complexes que le cannabis, également plus dangereux. La crédibilité du discours est à nouveau primordiale : si elle le fut face au cannabis, elle l'est davantage encore lorsque surgit la menace des drogues synthétiques. Des drogues qui, elles, peuvent tuer.

Notre axiome : les plus jeunes sont perméables à la rumeur, mais les adultes ont souvent l'avantage de pouvoir collecter et organiser une information fiable, crédible, qui sera peut-être entendue par les plus jeunes. Voilà pourquoi ce livre existe et veut être un joker dans les mains des parents.

Par-delà notre complémentarité rationnelle, il faut ajouter que le reporter et le psychiatre partagent des convictions qui en font des amis, voire des complices, à l'heure de livrer la substance de cette enquête.

❑ Parents, qui vous informe ?

Un premier constat, essentiel : en matière de stupéfiants, le grand public et les supports d'information de large diffusion viennent de prendre dix années de retard. L'information récente est livrée par bribes, sans continuité, ou doit être recherchée dans les seules publications « tendance » et underground. Pas dans les médias de masse. L'Internet, qui s'est développé en même temps que les nouvelles drogues, les a intégrées de manière exemplaire. Mais combien de parents iront y puiser une information qui reste brute et multilingue ?

Nous n'avons pas trouvé d'explication rationnelle à cette absence d'information générale, cet aveuglement qui couvre une période importante : pourquoi l'émergence du crack, puis la vulgarisation de l'ecstasy (1988) demeurent-ils les derniers repères forts dans un monde en mouvement perpétuel ? Est-ce par désintérêt, ou parce que la matière est extrêmement rébarbative ? Est-ce parce que l'information, notamment policière, a été verrouillée durant une pleine décennie ? Est-ce dû au manque de pédagogie et de remise en question de nos médias ? Toujours est-il que bien peu de parents – et combien de médecins ? – ont aujourd'hui une idée claire de ce que représentent les nouvelles drogues, fussent-elles au nombre des plus connues : buprénorphine, GHB, 4-MTA, kétamine. Curieusement, il se trouve dans le seul monde du polar des auteurs qui décrivent avec maints détails ce que sont les nouveaux ressorts de la « planète drogue ». Mais peut-on parler de grande diffusion ? Et ces bribes d'information contiennent-elles une valeur autre que romanesque ?

Le premier problème est d'ordre sémantique : au début de ce siècle, le mot « ecstasy » qui désignait à l'origine la seule molécule chimique MDMA, puis qui a été utilisé pour nommer les dérivés d'amphétamines, est devenu un terme générique vidé de son sens. Les dealers vendent « de l'ecstasy », faute de savoir ce que renferment leurs comprimés. Lors de saisies, les policiers eux-mêmes parlent d'ecstasy par prudence – en attendant les résultats d'analyse – ou par facilité. Dû à un effet de contagion, et parce que les politiques sont rarement mieux renseignés que le grand public, le mot « ecstasy » s'est dissous dans un océan chimique inexploré. Pour tenter de comprendre un phénomène aussi complexe et souterrain que l'usage des drogues, on ne peut pas réunir sous une même étiquette des produits aussi contraires que les dépresseurs et les stimulants, liés à des besoins et usages radicalement opposés. Le pire des dangers étant que l'on avale l'un pour l'autre.

Or l'information est une clé de la prévention des drogues, et en est peut-être même la plus importante.

Deuxième constat, apparenté au manque d'information : les idées reçues ont la peau dure. Bien que les enquêtes par sondage donnent une vision plus nuancée des nouveaux usages de stupéfiants, la seule évocation des drogues synthétiques renvoie quasi automatiquement à la vision de *raves*, de rébellions, d'adolescents en recherche vivant un certain malaise. La vision n'est pas fausse, mais cruellement incomplète : d'une part, elle gomme l'aspect purement festif des *raves*, et, d'autre part, fait l'économie des adultes parfaitement intégrés socialement qui se *défoncent* dans la sphère privée, loin du beat des *DJ's*, et y trouvent sinon le bonheur, du moins le plaisir qu'ils en attendaient. La règle n'est pas ici celle de l'adolescence ni de la rébellion. L'ordre public n'en est pas affecté, raison pour laquelle, sans doute, ces « voyages » n'apparaissent guère dans les statistiques.

Comme le veut l'adage, « les gens heureux n'ont pas d'histoire ». Si une consommation n'est pas problématique, elle n'est pas visible et, en termes répressifs ou politiques, n'existe pas. Pourtant, à défaut d'image statistique du phénomène, qu'il soit simplement permis de rappeler que, pendant plusieurs années, la consommation de tranquillisants en France a été l'une des plus élevées d'Europe : plus du double, en moyenne, que la consommation allemande ou norvé-gienne [1]. Paris prendra des années avant de s'en rendre compte et de ramener la France à des usages plus rationnels. Par ailleurs, dans les années soixante-dix, la France produisait à tour de bras des amphé-tamines et méthamphétamines à usage médical [2], sans réaliser l'im-pact que cette surconsommation allait avoir. Le constat est valable pour d'autres pays d'Europe : l'usage de tranquillisants dans la population féminine belge (26,1 %) talonne celle du cannabis (32,4 %) [3], et il apparaît par ailleurs que 10,9 % des Belges admet-tent prendre des médicaments (et singulièrement des antidépres-seurs) uniquement – uniquement ! – pour se sentir en meilleure forme. Bref, notre expérience professionnelle et privée nous incite à penser qu'il existe dans toutes les strates de la population euro-péenne une généralisation de l'usage de substances, disons, dériva-tives, dont nous ne soupçonnons ni la diversité ni l'abondance. Le détournement des médicaments licites n'est pas seul en cause, et la percée des nouvelles drogues n'est pas liée à la seule jeunesse. L'ex-plosion des substances psychédéliques aphrodisiaques, comme le 2C-B ou le GHB, est là pour le démontrer : il existe un marché privé, notamment à connotation sexuelle, qui capte avec divers produits les jeunes comme les adultes, et qui a pour objet, non pas de com-bler des « moins », mais d'apporter des « plus » à la vie. En ce sens – et ce peut être terrifiant – nous vivons déjà ce qu'Aldous Huxley avait décrit dans *Le Meilleur des mondes*.

Nous devons admettre que l'usage de drogues synthétiques ne peut être systématiquement réduit à la notion de malaise. Si nous admettons que les drogués heureux ne consultent ni médecins ni psychiatres, nous aurons alors une vision toute différente du phé-nomène. Les overdoses mortelles, les effets d'annonce de la guerre à la drogue ne doivent pas dissimuler l'émergence d'une culture basée sur le plaisir immédiat, la quête du bonheur chimique, sans exclure la possible réapparition d'un authentique mouvement psy-chédélique qui rappelle celui de Timothy Leary, des années soixante et du LSD. Il n'est pas question de juger cette culture spécifique, encore moins d'y souscrire, mais de conserver dans son champ de vision des produits et des usages qui, parce que conformes à l'ordre ambiant, risqueraient de nous échapper.

Si nous admettons l'idée selon laquelle tout usage de stupéfiants révèle une inadéquation face à la vie (nous exigeons davantage de la vie, ou, au contraire, la vie est trop exigeante vis-à-vis de nous), nous refusons d'assimiler le consommateur au délinquant, au rebelle, au ferment de trouble social. Dans certains cas, la consommation de stupéfiants, notamment stimulants, est même due à l'évolution de nos sociétés. Exemple classique : le camionneur use d'amphétamines pour traverser l'Europe et respecter les horaires que lui impose un monde industriel qui, lui, souhaite éviter la constitution de stocks. L'économie à flux tendus, peu respectueuse de l'être humain, est entre autres génératrice de délits individuels qui vont de l'excès de vitesse à l'ingestion de substances détournées ou prohibées. Ce constat d'un « usage délinquant de produits prohibés à seule fin de mieux s'intégrer à son environnement » n'est d'ailleurs pas lié au seul monde économique : combien d'épouses ne vont-elles pas abuser de Xanax® pour se donner l'impression de « gérer » un conflit grave au sein du couple ? Un parallèle s'impose avec la consommation de drogues dites douces par l'adolescent : consomme-t-on du haschisch dans les cours de récréation par pure volonté d'être rebelle, ou pour mieux s'intégrer à un sous-groupe et à ses codes de conduite ? En définitive, le concept même de plaisir immédiat, livré en mode d'emploi des stupéfiants, ne serait-il pas l'aboutissement d'une logique de société ? Avant même que l'enfant ne se frotte au quotidien à la réalité économique, on lui inocule l'exemple de compétiteurs sportifs dopés à l'EPO. Une substance dont il ne découvrira que bien plus tard qu'elle est cousine de l'ecstasy, et produite en outre par les même filières criminelles. S'il est des sportifs pour admettre que le niveau actuel des performances ne peut être atteint sans dopage, quel sera le comportement de l'adolescent à la veille des examens ?

❑ Bonheur ®, en vente dans toutes les pharmacies

Notre troisième constat : l'apparition en fin de siècle dernier d'une foule de médicaments de confort aux effets parfois psychotropes. Le Prozac ® n'en est que l'avatar le mieux connu. L'abus éventuel de ces substances, par-delà la lettre des lois, rend dérisoire toute tentative de séparation claire et radicale des usages légitimes ou non. En France, au premier mois de son lancement, il s'est vendu 400 000 boîtes de Viagra ®. Etait-ce le signe d'une authentique pathologie, ou plutôt celui d'une « médicalisation de l'existence » ? Médicalisation que nous infligeons en outre à nos enfants puisque 7 % des nourrissons de trois mois auraient déjà consommé tranquillisants et hypnotiques[4]... Le secrétaire d'Etat à la Santé Bernard Kouchner détecte là une menace spécifique : « A vouloir gommer systématiquement par des drogues ou des médicaments les expériences et les rugosités de la vie, nous obtiendrons une société sans goût, sans but, incapable d'avancer sans béquille. Bref, un bonheur insoutenable... Interrogeons-nous, dès lors, sur l'insupportable et très recherché risque zéro[5]. »

La médecine est en tout cas devenue le réceptacle de toutes nos attentes, convoquée aux moment les plus incongrus. Nous attendons des médecins qu'ils soient infaillibles, d'où leur apparition croissante au titre de prévenu devant les tribunaux. Mais on leur demande paradoxalement qu'ils soient auxiliaires de justice et interprètent le droit, d'où la montée en puissance des experts judiciaires. Nous espérons de nos « french doctors » qu'ils règlent les crises humanitaires, et les invoquons enfin pour nous rassurer et nous border, le dimanche soir, dans nos séries télévisées (*Urgences*). Dans ces conditions, comment ne pas leur confier, outre nos malheurs, nos attentes de bonheur ?

C'est alors qu'il faut relever un second obstacle sémantique : nous distinguons généralement médicaments et drogues, là où les Anglo-Saxons ne parlent que de *drugs*. Or c'est Bayer qui a inventé l'héroïne, commercialisée comme « antitussif n'entraînant pas d'assuétude ».

C'est la société Merck qui fut la première à breveter l'ecstasy[6]. C'est un salarié de Sandoz qui découvrit les propriétés du LSD[7]. Ironie du sort, les toxicomanes eux-mêmes baptisent désormais le Rohypnol® du nom de la société pharmaceutique qui le commercialise : un « Roche ». La rédaction de ce livre nous a obligés à retrouver sur notre clavier d'ordinateur la commande « ® », tant les drogues ont été et sont toujours un enjeu commercial. Un enjeu qui parfois – on le verra avec le GHB – a compromis la lutte antidrogue au niveau européen.

L'interaction entre le commerce licite de médicaments et le commerce illicite des drogues nous a poussés à ouvrir ce livre par les « défonces médicales », lesquelles ne représenteraient, à lire la majorité des auteurs, qu'un bruit de fond dans nos sociétés. Nous sommes loin d'en être convaincus : généralement occulté, ce « bruit de fond » est assourdissant et s'est accru sans relâche depuis 1960. Nous espérons que son évocation aura d'emblée pour effet de pousser les parents à s'interroger sur leurs propres pratiques : avant de condamner la drogue des autres, ne faut-il pas s'interroger sur le contenu de sa propre table de nuit ?

Nous avons intégré à notre récit les expériences de consommateurs, parce que les drogues représentent en premier lieu, par-delà les équations chimiques, une réalité subjective, à explorer de l'intérieur. Pour comprendre un produit, il faut connaître ses attraits. Mais soyons clairs : jamais nous n'avons testé les substances traitées dans cet ouvrage et n'en émettons aucun désir ni regret. Ce livre n'est pas *Acid Test*[8]. Nous rendons compte d'usages, des cultures qui leur sont associées, sans pudeur ni préjugés, mais sans y souscrire. Nous conservons à l'esprit qu'information et militance font mauvais ménage. Et, en outre, que la grande majorité des substances présentées ici sont dangereuses, parfois mortelles.

NOTES

1. Organe international de contrôle des stupéfiants (OICS), rapport 2000.
2. OICS, *op. cit.*

3. René Patesson, Pascale Steinberg, *Enquête sur les Belges et la drogue*, ULB, novembre 2000.

4. Résultat d'une enquête menée sur les nourrissons du XVIe arrondissement de Paris.

5. Bernard Kouchner, préface à Bernard Roques, *La Dangerosité des drogues*, éd. Odile Jacob, Paris, janvier 1999.

6. OEDT, *New trends in synthetic drugs in the European Union*, Lisbonne, 1997.

7. OEDT, *op. cit.*

8. Le livre de Tom Wolfe, *Acid Test*, publié en 1967, était en voyage à l'intérieur du mouvement psychédélique et de la *beat generation*.

PREMIÈRE PARTIE

Du pharmacien au dealer

LA MORT SANS ORDONNANCE

Jackie is just speedin' away
Thought she was James Dean for a day
Then I guess she had to crash
Valium would've helped that bash
She said hey babe, take a walk on the wild side

Lou Reed, « Walk on the wild side ».

Cela ressemble à une vague. A moins qu'il ne s'agisse, le recul aidant, d'une montagne russe, de l'un de ces incessants manèges qui passent et reviennent sur l'obstacle jusqu'à vous chavirer le cœur : Rohypnol®, Valium®, ecstasy. Rohypnol®, Valium®, ecstasy...

Plus bas, une autre vague déferle – Valium®, Subutex®, Rohypnol® – et vient mourir en héroïne et Survector®. Tout un poème : « Survector », voilà un nom qui appelle le souvenir des héros d'enfance. Survector, Superman et Mandrake le magicien...

Mais nous sommes bien loin de Gotham City. Nous sommes dans un monde où « Superman » désigne un comprimé d'ecstasy, et où seuls les somnifères s'appellent Mandrax. Nous voilà rue Lafayette, à Paris, à un jet de pierre de la gare du Nord, au siège de l'Observatoire français des drogues et des toxicomanies (OFDT). Ici, on analyse les première percées, la diffusion et l'apogée des nouvelles drogues, puis leur déclin prévisible. Que ce soit dans l'espace festif – les *raves*, soirées techno, clubs – ou dans l'« espace urbain », les grandes villes abritent en majorité des usagers à problèmes. Les vagues qui ont capté notre attention décrivent la consommation de drogues telle qu'elle pouvait être établie en France en mars 2000, au départ des sites d'observation de Paris et banlieue, Metz, Lille, Lyon, Dijon, Rennes, Bordeaux, Toulouse, Marseille. Dans la « première vague », qui décrit le milieu festif, le Rohypnol est en début de parcours, le Valium a le vent en poupe, et l'ecstasy s'essouffle déjà. Dans la « deuxième vague », centrée sur les villes, le Valium est en début de parcours, le Subutex est à plein régime, et le Rohypnol, déjà, s'épuise.

La surprise n'est évidemment pas de constater qu'après dix ans de succès populaire, l'ecstasy a atteint son plafond dans les soirées techno ; ou que les décoctions artisanales de pavot atteignent désormais une large diffusion dans l'Hexagone. Non, la surprise provient du succès des substances médicales auprès des toxicomanes : dans les villes françaises, le Rohypnol détrône l'héroïne, alors que d'autres substances médicales, comme l'Artane® et le Valium, déjà dans le pipe-line, attendent leur heure de gloire. Particularité française : les héroïnomanes n'y sont pas traités majoritairement à la méthadone, substitut le plus fréquent en Europe, mais au Subutex. Ce qui complique le tableau et ajoute ce médicament aux drogues de large diffusion illégale telles que la cocaïne : car, bien évidemment, s'il est prescrit, ce médicament apparenté à l'opium se retrouve rapidement dans les filières de trafic [1]. Bien loin des images traditionnellement véhiculées par nos téléviseurs, la « drogue » n'est pas uniquement le fruit de laboratoires clandestins, de chimistes allumés retraitant la production d'humbles cultivateurs des forêts tropicales. Il y a aussi, derrière ces marchés, du « copyright » et des marques déposées...

Nous n'avons cité que quelques médicaments, et voilà qui est déjà trop. Lorsqu'il s'agit de parler de drogues illicites en général, rien de plus facile : trois ou quatre produits d'origine végétale dominent le marché : cannabis, cocaïne, héroïne. Pas de quoi en attraper des maux de tête. Mais lorsqu'il s'agit de médicaments détournés, comment s'y retrouver sans être chimiste ni médecin ? L'industrie pharmaceutique recense plus de 6 100 substances dites « psychotropes » – agissant chimiquement sur le psychisme – dont l'écrasante majorité est commercialisée sous diverses étiquettes : analgésique, anesthésique, antidépresseur, neuroleptique, anxiolytique, etc.

Qui plus est, le jeu des licences nationales multiplie les appellations commerciales, au point qu'une même molécule, comme celle du « diazépam », utilisée entre autres pour le sevrage alcoolique et le traitement de l'insomnie, est vendue légalement dans le monde sous 85 noms différents. Pour cet exemple heureusement, il existe une dénomination commerciale dominante utilisée dans presque toute l'Europe, la Suisse, les Etats-Unis : le Valium. Malheureusement, en retenant ce seul nom, on tronque déjà la réalité : si cette appellation commerciale est utilisée, parle-t-on effectivement du Valium produit légalement par les laboratoires X (la société Roche en l'occurrence) puis détourné des circuits commerciaux, ou parle-t-on d'un produit similaire, voire contrefait ? Par ailleurs, puisque l'objectif est celui de la clarté, comment le lecteur britannique pourrait-il deviner que cette molécule est également vendue dans son pays, et dans les mêmes doses, non seulement sous le nom de Valium mais aussi de Tensium®, voire sans étiquette commerciale aucune (ce qu'on appelle un « médicament générique ») ?

Le problème se complique encore lorsqu'on traite de médicaments dont le nom scientifique est une horreur (« trihexyphénidyl hydrochloride »…), connus dans certains pays d'Europe sous le nom d'Artane®, mais inconnu dans d'autres. L'Artane® est un produit utilisé dans le traitement de la maladie de Parkinson ainsi que pour corriger les effets secondaires des neuroleptiques, mais qui dispose par ailleurs d'effets hallucinogènes. On peut se droguer avec des comprimés de 2 mg d'Artane®, vendus en pharmacie à 0,3 FF (0,05 €) et qu'on retrouve sur le marché noir parisien au prix de 5 à 10 FF (0,76 à 1,52 €). Cet antiparkinsonien semble prisé dans le milieu festif, « notamment au sein des boîtes de nuit pour homosexuels ainsi que dans les clubs de gym »[2].

Un Suédois devra savoir que, dans son pays, ce produit s'appelle Pargitan®, alors que le Norvégien l'appelle Peragit®.

L'exemple du Subutex français est plus compliqué : il équivaut au Temgésic® commercialisé dans la majeure partie de l'Europe[3]. Mais les doses commercialisées en France sont 25 fois plus puissantes que dans les autres pays d'Europe.

Pour éviter de sombrer dans un charabia de pharmacien à propos des trafics de médicaments en Europe, nous retiendrons l'essentiel : dans un pays, ou un groupe de pays donné, un produit ou un groupe de produits pose, à un moment donné, un problème. A partir de là, et comme il est impossible de le cerner dans son ensemble, dans tous ses détails, on parviendra, par analogie, à en comprendre les dimensions. Notre démarche n'est pas académique, c'est celle de la vulgarisation. Nous opterons pour le nom le plus simple à retenir, qu'il soit chimique ou commercial, et, lorsque nécessaire, nous donnerons les « traductions ».

❏ Les trafics de « benzos »

En mars 2000, au moment où la France constate la montée en puissance de la consommation de médicaments non seulement parmi ses toxicomanes mais aussi parmi les usagers récréatifs, quelle est la situation internationale du trafic de médicaments ?

Interpol[4] dénonce, ce même mois de mars 2000, un trafic constant d'un groupe précis de produits pharmaceutiques appelés « benzodiazépines ». Ce sont des anxiolytiques, donc des produits utilisés pour diminuer l'anxiété. En gros, des tranquillisants. On les connaît sous les noms de : Normison®, Halcion®, Lexomil®, etc.

En 1999, onze pays dans le monde ont réalisé des saisies importantes de ces « benzos » dans des réseaux de trafics illicites. Trois molécules connues en tête : le flunitrazépam (c'est la molécule du Rohypnol), le diazépam (celle du Valium) et le témazépam (de type Normison[5]). Un trio auquel les Nations unies, via son organe de contrôle des stupéfiants, ajoutera un an plus tard l'alprazolam, cette « benzo » mieux connue en Europe sous le nom de Xanax. En 2000, l'Organisation mondiale des douanes signale la saisie de près d'un million de comprimés de benzodiazépines dans le monde, et constate que ces saisies, en Europe, ont quadruplé : plus de 600 000 comprimés pour ce seul continent. Qu'est-ce que cela signifie ? On sait que les saisies représentent sans doute moins d'un dixième du volume effectivement trafiqué. On peut en conclure que sont livrés chaque année sur le marché noir européen environ 6 millions de comprimés, presque l'équivalent de toute la consommation licite d'un pays comme la Belgique (8 millions de comprimés).

Ces dernières années, les trafics de «benzos» démantelés ont surtout concerné les pays scandinaves, lesquels ont effectué de larges saisies de Rohypnol. Au Danemark, les «benzos» figurent parmi les quatre drogues les plus fréquemment utilisées, aux côtés de l'héroïne, du cannabis et de la méthadone, ce produit utilisé pour le sevrage des héroïnomanes [6]. La Suède annonce pour sa part, de 1985 à 1998, une multiplication par cinq des saisies de médicaments, pour la plupart des tranquillisants et des sédatifs : ce pays est passé de 500 à 2500 saisies annuelles, dont le produit-phare est la benzodiazépine, et singulièrement le Rohypnol dont le prix d'un seul comprimé, sur le marché illicite suédois, est de un à deux euros [7]. Si on se réfère aux 294000 comprimés pharmaceutiques saisis en Suède sur la seule année 1998, un tiers des saisies de police et la moitié de toutes les saisies douanières de médicaments étaient composées de comprimés de Rohypnol.

Le trafic des «benzos» est très organisé mais volatil, et profilé pour chaque région du monde. Même des Etats où le Rohypnol® est strictement interdit en sont submergés : de 1985 à 2001, 4500 cas de trafic de Rohypnol seront découverts aux Etats-Unis [8]. Il est partout, les trafiquants copient les produits commerciaux, réalisant des contrefaçons. Ainsi, l'Afrique a-t-elle été confrontée à de faux comprimés de Rohypnol, d'une curieuse teinte rose.

En Scandinavie, les routes du trafic partaient, jusqu'il y a peu, d'Europe de l'Est. Parmi les pays fournisseurs : la Tchéquie et la Slovaquie [9]. Interpol annonce en 2000 que ces filières ont été démantelées. Mais une nouvelle piste apparaît aussitôt : la Norvège annonce en 1999 avoir réalisé deux saisies de Valium, pour plus de 100000 comprimés au total, dont l'origine présumée était la Thaïlande via la Suisse.

En Asie, les mouvements clandestins de «benzos» se multiplient. En 1997, une cargaison de 1,8 tonne de diazépam (donc, de type «Valium») est interceptée entre la Chine et Singapour. Les policiers s'aperçoivent que la cargaison est destinée à l'Indonésie, un pays où l'on constate depuis 1996 de nombreuses tentatives de détournement de ce produit.

De son côté, l'Inde signalera avoir intercepté, en janvier 1999, un passager embarquant à destination de Tachkent (Ouzbékistan) avec plus de 500 000 comprimés de diazépam. Près d'un an plus tard, le 25 décembre 1999, les Indiens appréhendaient un Ouzbek, en route lui aussi pour Tachkent, avec 92 000 comprimés de diazépam dans ses bagages... En 2000, la Fédération de Russie saisit en un seul coup 250 kilos de diazépam (équivalant à 125 millions de comprimés !) venus de Chine et destiné à la Roumanie [10]. L'Europe est sans doute approvisionnée en benzodiazépines illégales au départ de l'Asie. De 1993 à 1997, la production mondiale de diazépam est de plus de 80 tonnes par an. En 1998, seuls 9 pays en produisaient, et la part de la Chine représentait 58 % de la production mondiale, celle de l'Inde 12 %. L'Asie en est donc, et de très loin, le premier producteur et la première source d'approvisionnement possible des trafiquants en diazépam.

Mais on ne parle ici que d'un seul type de benzodiazépines. Si on élargit le champ de vision , le rôle joué par l'Asie s'estompe. Ainsi, en juillet 1998, à l'aéroport du Caire, deux trafiquants sont interceptés en possession de 500 000 comprimés de type « Rohypnol », en fait du flunitrazépam conditionné en sachets de 1 000 comprimés. Ils viennent d'Addis-Abeba, en Ethiopie, et se rendent en Syrie, à Damas. Source d'approvisionnement présumée : l'Afrique de l'Ouest, cette fois. L'Afrique n'est plus, et depuis longtemps, ce continent qui ne connaît que les drogues végétales : les médicaments dérivés de l'opium se trafiquent en Mauritanie, les comprimés indiens abreuvent l'est du continent.

Et il ne faut pas sous-estimer les filières purement européennes. Entre 1996 et 1999, les Pays-Bas ont intercepté 2,75 millions de comprimés de témazépam (donc analogues au Normison), destinés au marché illicite britannique. La source ? « Un autre pays d'Europe », note Interpol. En 2000, l'enquête était toujours en cours.

❏ Une pluie de « stimuls »

Après le trafic des benzodiazépines, Interpol connaît un autre sujet d'inquiétude : les trafics de stimulants. Faut-il encore parler des trafics de Captagon®, ce stimulant composé de fénétylline et commercialisé sous ce nom notamment en Belgique et en Allemagne ? Légalement, il est utilisé pour le traitement des épuisements, de la narcolepsie (des accès brusques de sommeil en pleine journée), et des troubles de la concentration. En 1997, date pivot pour ce produit, plus de 15 millions de comprimés en ont été saisis dans le monde, mais dans des zones géographiques extrêmement délimitées : presque 11 millions en Arabie Saoudite, près de 3 millions en Jordanie, et d'un million en Turquie. Deux ans plus tard, Interpol constate que le niveau des saisies s'est considérablement réduit, avec quelque 300 000 comprimés saisis en 1999 en Turquie, et moins de 84 000 en Jordanie. Le trafic de Captagon appartient donc au passé.

Si ce danger semble s'éloigner, Interpol est plus discret sur le trafic d'autres stimulants [11]. Ainsi, l'amfépramone, une amphétamine proche de la mescaline dont aucune des vingt appellations commerciales n'est connue du grand public. On l'utilise dans toute l'Europe pour le traitement de l'obésité, en particulier en Europe francophone. En juin 1998, les autorités indiennes saisissent une cargaison de 75 kilos de comprimés fabriqués en Belgique, vendus à une société indienne et déclarés frauduleusement au titre de spécialités pharmaceutiques inoffensives.

Une autre molécule, commercialisée en Europe sous les noms de Ritalin® et/ou Rilatine®[12], naît d'un trafic spécifique aux Etats-Unis. On la vole en pharmacie, la revend illégalement, et elle s'obtient par ailleurs sous couvert de prescriptions falsifiées. Ce stimulant, utilisé aussi pour traiter des désordres de comportement chez l'enfant, est parfois stocké dans les dispensaires des écoles et dans les orphelinats, lesquels font l'objet de cambriolages. Les trafiquants vont jusqu'au braquage à main armée. De janvier 1996 à

décembre 1997, les vols connus de Ritalin® déclarés sur le seul territoire des Etats-Unis totalisent 700 000 comprimés.

❏ Le boom des analgésiques

L'alerte planétaire la plus récente [13] concerne au premier chef
l'Europe, même si le nœud du trafic est en Asie du Sud : il s'agit
d'un produit de la famille des analgésiques, qui suppriment la sensibilité à la douleur. C'est la buprénorphine, un médicament utilisé
dans certains pays pour le traitement des héroïnomanes, ce fameux
Subutex® qui frappe la France.

La buprénorphine est connue en Europe sous les noms de Tem-
gésic® (Belgique, Pays-Bas, France, Italie, Allemagne, Danemark,
Suisse, Suède et Irlande), de Subutex® (France), d'Anorfin® (Danemark), de Buprex® et Prefin® (Espagne), mais elle porte bien
d'autres noms encore dans le monde [14]. En 1997, six saisies de
buprénorphine ont été réalisées en Inde, dont l'une de plus de
43 000 ampoules. Et encore, New Delhi ne mentionne-t-elle pas
les petites saisies réalisées sur les touristes qui quittent le pays. A
titre d'exemple, en 1998 à l'aéroport de la capitale, les autorités
indiennes ont intercepté un Géorgien qui transportait 2 900 ampoules
de buprénorphine [15].

Le trafic de buprénorphine entre l'Inde et le Bangladesh est
d'ailleurs devenu un classique : sur sa frontière ouest, Dacca a vu
croître les saisies de ce produit, passant de moins de 800 ampoules
en 1993 à plus de 10 000 en 1997. Dans ce pays, sous le nom de
Tidigesic®, la buprénorphine est injectée et attire 90 % des toxicomanes qui se défoncent à la seringue. Injecté, ce produit procure des
effets plus rapides et plus puissants pour un prix qui reste des plus
bas : un dollar l'ampoule.

Ce mouvement a gagné en ampleur non seulement dans d'autres
pays voisins de l'Inde comme le Népal, mais aussi en Asie centrale
et dans la Communauté des Etats indépendants : Arménie, Azerbaïdjan, Russie. Moscou évoque ainsi sept saisies réalisées en 1996-

1997, et un flux régulier d'ampoules introduites sur son territoire par les touristes venus d'Inde. En Azerbaïdjan, en mai 1997, une seule saisie a permis de mettre la main sur près de 35 000 ampoules.

L'usage de Subutex est devenu l'un des problèmes majeurs de la France, surtout dans les catégories sociales les moins favorisées, comme le relève l'Association française d'anciens usagers « Asud ». Le Subutex devenant le produit de base pour « la défonce », de nouveaux rituels s'organisent autour de la prise de ce produit. Asud constate que la population la plus exclue fume le Subutex plutôt que se l'injecter ou le sniffer. Si cette pratique est plus propre que l'injection, elle dénote une volonté d'améliorer l'image du produit pour en faire une drogue à part entière.

❏ Un péril croissant et multiple

Benzodiazépines, stimulants, opioïdes…

Les Nations unies le constatent en 2000 : le détournement de produits pharmaceutiques psychotropes par les fournisseurs de drogues illicites ne fait qu'augmenter [16]. En France, dans les soirées techno et *rave*, un curieux anesthésiant vétérinaire produisant chez l'homme des « expériences aux frontières de la mort », la kétamine, est largement diffusé. Les Etats-Unis redoutent une molécule destinée au traitement de l'obésité que l'on ne produit qu'en France, en Espagne et au Mexique : le clobenzorex [17]. Pourquoi ? Parce que cette molécule, une fois ingérée, a la particularité de se transformer (notamment) en amphétamines. Et que, ces dernières années, les Etats-Unis en ont saisi près de trente envois illicites sur leur territoire, notamment dans une zone sous forte influence mexicaine, San Diego (Californie) [18].

De manière quasi incontrôlable, des substances médicales apparaissent au sein même des substances illicites de type ecstasy, LSD, etc. En France, des médicaments sont inclus dans 15 % des échantillons d'ecstasy analysés, et dans 9 % des échantillons de LSD, ce qui donne aux substances avalées des effets imprévisibles. Avec ou sans raison, on mélange des substances pharmaceutiques détournées du milieu médical dans des drogues de base qui n'ont jamais eu d'utilité médicale. Un exemple parmi les plus étranges : en 1999, le laboratoire de police de Palerme (Sicile) a découvert dans des buvards de LSD la présence de clotiapine, un neuroleptique [19] destiné au traitement des psychoses et de l'alcoolisme.

Lorsqu'on évolue dans le milieu du pharmaceutique détourné, il faut s'attendre à tout : en 2000 en Oklahoma ont été découvertes des capsules de « Prozac 20 mg » dont le contenu avait été vidé pour les remplir de... mercure. A la même période, un laboratoire de l'Alabama analysera 18 comprimés de morphine saisis sur un toxicomane. Les comprimés étaient authentiques... mais dataient de 1904 [20].

Les ressources des trafiquants sont multiples, leurs pratiques parfois obscures. Comme nous allons le voir dans la première partie de cet ouvrage, la très large diffusion licite des produits et l'ouverture des professions pharmaceutiques aux dieux du marketing, sont les meilleurs alliés des trafiquants.

NOTES

1. OFDT, *Tendances récentes. Rapport Trend*, Paris, mars 2000.
2. OFDT, *Tendances récentes. Rapport Trend*, Paris, juin 2001.
3. Anorfin® au Danemark, Buprex® ou Prefin® en Espagne.
4. Sous-section drogues, *1999 trends and patterns of illicit drug traffic*, Interpol, mars 2000.
5. Aussi commercialisé sous les noms de Dormapam® (Danemark), Euhypnos® (Royaume-Uni et Belgique), Neodorm® et Norkotral® (Allemagne), etc.
6. Danemark, *Rapport national sur les drogues*, 1999.
7. Suède, *Rapport national sur les drogues*, 1998-1999.
8. DEA, *Diversion control program*.
9. Interpol, *Weekly intelligence message*, n° 28/99.
10. OMD, *Douanes et drogues 2000*, Bruxelles, 2001.
11. Interpol, *op. cit.*
12. Il s'agit du méthylphénidate, commercialisé en Espagne sous le nom de Rubifen®.
13. Interpol, *Weekly intelligence message*, n° 12/99.
14. Interpol, *op. cit.*, mentionne les appellations commerciales d'« Anorfin, Anphin, Buprenex, Buprex Finibron, Norphin, Nophen, Prefin, Sangesic, Subutex, Temgésic, Tidigesic, Uniphin ».
15. Les ampoules étaient estampillées sous la marque « Norphin ».
16. OICS, *Rapport 2000*.

17. Source : «Request for information on clobenzorex», *Microgram*, vol. XXXII, n° 9, septembre 1999. Le clobenzorex est commercialisé en Europe sous les noms de Dinintel® (France) et Finedal® (Espagne). Au Mexique, ce médicament s'appelle Asenlix®.

18. «Clobenzorex reported by the San Diego county sheriff's crime laboratory», *Microgram*, vol. XXXII, n° 6, juin 1999.

19. Médicament utilisé essentiellement pour soigner les psychoses.

20. «Unusual submissions», *Microgram*, vol. XXXIII, n° 5, mai 2000.

BENZOS, LE CAMBRIOLAGE DU CERVEAU

Mother needs something today to calm her down
And though she's not really ill, there's a little yellow
  pill
She goes running for the shelter of a mother's little
  helper

The Rolling Stones,
« Mother's little helper », mars 1966.

Les stars du marché : Rohypnol®, Valium®, Xanax®.
Dénomination scientifique : benzodiazépines.
Principales molécules et appellations commerciales :
   Chlordiazépoxide : Librax®, Librium®, Limbritol®, Psicofar®.
   Diazépam : Valium®, Diazemuls®, Stesolid®.
   Chlorazépate : Tranxène®, Transene®, Tranxen®, Tranxilen®, Tranxi-
      lium®.
   Témazépam : Normison®, Euhypnos®.
   Nitrazépam : Mogadon®.
   Lorazépam : Ativan®, Temesta®.
   Bromazépam : Lexotan®, Lexomil®.
   Flunitrazépam : Rohypnol®, Flutraz®, Flupam®.
   (Noms de rue : « Roro », « Roofie », « Roche », « Rol », « Circles »,
      « Darkene », « Forget pill », « La Roche », « Mexican Valium », etc.)
   Alprazolam : Xanax®, Alprox®.
   (Nom de rue : « Z bars »)
   Triazolam : Halcion®.
Type d'effet : tranquillisant, somnifère, amnésiant, désinhibiteur. Utilisé
   pour encadrer la « descente » d'autres stupéfiants ou pour ses effets
   propres.
Mode d'administration : orale. L'inhalation et l'injection sont rares.
Zone de diffusion : mondiale.

« Au début, j'ai cru que je perdais la tête et souhaitais être soigné, raconte Bradley. Mais j'étais trop parano pour quitter la maison. J'ai gardé ma femme prisonnière de son propre foyer, l'ai suppliée de rester avec moi. Ce qu'elle a fait durant deux ans. De toutes les parties de mon corps, mes nerfs hurlaient. Tout ce que je voulais, c'était mourir, mais j'étais trop effrayé pour me suicider. J'ai maudit Dieu, les voisins, les membres de ma famille. J'étais à ce point dans la douleur que je me fichais qu'on m'entende et hurlais à pleine gorge. Je cassais le mobilier, renversais les chaises. J'ai fait des trous dans les murs, dans les planchers. J'ai pleuré des mois durant, les larmes ne voulaient pas s'arrêter. Sous sédatifs durant douze ans, je n'avais jamais rien affronté et, maintenant, tout ce que j'avais enterré revenait à la surface [1]. »

Bradley n'était ni junkie, ni héroïnomane. Bradley n'est pas un marginal et n'a jamais braqué de pharmacie. Il n'a même jamais joué avec les prescriptions médicales. Au contraire : Bradley est un policier britannique qui a scrupuleusement suivi les indications de son médecin et absorbé durant douze ans un tranquillisant des plus courants, le Xanax®. Une benzodiazépine.

L'histoire de Gurli Bagnall, britannique elle aussi, est tout aussi effrayante : son divorce est un traumatisme. Le médecin de famille lui prescrit de l'Ativan®, une benzodiazépine mieux connue hors Grande-Bretagne sous le nom de Témesta® : « J'ai perdu ma maison, une carrière de professeur, la sécurité financière, les amis et bien d'autres choses. Je ne pouvais lire qu'avec hésitation et, dès que j'étais à la seconde ligne, j'avais oublié de quoi parlait la première. Où que j'aille, j'avais un dictionnaire dans mon sac parce que je n'étais plus capable d'épeler les mots. Et lorsque j'essayais de m'exprimer verbalement, le cerveau n'alignait plus les mots. J'écris aujourd'hui des choses que je n'aurais pas pu lire et encore moins comprendre lorsque j'étais sous benzos. » En 1983, consciente qu'elle est devenue esclave des benzos, Gurli consulte un autre docteur. Qui, en complément de l'Ativan®, lui prescrit de... l'Halcion®, une autre benzodiazépine. En 1986, sur le point de perdre son travail, elle reçoit de son médecin une prescription pour un antidépresseur. Elle prend du poids, son visage se boursoufle. En mai 1989, elle ose parler de son problème de dépendance à son médecin, qui la confie à une clinique pour toxicomanes et alcooliques. « Pourquoi m'envoyer là ? Je ne suis pas une toxicomane, et tout ce que j'ai pris sont les comprimés que ce médecin me prescrivait ! » Gurli a été sevrée de l'Ativan® en quatre semaines. Mais il lui faudra cinq mois pour se passer de l'Halcion®, et encore : en la traitant temporairement au Valium®, une troisième benzodiazépine... Lorsqu'elle témoigne de son histoire, en avril 2001[2], elle n'a plus qu'une idée en tête : publier un livre qui dénoncerait la « mafia » des prescripteurs.

Bradley, Gurli, Tim et bien d'autres représentent la souffrance extrême liée aux « benzos ». Ils se sont retrouvés par le biais d'un groupe de support développé sur Internet : www.benzo.org.uk. Ce genre d'initiative privée n'est pas isolée et de grands portails comme Yahoo ! abritent désormais leur site d'entraide. En Grande-Bretagne, la dépendance aux benzodiazépines est telle que sont rédigées chaque année de un million à un million et demi d'ordonnances médicales dont la seule fonction est de renouveler la dose de benzodiazépine à ce qu'il ne convient plus appeler des patients mais des « clients ». En 1999, le seul Valium figure sur près de 336 000 ordonnances britanniques[3]. Certains, comme l'écrivain irlandais Paddy Doyle, y sont accros depuis l'invention et la commercialisation de la toute première « benzo », en 1960. Soit plus de quarante années de traitement, alors que les autorités médicales britanniques recommandent de ne pas dépasser... quatre semaines. L'une des victimes de ces longs traitements, Gerald, synthétise leur problème en une formule : « Je compare cela à un viol mental. Si vous êtes victime d'un viol, personne ne s'attend à ce que vous reveniez à la normale une fois le viol achevé. » Victimes d'un cambriolage du cerveau, ils doivent littéralement se reconstruire un patrimoine.

❑ Entre abus et trafic

Tous se disent victimes de la profession médicale et n'ont pas entièrement tort. Car les tranquillisants de la famille des benzodiazépines sont devenus un marché comme un autre où s'engouffrent les sociétés pharmaceutiques. Ces sociétés étudient le sexe de leurs « clients » – majoritairement féminin –, leur âge, le profil et l'ancienneté des médecins qui prescrivent ces produits, l'université dont ils proviennent[4]. Elles étudient également la durée moyenne des traitements, l'importance des prescriptions de renouvellement (84,8 % du marché, dit une étude belge) par rapport aux nouvelles prescriptions. Plus que tout autre médicament, la benzo est objet de marketing.

Mais derrière la pure souffrance, les « benzos » sont aussi sources de confort voire de défonces. Une enquête menée en France en 2000[5] montre que 15 % des étudiantes âgées de 14 à 19 ans ont utilisé au moins une fois un tranquillisant sans ordonnance, principalement des benzodiazépines. Une autre enquête française[6] montre que lorsqu'on les interroge à 17 ans, plus de 23 % des filles ont pris dans les douze derniers mois un médicament « pour les nerfs ou pour dormir ».

De l'abus à l'illicite, il n'y a qu'un pas. Et si la popularité d'une drogue auprès des accros de la défonce devait se mesurer au nombre de surnoms dont elle est affublée, ce serait à nouveau une benzodiazépine qu'il faudrait couronner : le Rohypnol®. Ses effets présumés de « stimulant et hallucinogène », contestés, lui valent de percer désormais dans le « milieu festif » (*raves*, clubs, soirées techno) de la région de Lyon. A Lille, ce sont les proxénètes qui ont pris en main son trafic et le distribuent dans les réseaux de la prostitution, alors qu'à l'est du pays on l'exporte plutôt vers l'Allemagne en échange de cocaïne[7]. On l'achète au marché noir français entre 5 et 10 FF (0,76 à 1,52 €) le comprimé, voire 30 FF (4,58 €). Les médecins le nieront mais il est assez facile de se procurer le Rohypnol, tout du moins dans les pays européens où il est légalement commercialisé. Pour peu que l'on soit persuasif, il est possible de se faire prescrire du Rohypnol et d'en consommer dès lors avec l'accord de la « Faculté ». Dont coût, sur Paris : 10,70 FF (1,63 €) la boîte de 14 comprimés vendue en pharmacie, presque le dixième de son prix sur les marchés illicites. Pas besoin, dans ce cas, de recours au marché noir. A tort, certaines personnes pensent d'ailleurs que ce produit, puisqu'il est disponible sur prescription médicale, vendu en pharmacie et commercialisé par des firmes pharmaceutiques souvent multinationales, est moins nocif que les drogues illicites dont l'usage est prohibé.

L'usage détourné du Rohypnol a augmenté un peu partout dans le monde, même aux Etats-Unis : les premiers rapports américains dénonçant son usage illicite ne remontent qu'à 1993, l'interdiction de son importation y est en vigueur depuis 1996, et pourtant on le dit présent dans les clubs, gangs et collèges du sud et du sud-ouest de la fédération. Cette prohibition n'a eu que peu d'effets en Floride où le Rohypnol peut être importé (de Colombie et du Mexique). De plus, il semble établi que la Floride abrite de nombreux laboratoires clandestins.

La société Roche, elle-même, soutient les efforts des autorités américaines dans leur lutte contre l'usage abusif et détourné du Rohypnol, notamment en réduisant le nombre de grossistes mexicains agréés pour la vente du Rohypnol, et en décidant de supprimer les comprimés de 2 mg, trop puissants et, en conséquence, fort attractifs. L'impact, planétaire, n'est pas le même partout : dans des villes comme Toulouse ou Metz, la disparition du comprimé de 2 mg lui a enlevé les faveurs d'un certain public, mais à Marseille, à Lyon ou dans la capitale française, sa disponibilité serait en augmentation, son usage de plus en plus visible, et les réseaux de trafics parisiens se seraient mêmes segmentés en « grossistes » et « revendeurs ».

« Le Rohypnol est l'accélérateur parfait, confie un usager. Pris avec de l'alcool, cela vous rend plus saoul. Avec de l'herbe, cela vous rend plus "cosmique". Mais je le préfère encore avec les amphétamines et les drogues psychédéliques. Ça, ce sont les vrais compagnons du Rohypnol. Si, par exemple, vous avez pris trop de speed (amphétamines) et souhaitez vous reposez, le Rohypnol va vous calmer de manière incomparable. Le résultat, c'est un sentiment chaud, très confortable, sans anxiété, qui vous permettra les rêves les plus bizarres et les plus vivants. Et les effets du Rohypnol mêlés au LSD sont uniques, les plus rafraîchissants que j'aie connus... »

Comment un type précis de médicaments, a priori peu engageant, a-t-il pu se hisser au sommet des « nouvelles défonces » et devenir, notent les Nations unies, l'un des deux types de médicaments les plus détournés au monde ?

❏ Un accident de l'Histoire

Jusqu'au milieu du xxᵉ siècle, l'homme ne pouvait guère dissoudre ses angoisses que dans l'opium et ses dérivés, le haschisch, l'alcool et les barbituriques. Ce n'est qu'au début des années soixante qu'arrive sur le marché une nouvelle classe de médicaments réputés miraculeux et certainement révolutionnaires dans le traitement de l'anxiété et de l'insomnie : les benzodiazépines. Leurs atouts : contrairement aux barbituriques, les benzodiazépines soulagent rapidement et efficacement l'anxiété à des doses qui sont en général bien tolérées. Qui plus est, ils disposent d'une importante marge de sécurité entre la dose thérapeutique et la dose toxique, voire mortelle. Les constats cliniques ultérieurs tempéreront sérieusement le gigantesque enthousiasme de départ, lié à cette découverte qui fut essentiellement accidentelle, étrangère à toute réflexion théorique quant à l'action possible des produits mis au point.

Tout commence dans les années cinquante, lorsque les laboratoires pharmaceutiques cherchent à mettre au point de nouvelles molécules susceptibles de remplacer les anciens « tranquillisants » jugés peu fiables eu égard à l'apparition trop fréquente d'effets secondaires parfois sévères. Les laboratoires Hoffmann-La Roche demandent à leurs chercheurs de trouver de nouveaux tranquillisants supérieurs aux médicaments disponibles, mais attention : pas question pour les chimistes de se contenter de copier ou encore d'améliorer des molécules déjà existantes. Il leur faut impérativement mettre au point une molécule nouvelle, autant dire partir de zéro. L'un de ces chercheurs, Léo Sternbach, polonais d'origine, se rappelle alors avoir travaillé, dans les années trente, sur des molécules intéressantes appelées «benzheptoxdiazines», dont il tentait de tirer des colorants chimiques. Cette recherche avait été abandonnée et plus personne ne s'intéressait alors à ces produits. En 1954, Sternbach se replonge dans l'analyse des propriétés chimiques de ces substances, et leur apporte quelques modifications : le travail semble porter ses fruits, et Sternbach fournit une quarantaine de molécules au département d'expérimentation clinique de la firme.

Malheureusement, les essais sur des animaux de laboratoire se révèlent catastrophiques : pas d'impact biologique significatif, et des effets secondaires importants pouvant aller jusqu'aux convulsions. Echaudée par ces échecs, la direction de la firme ordonne à Sternbach de s'orienter vers d'autres pistes. N'ayant guère le choix, il obtempère et abandonne ses fioles dans un coin du laboratoire. En 1957, à la faveur d'un grand nettoyage, un tri sommaire est effectué parmi les fioles qui ont servi aux expérimentations infructueuses. Lors de ce tri, Earl Reeder, collègue de Sternbach, remarque une fiole qui n'a jamais été testée et le lui signale : Sternbach, bien que sceptique et peu enthousiaste, confie le fameux produit à un pharmacologue de la firme, Lowell Randall, sous le nom de code «Ro5-0690».

Randall, qui va reprendre les expérimentations cliniques, n'aura besoin que de quelques jours : contre toute attente, il annonce à Sternbach qu'à la lueur des premiers résultats, le Ro5-0690 semble avoir toutes les caractéristiques requises pour prétendre au statut de médicament «tranquillisant». Le produit paraît non seulement plus efficace que les molécules existant sur le marché, mais surtout pratiquement dénué d'effets secondaires. Les chercheurs décident alors de continuer le travail de mise au point. Précision utile : durant ces travaux, Sternbach réalise que les produits de départ n'ont en fait jamais été des «benzoheptoxdiazines», mais que le Ro5-0690 appartient à une autre classe chimique, issue de l'incorporation à la molécule de départ d'un nouvel atome de carbone : une première molécule de benzodiazépine vient de naître. Sternbach pousse plus avant l'étude de la composition exacte de sa molécule et décortique la réaction chimique qui lui a donné naissance. Grâce à ce travail, il parvient à synthétiser plusieurs molécules analogues et, en mai 1958, son travail est suffisamment avancé pour qu'il puisse enfin songer à déposer une demande de brevet. Le Ro5-0690 est baptisé : il répondra au nom de « chlordiazépoxyde ». Plus tard, cette molécule sera la première benzodiazépine commercialisée sous le nom de Librium®[8].

Parallèlement à ce travail de laboratoire, le pharmacologue Randall continue de son côté les expérimentations animales et met en évidence un véritable « effet de domptage » : les animaux domestiques deviennent dociles et joueurs ; les animaux sauvages, eux, se laissent plus facilement aborder. Forte de ces résultats encourageants, la société Hoffmann-La Roche donne son accord pour lancer les premières expérimentations sur l'homme : Sternbach lui-même fera partie des premiers volontaires. Mais les résultats sont désatreux : le produit est bien trop calmant, assomme littéralement ceux qui l'absorbent. Le programme de recherche est une nouvelle fois interrompu. Quelques mois plus tard, le nouveau directeur médical d'Hoffmann-La Roche se met en quête d'autres produits intéressants. Randall plaide une nouvelle fois pour le chlordiazépoxyde. D'ailleurs, il pense savoir pourquoi la première expérimentation fut décevante : tout simplement, le produit a été administré à des doses beaucoup trop élevées. Fort de ce constat, il parvient à persuader le directeur médical et quelques psychiatres de reprendre l'étude, mais en utilisant cette fois des posologies bien plus faibles. Et c'est un succès, les psychiatres et leurs patients en « redemandent ». Des études à grande échelle seront lancées sur tout le territoire des Etats-Unis, incluant des milliers de patients. Un symposium consacré à la nouvelle molécule est organisé en 1959, avec pour objectif de communiquer à la communauté médicale les résultats de ces études.

En conséquence, dès le début de l'année 1960, le Librium® est commercialisé. Encore plus puissant, le Valium suivra en 1963, basé cette fois sur une molécule de diazépam. Trois ans plus tard, pas davantage, les Rolling Stones chantaient déjà «Mother's little helper», dénonciation explicite du succès des nouveaux tranquillisants auprès des mères de familles... La voie royale était ouverte, et plus d'une vingtaine de molécules (cinquante au moins à l'heure actuelle) seront progressivement mises à la disposition du corps médical.

❏ Portrait de la famille «benzo»

A quelles fins la médecine utilise-t-elle ces produits? Les benzodiazépines possèdent en commun cinq propriétés : elles sont somnifères, relâchent les muscles, luttent contre l'angoisse et les convulsions, provoquent divers types d'amnésies. Mais chaque molécule, en fonction de ses caractéristiques propres, développera de manière privilégiée l'une de ces cinq propriétés. Ce qui permet de les classer en deux grandes catégories : celles qui combattent en priorité l'angoisse (les «anxiolytiques»), et celles qui induisent le sommeil (les «hypnotiques»). Elles se différencient également par la vitesse à laquelle elles sont absorbées par l'organisme, ainsi que par leur durée d'action. Plus une molécule est absorbée rapidement, plus vite elle produira ses effets cliniques avec parfois, en prime, la survenue d'un «effet flash» : en clair, un rapide soulagement de l'angoisse avec production d'un intense sentiment de bien-être. Souvent, cet «effet flash» sera le principal attrait auprès du toxicomane, et peut expliquer pourquoi il abusera d'une molécule plutôt que d'une autre. La durée d'action du produit, elle, est directement liée au temps qu'il faudra à l'organisme pour l'évacuer et à la présence éventuelle de métabolites, de résidus actifs. Plus la molécule est rapidement métabolisée, plus vite son effet s'estompera, replongeant le patient dans le marasme et l'angoisse.

En premier lieu, les benzodiazépines sont utilisées pour soigner l'anxiété : troubles anxieux généralisés, troubles paniques, phobies, etc. Mais elles ne permettent que de supprimer ou atténuer les symptômes, ou plutôt la souffrance psychique. Ces médicaments améliorent le vécu des patients, mais ils ne résolvent en rien la cause de leur souffrance. Dans la mesure du possible, le traitement ne doit donc couvrir qu'une période bien définie, la plus brève possible, et la prescription de ces produits n'a de sens que si elle s'accompagne d'un suivi régulier des patients et d'une évaluation régulière du traitement.

De même, les benzodiazépines sont indiquées dans les troubles du sommeil de nature passagère, dus par exemple au «jet-lag» (décalage horaire), à des horaires de travail irréguliers ou encore à des situations de vie créant du stress ou de l'angoisse. Une fois encore, leur action n'est que symptomatique et leur administration devrait couvrir une période bien délimitée.

L'effet secondaire des «benzos» le plus fréquent est l'apaisement, pouvant se traduire par des étourdissements, de la somnolence, une diminution des performances intellectuelles et motrices. Cet effet se manifeste pour l'essentiel en début de traitement, a tendance à s'atténuer voire à disparaître par la suite du fait de mécanismes d'adaptation, et est fonction du produit utilisé, de la dose prescrite et de la sensibilité individuelle. C'est notamment cet effet d'apaisement, de relâchement musculaire, doublé de ce qu'on appelle le syndrome «a-motivationnel», qui rend le consommateur «soumis» et diminue sa capacité à réagir à des stimuli venus de l'extérieur.

On doit signaler également l'apparition possible de réactions paradoxales : certaines personnes peuvent présenter, après absorption d'une dose normale de benzodiazépines, une désinhibition, de l'agressivité ou encore un état dépressif aigu, pouvant entraîner des agressions contre soi-même ou contre un tiers. Enfin, les benzodiazépines renforcent nettement les effets de l'alcool : ils provoquent des états d'ébriété à des taux d'alcool inférieurs à la normale[9].

❑ La mémoire en lambeaux

Un des effets les plus étonnants des benzos est l'altération de la mémoire. On les utilise d'ailleurs sciemment en anesthésie pour ôter au malade le souvenir d'interventions médicales désagréables. Lorsqu'un consommateur n'est pas accoutumé aux benzos, les effets amnésiants de ces produits sont très puissants. Ils perturbent peu la mémoire des faits enregistrés avant la prise (ce qu'on appelle l'amnésie rétrograde), mais troublent l'enregistrement des faits survenus après la prise (l'amnésie antérograde). Cet effacement se produit au fur et à mesure, et ne concerne pas la mémoire à court terme : sous benzos, une liste de chiffres peut être apprise et restituée immédiatement, sans perturbation apparente.

Un homme qui consommerait des benzos en prenant l'avion serait capable, à l'atterrissage, de retirer ses valises, de se rendre à l'hôtel, éventuellement de donner une conférence – toutes choses qui ont été initiées avant la prise et relèvent d'un certain automatisme –, mais peut très bien le lendemain, dans l'avion du retour, ne plus se souvenir qu'il a donné cette conférence ! La mémoire épisodique est elle aussi affectée : sous benzos, un patient auquel on demande d'évoquer un épisode déterminé de son existence antérieure est dans l'incapacité de le reconstituer.

Ces effets amnésiants sont très différents d'une molécule à l'autre, mais on les retrouve avec des formes diverses pour tout usage de benzos.

Cette particularité peut même déboucher sur un syndrome qu'on appelle « amnésie automatisme », un trouble complexe du comportement qui se clôturera par une amnésie totale mais passe d'abord par une phase de comportement automatique, à l'image de l'« écriture automatique » des surréalistes. On peut parler de somnambulisme éveillé, le patient étant conduit par une sorte de pilote automatique. Ainsi, cette femme qui se lève et constate chaque matin que son frigo est ouvert. Elle a mangé durant chaque nuit, et ne se le rappelle pas. Une autre patiente se réveille et découvre son véhicule entièrement cabossé : sous benzos, elle s'est éveillée, a pris sa voiture, a embouti le camion du laitier puis est revenue se coucher comme si de rien n'était. Ces comportements répétés ne sont pas prévisibles puisqu'ils diffèrent d'un individu à l'autre, mais une même personne aura tendance à les répéter. Par ailleurs, la mémoire procédurale n'est pas affectée : la seconde patiente évoquée connaît sa voiture, peut conduire, peut « choisir » de percuter le camion du laitier et revenir au lit son forfait accompli...

Le syndrome « amnésie automatisme » n'est pas uniquement amnésique et s'accompagne d'un autre problème lié aux benzos : une suggestibilité accrue et un comportement de consentement. Cela signifie qu'à la désinhibition et à la passivité évoquées plus haut, s'ajoute une grande vulnérabilité, une obéissance aux ordres éventuellement formulés par un tiers.

❏ Dépendance et tolérance

Si le portrait de famille n'est déjà pas flatteur, le danger le plus sérieux lié à l'utilisation régulière de benzodiazépines est l'induction d'un état de dépendance. Par dépendance, on entend l'incapacité à se priver d'un médicament lorsque son usage ne se justifie plus. Cet état de dépendance s'accompagne souvent d'un autre phénomène qui le complète et le complique, la tolérance : non seulement l'individu est incapable d'interrompre son traitement le moment venu, mais il se voit en outre obligé d'augmenter régulièrement la dose sous peine de voir les angoisses ou les insomnies réapparaître de plus belle.

Comme pour toute drogue, il convient de distinguer deux dépendances distinctes : la dépendance psychique (ou psychologique) et la dépendance physique. Concernant les benzos, c'est surtout de dépendance psychologique qu'il s'agit. Le patient, souvent anxieux ou insomniaque, acquiert la conviction que ces médicaments qui l'ont si bien aidé en période de crise sont devenus nécessaires, voire indispensables au maintien de son équilibre psychologique. La dépendance psychologique est davantage une dépendance des patients à leur « mieux-être » qu'une dépendance à une substance à proprement parler.

Plus rare dans le cas des benzodiazépines mais alors très violente, la dépendance physique se traduit chez la personne qui tente d'interrompre son traitement par des symptômes extrêmement désagréables et parfois dangereux tels qu'anxiété, irritabilité, malaise, insomnie, fatigue, difficultés de concentration, maux de tête, douleurs musculaires, tremblements, sueurs, vertiges, nausées, ou altération des perceptions visuelle, auditive, tactile et gustative. Si le mécanisme par lequel on devient physiquement dépendant des benzodiazépines est encore largement mystérieux, un facteur parmi d'autres semble être la rapidité avec laquelle l'effet souhaité a été obtenu. C'est à ce niveau que joue l'«effet flash» : les molécules rapidement assimilées par l'organisme ont tendance à produire tout aussi rapidement un soulagement des symptômes du patient, entraînant par là un sentiment de bien-être, l'«effet flash». Or lui-même peut induire une dépendance dans la mesure où le patient pourrait être tenté d'en reproduire les effets.

Bien que réelle, quelle est la capacité exacte des benzodiazépines à développer une dépendance ? Plusieurs études montrent qu'il est très difficile d'induire une dépendance physique aux benzodiazépines chez les animaux de laboratoire. Alors qu'il semble très facile d'induire chez eux, par exemple, une toxicomanie à l'alcool ou à l'héroïne. Si toutes les études animales abondent en ce sens, il ressort que seul le triazolam (Halcion®, etc., c'est-à-dire l'un des produits qui a l'action la plus précoce et la plus brève) semble induire une dépendance physique incontestable [10]. Chez les sujets sains, il a été montré que si les benzodiazépines étudiées provoquaient effectivement des changements au niveau de l'humeur, elles n'étaient pas préférées au placebo.

Chez le sujet anxieux, les phénomènes de dépendance sont plus nombreux, quoique inférieurs à ceux induits par les barbituriques ou certains tranquillisants classiques [11].

❏ Rohypnol®, portrait-robot

Parmi les molécules de benzodiazépines, le flunitrazépam bénéficie chez les toxicomanes d'une popularité très largement supérieure à toute autre benzodiazépine. Pourquoi ce succès ?

Parlons d'abord du produit : en Europe, ce produit est principalement utilisé comme inducteur du sommeil ainsi que comme préanesthésique, sédatif préopératoire, avec effet amnésiant intéressant d'un point de vue médical. Commercialisé sous forme de comprimés, le Rohypnol se prescrit à doses allant de 0,5 mg à 2 mg maximum. Une fois absorbé, le produit est très rapidement distribué dans l'organisme, produisant ses effets en vingt minutes. Utilisé en tant que somnifère, le Rohypnol a pour effet d'induire rapidement le sommeil, de réduire les réveils nocturnes et de prolonger les périodes de ce qu'on appelle le « sommeil profond », considéré comme responsable de la récupération physique. En conséquence, ce produit retarde également la première phase de « sommeil paradoxal » (considéré comme le sommeil de la récupération psychique) et diminue le nombre de ces phases de sommeil où apparaissent les rêves. Voilà pour les présentations générales.

Mais deux caractéristiques propres au Rohypnol contribuent à son succès auprès des toxicomanes, et surtout pour ceux qui l'associent à un autre produit tel que l'héroïne. Le flunitrazépam possède la propriété rare d'être à la fois très rapide dans son action – propice à la création d'un « effet flash » – et de demeurer actif durant une longue période. Ce qui permet un « atterrissage » en douceur et, le cas échéant, de prolonger l'effet de l'héroïne. Le flunitrazépam peut également servir à moduler l'effet stimulant de la cocaïne et de l'ecstasy. La rapidité et la durée sont les bottes secrètes du « roofie », dont l'usage abusif procure rapidement un sentiment de bien-être proche de celui que peut procurer l'alcool. Il est d'ailleurs fréquemment utilisé pour renforcer l'effet produit par la marijuana et/ou l'alcool, et bénéficie désormais d'une réputation de *party drug*, « drogue de fête ».

L'envers de la médaille se traduit en termes cliniques : état d'obnubilation, de semi-conscience, euphorie, désinhibition, trouble de l'élocution, levée des inhibitions pouvant entraîner des comportements violents. L'individu peut soudain se sentir invincible (ce qu'on appelle l'« effet Rambo » ou l'« effet Hulk »). Ou manifester une agressivité inhabituelle au réveil, une grande irritabilité, des troubles des conduites alimentaires avec prise de poids, l'apparition de fantasmes sexuels induits pendant la phase hypnotique. Ou bien tomber dans une amnésie « antérograde » quasi totale, conduisant le consommateur à oublier qu'il a déjà consommé du Rohypnol au fur et à mesure qu'il en… reprend. L'effet amnésiant est à la fois tellement puissant et à ce point indétectable que l'individu n'a plus conscience que d'une « bulle » de temps limitée.

Enfin, l'ingestion en grande quantités de Rohypnol peut entraîner la mort, particulièrement lorsqu'il est absorbé en association avec des quantités importantes d'alcool, ou en combinaison avec de la buprénorphine à haut dosage, ce dérivé d'opium auquel nous consacrons le prochain chapitre.

Très disponible sur les marchés illégaux, le Rohypnol est généralement avalé. C'est la pratique exclusive en France, et dominante en Europe. Mais il peut également être injecté en intraveineuse, ce qui se pratique souvent en Italie. La voie nasale, consistant en l'inhalation d'une poudre très fine obtenue après pulvérisation des comprimés de Rohypnol, est un mode d'abus très prisé par les adolescents marginaux de Santiago du Chili. Les effets spécifiques de ce mode d'abus consistent en une euphorie, un comportement plus extraverti et une perception du temps altérée. On décrit également des conduites agressives teintées de paranoïa, mais qui se terminent par une amnésie. Fumer le Rohypnol, en le mélangeant au tabac ou au cannabis, est une pratique peu fréquente qui ne procure que peu de sensations.

❏ Drogue du viol et de la délinquance ?

L'usage détourné du Rohypnol pose un problème judiciaire important, au point que dans un pays comme la Grande-Bretagne, la seule détention de Rohypnol sans ordonnance est désormais punie d'un maximum de deux ans de prison. Le Rohypnol est susceptible de provoquer chez l'individu qui en ingère, volontairement ou à son insu, une série de manifestations telles qu'euphorie, état de semi-conscience et d'obnubilation, mais est surtout propice à l'« amnésie automatisme ». A ce moment, l'individu peut être amené à accomplir des actes délictueux – comme emboutir le camion du laitier –, et le Rohypnol peut alors, d'un point de vue judiciaire et médico-légal, être « partie prenante » dans deux types de situations totalement opposées : d'une part, il peut être utilisé volontairement par le sujet comme désinhibiteur afin de lui permettre de commettre un larcin. A Paris, Lille, Toulouse, on signale que le « Roro » est utilisé par les toxicomanes avant de perpétrer les vols en magasin. Mais il peut aussi être administré à l'insu d'une personne afin de la plonger délibérément en « amnésie automatisme » (pour rappel, un état de soumission avec amnésie à la clé) pour ensuite abuser d'elle, financièrement ou sexuellement.

Au service des urgences de l'hôpital universitaire Jean-Verdier, en banlieue parisienne, les médecins ont réétudié les cas d'agression sexuelle qu'ils avaient eu à traiter en 1996 et 1997, suspectant a posteriori l'utilisation croissante des benzodiazépines. Sur 23 dossiers de viols d'adultes où la soumission à une drogue semblait avoir joué un rôle, 13 étaient effectivement liés aux seules benzos, 6 à un mélange de benzos et alcool. Les victimes font l'expérience de pertes de mémoire, certaines s'étant retrouvées complètement nues après les faits. D'ailleurs, elles ne se rappellent guère le visage des agresseurs, ni les circonstances. Seule la médecine est là pour leur confirmer qu'elles ont été violées, dans toutes les positions et généralement à plusieurs reprises.

Le Rohypnol a ainsi acquis la réputation d'être « la molécule du viol ». Inodore, incolore, insipide et soluble dans l'alcool, c'était un jeu d'enfant que de l'administrer à l'insu de la future victime potentielle, si possible diluée dans l'alcool afin de renforcer les effets de soumission et d'amnésie. Il convient cependant de préciser cette réputation, en regard d'autres drogues aux effets similaires : dans les viols sous influence, si le Rohypnol est souvent présent, il ne l'est que très rarement seul. De nombreuses substances différentes sont utilisées dans ce qui constitue de véritables « cocktails » contenant la plupart du temps, outre le Rohypnol, de l'alcool, de la kétamine (voir le chapitre « Kétamine, le valium du chat ») et d'autres produits tels que le GHB (voir le chapitre « GHB, le casse-tête poli-cier »), difficiles à détecter parce que très rapidement évacués.

En réponse à ces cas d'agression sexuelle impliquant le Rohyp-nol, la firme Roche a mis au point une nouvelle forme de flunitra-zépam : exit le comprimé rond et blanc, dilué sans couleur. Il est maintenant remplacé par un comprimé vert à l'extérieur, bleu à l'in-térieur : la nouvelle formule met près de vingt minutes à se dis-soudre dans du liquide, et il devient difficile de la glisser discrète-ment et efficacement dans la boisson d'un tiers. Car une fois mélangé à un liquide clair, il le colore en « bleu flashy » et des rési-dus de comprimés flottent, de manière peu discrète, à la surface. Et mélangé à un liquide foncé, il le transforme en un liquide trouble.

❏ Valium®, le challenger injectable

L'incroyable succès du Rohypnol – que ce soit pour la défonce, pour la levée des inhibitions, pour compléter les effets d'autres drogues ou pour soumettre d'autres personnes – ne doit pas occul-ter la diffusion illicite d'autres benzodiazépines. Et singulièrement le diazépam, mieux connu sous le nom de Valium. Si le Royaume-Uni est particulièrement sensible à la vague des benzos, le centre de l'Ecosse assiste même à un possible remplacement progressif de l'héroïne par le diazépam[12]. Le phénomène est particulièrement visible à Glasgow et Edimbourg. L'Ecosse, il est vrai, conserve un usage particulièrement élevé des benzos : près d'un toxicomane sur dix les a adoptées au titre de drogue principale, ce qui représente un taux d'usage trois fois supérieur au reste du Royaume-Uni. Et lors-qu'on parle de traitement de toxicomanes écossais, 40 % de ceux qui se présentent en structures de soins admettent l'usage de diazé-pam. Curieusement, l'Ecosse constate même, au sein des usagers de benzodiazépines, un glissement massif favorable au diazépam : l'usage d'une molécule comme le témazépam (Normison® et simi-laires) est tombé de 41 % en 1992-1993 à 13 % en 1997-1998, alors que dans le même temps l'usage de diazépam grimpait de 18 à 40 %.

Conséquence : au pays du whisky pur malt, la seule molécule de diazépam a dépassé l'usage d'alcool chez les polytoxicomanes.

En France, le diazépam (Valium) se mêle au trafic de médicaments que connaît la capitale, pas davantage. Et comme il est disponible non seulement sous forme de comprimés mais aussi d'ampoules qui se vendent entre 10 et 20 FF (1,53 à 3,05 €) sur le marché noir, les toxicomanes de Paris et Marseille se l'injectent désormais, augmentant la probabilité d'un « effet flash ». En fait, les mêmes populations de toxicomanes extrêmement marginalisés utiliseront le Rohypnol et le Valium. Pourquoi ? Si le succès du Rohypnol est dû aux propriétés intrinsèques de cette benzo (rapidité et durée d'action), il est dû aussi à sa réputation médiatique et au bouche-à-oreille. Donc, sa réputation est partiellement surfaite. Les initiés le savent et ont compris, par exemple, que pour remplacer l'héroïne de manière plus « satisfaisante » qu'avec un dérivé d'opium pharmaceutique, ils pouvaient combiner ce produit de substitution avec le Valium. Et lorsqu'il s'agit de gérer la « descente » des amphétamines et/ou de l'ecstasy, le Valium semble remplir son office tout aussi valablement qu'avec le Rohypnol.

Il y a peu de chance que le Valium cesse de circuler au marché noir. En Grèce, par exemple, au moins quatre types différents de benzos, dont le diazépam, sont prescrits aux toxicomanes de certains programmes de substitution[13]. Est-ce inquiétant ? Bien sûr, mais on peut imaginer pire : dans toute l'Europe, les deux molécules de benzodiazépines qui ont la faveur des toxicomanes sont le Rohypnol (flunitrazépam) et le Valium (diazépam), en usage combiné avec des dérivés d'opium. Soit. Mais ces produits demeurent pour eux, en quelque sorte, des produits d'appoint, qui doivent principalement leur succès aux substances illégales auxquelles ces benzos sont associées. Ne serait-il pas beaucoup plus grave que les toxicomanes développent des assuétudes (et des trafics) pour les produits censés, précisément, lutter contre leur assuétude principale, l'héroïne en général ? Or c'est malheureusement déjà le cas, notamment en France avec un produit qui intéresse de plus en plus l'Europe : la buprénorphine...

NOTES

1. Extrait du témoignage de «Bradley», «I had an anxiety disorder!!!» diffusé par le site www.benzo.org.uk.

2. Gurli Bagnall, «The Birth of The Bounty Hunters», www.benzo.org.uk.

3. Cormac Bourke, «Ireland's secret addicts», *Ireland on Sunday*, 3 juin 2001.

4. *Pour usage interne seulement*, la société Parke-Davis a rédigé en 2000 un document analysant le marché belge des tranquillisants. L'origine académique des prescripteurs de tranquillisants y est détaillée, ainsi que leur nombre d'années de métier. On sait ainsi que la majorité des prescripteurs de tranquillisants ont moins de 25 ans d'expérience et proviennent de deux universités spécifiques.

5. Enquête Espad 2000.

6. Escapad 2000.

7. Pierre-Yves Bello, Abdalla Toufik, Michel Gandilhon, *Tendances récentes. Rapport Trend*, OFDT, Paris, juin 2001.

8. Egalement connue en Europe sous les noms de Librax®, Limbitrol®, Risolid®, etc.

9. Pour être complet, il faut encore signaler que l'emploi de ces molécules est déconseillé durant la grossesse puisqu'elles peuvent induire des malformations du fœtus. En outre, la consommation de ces produits durant le dernier trimestre de la grossesse peut entraîner, chez le nouveau-né, un syndrome de sevrage. Enfin, les benzodiazépines sont excrétées dans le lait maternel, ce qui devrait limiter leur usage chez les femmes qui allaitent.

10. Si on compare les benzodiazépines entre elles, certaines paraissent posséder un potentiel addictif supérieur aux autres. Il s'agit essentiellement de molécules à vie courte comme le triazolam (Halcion®) et l'alprazolam (Xanax®). Mais cette différence est plus faible qu'il n'y paraît à première vue : un arrêt brutal de la prise de benzodiazépines à vie courte entraîne un risque de sevrage supérieur à un même arrêt brutal de molécules à vie longue. Par contre, la différence s'atténue voire s'annule lorsque l'arrêt est progressif.

11. Notamment le méprobamate, dérivé de propanediol utilisé dans nombre de spécialités pharmaceutiques, et qui sera le premier tranquillisant à être largement diffusé.

12. Rapport annuel 1999 de la Grande-Bretagne à l'OEDT, synthétisé dans le *Rapport 2000* de l'OEDT.

13. Rapport annuel 1999 de la Grèce à l'OEDT, synthétisé dans le *Rapport 2000* de l'OEDT.

BUPRÉNORPHINE, LE PAVOT DE SYNTHÈSE

> *Il s'arrêterait demain. S'il s'arrêtait maintenant, il*
> *y arriverait tout seul. Pas de Thorazine, pas de détox,*
> *pas toutes ces saloperies. Il lui restait du Trexan. Il*
> *se dégoterait de la Méthadone, du Librium. Il y avait*
> *une réunion à Notre-Dame-des-Anges. Il se*
> *débrouillerait. Mañana.*
>
> Nick Tosches, *Trinités.*

La star du marché : Subutex®.

Quelques repères historiques :

Opium : extrait naturel du pavot, *Papaver somniferum.* Séché, se fume tel quel, se mange ou se boit en décoction.

Laudanum : historiquement, la première purification médicale de l'opium.

Morphine : ou «morphium», opiacé antidouleur injectable découvert entre 1803 et 1817. En vogue au XIXᵉ siècle.

Héroïne : opiacé injectable plus puissant que la morphine, découvert en 1874 sous le nom de «diamorphine» et utilisé dès 1898 pour combattre la dépendance à la morphine.

Méthadone : ou «adolphine», opioïde buvable, utilisé en désintoxication, d'un temps d'action long et stable, propice au traitement. Majoritaire en Europe.

Buprénorphine : opiacé semi-synthétique qui ne mime que partiellement les effets de la morphine. Ce nouveau traitement permet d'éviter la transmission du syndrome de manque de la mère à l'enfant. Majoritaire en France.

LAAM : produit de synthèse dont le temps d'action dépasse la journée et permet de s'affranchir d'une désintoxication au quotidien.

Rachacha : renaissance de l'opium. Petites boulettes artisanales, ingérées dans le milieu *rave*, et bénéficiant du label «naturel».

Près de 25 millions de comprimés ! L'équivalent de plus de trois millions et demi de boîtes de Subutex® a été vendu en France en l'an 2000[1]... Non pas en doses « antidouleur » : en comprimés de 8 milligrammes[2], à ce point puissants qu'ils ne peuvent avoir été utilisés que pour le traitement d'héroïnomanes, ou pour la défonce illégale. Depuis 1996, date à laquelle les médecins français ont pu commencer à prescrire ce dérivé semi-synthétique de l'opium, les héroïnomanes se sont rués sur le produit : ils étaient un peu plus de 20 000 à en consommer en 1996, ils sont plus de 76 000 à l'heure actuelle... près de la moitié des quelque 172 000[3] usagers problématiques de dérivés d'opium que compte la France.

Bien entendu, l'engouement s'explique pour des raisons thérapeutiques : un produit nouveau, utilisable pour le traitement de la dépendance à l'héroïne, et particulièrement intéressant pour le traitement des femmes héroïnomanes enceintes, n'allait pas rester dans les armoires à pharmacie. Mais une enquête menée auprès des usagers français révèle qu'ils sont des centaines à l'utiliser aussi hors prescription, à s'alimenter dans la rue. Pour près d'une personne sur cinq appartenant à ces « hors-la-loi », le Subutex représente même le tout premier opiacé qu'ils aient jamais goûté[4] ! Pour eux, ce n'est donc pas un produit de sevrage, mais au contraire un nouveau produit d'addiction. Ces nouveaux esclaves du pavot, à 65 % sans activité professionnelle, achètent leur comprimé sur le marché noir entre 5 et 100 FF (0,76 à 15,24 €), et en attendent majoritairement la défonce (33 %) ou les effets divers des drogues (euphorie, excitation) plutôt que l'apaisement de leurs manques. D'ailleurs, ils le fument, l'injectent, le sniffent... Rien à voir avec un traitement médical.

L'enchaînement millénaire de l'homme au pavot ne s'arrêtera-t-il donc jamais ? Après l'opium, le laudanum, la morphine et l'héroïne, faut-il désormais inscrire au tableau noir de l'Histoire la « buprénorphine » ?

❏ Dans les bras de morphine

L'histoire des dérivés morphiniques nous renvoie à leur ancêtre commun, l'opium, suc de la capsule d'une variété spécifique de pavot[5]. L'intérêt essentiel de l'opium, qui en fait le patriarche de tous les produits dont nous traitons dans ce chapitre, est sa richesse en alcaloïdes – substances contenant au moins un atome d'azote dans leur molécule. Une vingtaine de molécules différentes ont été ainsi progressivement identifiées comme alcaloïdes composantes de l'opium : morphine, codéine, thébaïne, papavérine en sont quelques-unes. Toutes ces substances, dérivées de l'opium, portent le nom générique d'« opiacés », c'est-à-dire extraits du suc de la capsule de pavot.

Mise au point immédiate et nécessaire : on appellera « opiacé » toute substance extraite du pavot et donc dérivée de l'opium ; on appellera « opioïde » toute molécule ou substance qui agit sur les récepteurs morphiniques du cerveau, produisant ainsi des effets similaires à la morphine. Car tous les opiacés, c'est-à-dire toutes les substances extraites du pavot, n'agissent pas sur les récepteurs morphiniques cérébraux. La papavérine, par exemple, agit sur les spasmes de l'estomac, et la noscapine est un antitussif. Mais aucun de ces deux produits n'a d'action sur les récepteurs morphiniques du cerveau, aucun n'induit de dépendance, à la différence de la morphine et de la codéine qui elles sont à la fois des « opiacés » et des « opioïdes ».

A l'inverse, si tous les opiacés ne sont pas des opioïdes, tous les opioïdes ne sont pas non plus des opiacés : les substances qui agissent comme la morphine ne sont pas toutes extraites du pavot. Ces molécules peuvent appartenir à différentes classes chimiques, ou être de purs produits de laboratoire.

Toutes les civilisations, depuis l'Antiquité et bien avant, font référence à l'opium. Des tablettes sumériennes gravées attestent de l'utilisation de l'opium en Mésopotamie il y a 3 000 ans. Lors de

fouilles archéologiques au bord du lac de Zurich en Suisse, des chercheurs ont trouvé des grains de pavots datant de 6 000 ans. Certains
vestiges de l'époque néolithique suggèrent une utilisation bien plus
ancienne, préhistorique, du pavot. Et très tôt, les médecins grecs ont
exploité les qualités médicinales de ce produit, tout en mettant en
garde contre les risques de toxicité et d'abus. La médecine des Croi-
sades et du Moyen Age, en contact avec les civilisations arabes gar-
diennes des savoirs de l'Antiquité, a utilisé l'opium en provenance
du Moyen-Orient. C'est à partir du XVIIᵉ siècle, avec la découverte
de la formule du laudanum [6], que les dérivés de l'opium sont ren-
trés progressivement dans l'ère de la toxicomanie « moderne », et
ont acquis une renommée sulfureuse teintée d'ambivalence qui ne
se démentira plus par la suite. Le laudanum fut en effet à la base de
la toxicomanie de nombreux artistes et écrivains de la période
romantique.

Toxicomanie, opium, laudanum ont commencé à rimer avec créativité, élitisme, intellectualisme, poésie, littérature, expression artis-
tique sous toutes ses formes. Cette rencontre des toxiques et des
artistes romantiques a donné lieu à une abondante littérature qui a
progressivement acquis une valeur-culte et inspiré de nombreux
artistes du XIXᵉ siècle jusqu'à notre époque, posant la question des
liens entre la créativité et le recours aux drogues. Le texte fonda-
teur de cette littérature est sans conteste le récit autobiographique
de l'Anglais Thomas De Quincey, publié en 1882 et intitulé *Les
Confessions d'un mangeur d'opium anglais*. De Quincey est
moderne pour au moins deux raisons. Il est le premier à mettre clairement en exergue l'ambivalence du rapport du consommateur à
l'opium. « Extases portatives », « révélation », « baume adoucissant
des souffrances physiques et psychiques », « éloquent opium » ponc-
tuent des pages toutes entières dédiées à la glorification du dieu
Opium. A ces pages succèdent d'autres qui évoquent, elles, les « tor-
tures de l'opium », la dépendance, la quête du produit devenu l'action centrale voire unique du quotidien de l'auteur, les désintoxica-
tions et sevrages auto-imposés, la précarité de l'équilibre de vie.

L'autre modernité de l'ouvrage réside dans la revendication polémique du droit au plaisir et de la liberté individuelle à utiliser de
telles substances. Thomas De Quincey pose ainsi, au cœur de la

société victorienne anglaise, la question du rapport entre l'individu et la société en interrogeant la légitimité du regard moral que la société jette sur les usagers de produits stupéfiants.

De Quincey soulève également la question du lien entre drogue et créativité. Il évoque ainsi l'œuvre d'un de ses aînés, Samuel Taylor Coleridge, dont un des poèmes semble avoir été écrit sous opium, ce qui n'est pas sans rappeler les récentes *Nouvelles sous ecstasy* de Frédéric Beigbeder. A chaque époque sa défonce.

En Europe, au xixe siècle, l'« opiophilie » concernait essentiellement les milieux artistiques et médicaux. L'opium était en vente libre non seulement chez les pharmaciens mais on en trouvait également dans les cafés et épiceries. L'opium était un accès à l'ivresse bien moins cher que certains alcools forts. Une loi de 1916 en France mit un terme à l'usage public et libre de l'opium.

❑ Du laudanum à l'héroïne

Parallèlement à l'essor de l'opium et du laudanum dans les milieux artistiques et médicaux au xixe siècle, des chercheurs se mirent à s'intéresser à l'analyse des différents composants de l'opium. Le premier d'entre eux, Friedrich Wilhelm Adam Sertüner, alors étudiant en pharmacie, isola l'acide méconique[7]. Ce produit, opiacé mais non opioïde, se révéla inefficace comme « calmant ». Poursuivant ses recherches, il isola un sel cristallin en 1805 qu'il baptisa « morphium », se référant à Morphée, le dieu du Sommeil de la mythologie grecque. Sertüner publia en 1817 une synthèse de ces travaux. Notons que c'est bien plus tard, en 1925, que la formule de la morphine fut proposée par Gulland, Robinson et Schöpf. Sa synthèse totale fut réalisée en 1953 par Gates, et en 1954 par Ginsburg.

Tout comme pour l'opium et le laudanum, les utilisateurs et médecins se sont vite rendu compte du double effet de la morphine : soulagement massif de la douleur d'une part, induction rapide d'une dépendance d'autre part. La toxicomanie à la morphine – appelée «morphinisme» selon la terminologie en vigueur à la fin du XIXe siècle – était très largement répandue à cette époque. Actuellement, la morphinomanie est beaucoup plus rare puisque, après la morphine, sera synthétisé un dérivé largement plus puissant : l'héroïne.

Mais si l'héroïne est un produit-phare dans le champ des toxicomanies, on oublie que son histoire commence comme celle d'un médicament et non d'une drogue. Elle fut synthétisée sous le nom de «diamorphine» par le chimiste anglais Wright en 1874. Quelques années plus tard, c'est un chercheur allemand travaillant pour les laboratoires Bayer, Heinrich Dreser, qui proposa cette médication «héroïque» dans le traitement de la tuberculose et comme substitut à la morphine dans le traitement de la douleur. Mais également en tant que médicament susceptible de... désintoxiquer les morphinomanes. L'histoire, on le sait, a donné une autre orientation à l'usage de l'héroïne.

Comme souvent lors de l'arrivée sur le marché de médicaments supposés miraculeux, battage publicitaire aidant, le produit fut très largement et parfois anarchiquement utilisé en toute bonne foi à des fins thérapeutiques. Avec pour résultat la création d'une nouvelle catégorie de toxicomanes : les héroïnomanes.

Pour les seuls Etats-Unis, on estimait le nombre d'héroïnomanes à un demi-million peu avant le déclenchement du premier conflit mondial. Après guerre, la Société des nations s'engagea dans une lutte contre l'usage de l'héroïne. Cette lutte fut relayée par de nombreux pays à la pointe desquels se trouvait la Chine, l'Egypte et les Etats-Unis. La vieille Europe, encore peu touchée par l'héroïne, se débattait alors et toujours avec la morphine bien plus fréquemment consommée à cette époque. La lutte contre l'héroïne aux Etats-Unis culmina avec l'interdiction totale de ce produit en 1956, renforcée en 1970 par une loi fédérale. L'Europe, bien que désireuse dans les années trente de garder une indépendance de jugement par rapport aux Etats-Unis, finit par se rallier à l'interdiction totale de l'héroïne prônée par les Américains.

Certains pays ont cependant continué à autoriser la prescription d'héroïne dans les indications strictement médicales. Parmi ceux-ci, on compte notamment la Grande-Bretagne, où les médecins étaient autorisés, entre autres, à prescrire des opiacés pendant une désintoxication, pour prévenir l'usage de drogues clandestines. Cet usage médical de l'héroïne dans le champ de la toxicomanie s'est réduit au fil des années pour être progressivement remplacé par des programmes de substitution à la méthadone dans un premier temps, au LAAM[8] et à la buprénorphine ensuite. Ces produits, également opioïdes, ne sont pas dénués de toxicité et de potentiels addictifs, et sont susceptibles à leur tour de faire l'objet d'un trafic clandestin.

Actuellement, l'usage de l'héroïne dans les programmes d'aide aux toxicomanes est variable selon les pays. Interdite en France et en Belgique où des projets naissants sont mal perçus et peu soutenus par les autorités politiques, son usage est admis en Grande-Bretagne, et expérimenté dans les programmes de prises en charge des toxicomanes en Suisse où d'autres opioïdes sont également utilisés à l'essai.

❏ Comment ça marche ?

Puisque tous les dérivés historiques de l'opium dits « opioïdes » (qui agissent sur le cerveau comme la morphine) ont entraîné leur lot de nouveaux toxicomanes, pourquoi nos scientifiques en développent-ils encore de nouveaux ? Parce que l'antidote se trouve sans doute dans le poison, mais encore faudrait-il le cerner avec précision.

Lorsqu'on analyse l'action de ces produits, il faut tenir compte de deux paramètres : quelle est la cible, et comment est-elle atteinte[9] ? En d'autres termes, quel est l'endroit du cerveau qui sera influencé par un produit (et de quelle manière sera-t-il influencé), et comment ce produit arrive-t-il au cerveau ?

La cible, tout d'abord : les opioïdes, pour produire leurs effets, entrent en contact avec la paroi d'une cellule nerveuse et se fixent sur des substances appelées « récepteurs », tout comme une clé s'emboîte dans une serrure. Cet emboîtement est responsable de la cascade de réactions chimiques qui, localement, au niveau des neurones et des zones cérébrales concernées, produira les effets caractéristiques de ces produits. Il existe de nombreux types de récepteurs cérébraux : citons le « gaba » influencé par les benzodiazépines, les barbituriques et l'alcool, ainsi que le récepteur à la dopamine, impliqué dans le système de plaisir et de récompense du cerveau. Pour les opioïdes, la cible est constituée des récepteurs... « opioïdes » (donc capables de se lier aux molécules opioïdes), découverts en 1973. Pour l'essentiel, il en existe trois types [10], qui se différencient en fonction de leur structure moléculaire, de leur répartition dans le système nerveux central et de leur affinité pour les différents opioïdes naturels ou synthétiques. Soit. Gardons à l'esprit que les récepteurs qui sont les plus impliqués dans les processus de dépendance sont les récepteurs « mu ». En 1996, un chercheur, Matthes, a d'ailleurs montré que des souris transgéniques, dépourvues de récepteur mu, répondaient peu à l'effet antidouleur des morphiniques et ne développaient pas de dépendance.

L'affinité différente de chaque molécule opioïde avec les différents types de récepteurs explique la différence d'activité entre ces molécules. L'héroïne, la morphine, ainsi que les produits de substitutions que sont la méthadone et le LAAM ont la plus forte affinité pour les récepteurs mu. Ces récepteurs sont responsables de la plus grande partie des effets des morphiniques : euphorie, dépendance, effet antidouleur, sédation, trouble du tube digestif, rétrécissement caractéristique de la pupille.

Pour compliquer encore les choses, il faut savoir qu'une fois fixées sur les récepteurs, les molécules, suivant leurs caractéristiques propres, produisent des effets différents. Ainsi, certaines molécules comme l'héroïne et la méthadone, appelées « agonistes », enclencheront, une fois fixées sur les récepteurs, la cascade des effets morphiniques. D'autres, comme la naloxone et la naltrexone, appelées « antagonistes », se fixeront sur les mêmes récepteurs mais pour bloquer, neutraliser l'effet morphinique. Entre ces deux extrêmes, stimulants ou neutralisants du système opioïde, il existe des molécules comme la buprénorphine et la pentazocine qui sont des agonistes partiels, c'est-à-dire qu'une fois liées à leur récepteur, elles ne stimulent que partiellement la cellule [11].

Voilà pour la cible et l'action sur la cible. Mais il faut aussi prendre en compte la manière dont les opioïdes parviennent à la cible. En fait, les différences ressenties subjectivement par les toxicomanes avec tel ou tel opioïde dépendent de la rapidité d'invasion du système nerveux central par ces molécules, et donc de la capacité du produit, dans un mode d'administration donné, à produire l'«effet flash» que cherche l'usager. Et là, deux facteurs sont à prendre en compte : le produit lui-même (qui circulera plus ou moins bien dans l'organisme) et son mode d'administration.

Première barrière : celle de l'organisme dans son ensemble. En cas d'injection, la totalité du produit sera utilisée par l'organisme. Voilà qui est simple. En cas de prise orale, l'utilisation du produit par l'organisme dépendra de la molécule elle-même et de caractéristiques individuelles. Ainsi, en prise orale, la méthadone aura ce qu'on appelle une «biodisponibilité» de 90 à 100 %, alors que la morphine n'agira qu'à hauteur de 20 à 40 %. Lors d'une administration par voie nasale, seulement 10 % du produit est disponible une fois la molécule absorbée.

Mais il reste une deuxième barrière : la molécule doit atteindre son site d'action, en l'occurrence les récepteurs morphiniques du cerveau. Pour ce faire, les molécules doivent traverser une barrière naturelle séparant le sang du cerveau. L'héroïne, par exemple, franchit plus facilement et plus rapidement cette barrière que la morphine. La méthadone, elle, n'est absorbée que lentement et progressivement.

Bref : la cible change selon le produit, tout comme la manière dont chaque produit arrivera à cette cible. Ceci explique pourquoi les scientifiques ont développé tant de sous-produits de l'opium ou analogues, cherchant à trouver celui qui dompterait le mieux la dépendance. Il n'en est malheureusement aucun qui ait eu raison d'un autre phénomène lié à l'usage d'opioïdes : la tolérance.

L'utilisation prolongée d'une substance, drogue ou médicament, produit une modification de son effet. Ce phénomène s'appelle « adaptation ». Cette adaptation peut revêtir deux aspects différents. Il s'agit soit d'une adaptation par sensibilisation (avec augmentation de l'effet de la substance), soit d'une adaptation par tolérance, avec diminution de l'effet obtenu pour une même dose d'une même substance. En cas de tolérance, il faut impérativement, pour obtenir le même effet, augmenter la dose. C'est ce phénomène qui explique que les toxicomanes aux opioïdes utilisent quotidiennement des doses quasi mortelles pour une personne non dépendante. L'organisme de ces personnes supporte des concentrations bien supérieures à la normale. Ceci permet de comprendre pourquoi l'un des moments les plus à risque d'overdose aux opioïdes est... l'après-sevrage. En effet, après une désintoxication et un sevrage, le corps se trouve « détoxifié » et la sensibilité des patients se trouve à nouveau comparable à celle du commun des mortels. Si après un sevrage, ces patients rechutent, ils seront tentés de consommer les doses identiques à celles qu'ils consommaient avant sevrage et se retrouveront d'emblée avec des taux toxiques voire mortels d'opioïdes, induisant ainsi de manière accidentelle l'overdose.

En outre, il faut savoir que l'usage chronique d'un opioïde entraîne une tolérance croisée pour les autres opioïdes. En pratique, cela signifie qu'un consommateur régulier d'opioïdes ne pourra pas tenter d'échapper à la tolérance en changeant régulièrement de type d'opioïde. Il n'aura d'autre choix, s'il veut continuer à éprouver des sensations, que d'augmenter sans cesse la dose de sa drogue et entrer dans la spirale de l'addiction et de la toxicomanie.

❏ Quels sont les effets ?

Lorsqu'ils sont utilisés à des doses supérieures à celles requises pour obtenir un effet antidouleur, les opioïdes induisent de l'euphorie, principal effet recherché en cas d'usage abusif. Selon leur mode d'administration (c'est la forme injectable intraveineuse d'opioïdes qui est de loin la plus dangereuse), l'effet initial est une sensation intense mais brève de plaisir, de chaleur, d'euphorie accompagnée d'un réchauffement de la peau, d'un chatouillement, d'un ralentissement du rythme cardiaque avec baisse de la tension artérielle, et d'un rétrécissement de la pupille. Rapidement s'installe une phase de bien-être avec mise à distance de la réalité. Ces effets de tranquillité et d'apaisement peuvent durer quelques heures.

Ils sont malheureusement suivis par des changements d'humeur, de l'apathie, un ralentissement des mouvements moteurs, et de la somnolence. En cas d'overdose, ces produits sont susceptibles de provoquer une dépression respiratoire et d'induire un coma. Les accidents de surdosage peuvent survenir suite à un désir suicidaire, mais aussi suite à une tentative de flirter avec la sensation maximale et avec la mort. Ou encore suite à l'utilisation accidentelle d'une héroïne trop fortement dosée.

Comme nous le savons, lorsqu'ils sont administrés de manière chronique, les opioïdes induisent un phénomène à la fois de tolérance et de dépendance, ces deux phénomènes s'installant relativement rapidement après l'administration répétée de ces produits. La conséquence en est le besoin irrépressible de prendre une dose sans cesse plus élevée pour obtenir à nouveau l'effet d'euphorie. Dans certains cas, et toujours suivant le produit et le mode d'injection, la marge entre la dose mortelle et celle susceptible d'induire les effets recherchés devient de plus en plus faible, le risque d'accident et d'overdose étant à ce moment d'autant plus important.

Les médecins se trouvent donc face à un casse-tête : pour limiter les risques, réduire la dépendance des toxicomanes tout en évitant le recours anarchique à diverses substances, ils doivent s'intéresser à des produits de plus en plus sophistiqués, de mieux en mieux profilés quant à leur absorption par l'organisme et leur action sur les divers récepteurs du cerveau. Mais encore faut-il que l'usage de ces produits n'échappe pas à leur contrôle, ce qui semble se produire à nouveau avec la buprénorphine.

❏ Les nouveaux cousins de l'opium

C'est ainsi que depuis 1996, en parallèle avec l'avancée de la médecine, le paysage des dérivés de l'opium en Europe a été complètement bouleversé. Les « mutants », les nouveaux opioïdes de synthèse, sont arrivés.

« Son faible prix au marché noir lui permet d'être, en l'an 2000, le produit opiacé le moins cher et le plus accessible à l'usager de la rue. » La France, qui constate cette dérive à l'été 2001 [12], aurait pu ajouter qu'il s'agissait aussi du produit le plus puissant... et le plus intéressant dans toute l'Europe. La buprénorphine, appelée Temgésic® dans la majorité des pays d'Europe [13] et également enregistrée en France sous le nom de Subutex pour le traitement des héroïnomanes, est un opiacé semi-synthétique. Prescrit à faibles doses dans le traitement de la douleur sous le nom de Temgésic, il est également utilisé à des doses bien supérieures dans le traitement de substitution des personnes dépendantes de l'héroïne.

L'Europe est tombée sous son charme : depuis l'automne 1998, l'hôpital de Vienne, en Autriche, l'utilise pour soigner les futures mères de famille héroïnomanes. En effet, une étude entamée en 1997 montrait que les nouveau-nés dont la mère avait été traitée avec ce produit ne souffraient pas à la naissance du syndrome de manque observé avec d'autres produits de substitution plus classiques. En Belgique, la buprénorphine reste un produit minoritaire, mais l'un des deux seuls à être désormais approuvé pour le sevrage. Au Danemark, la ville de Copenhague s'est prudemment engagée en 1998 dans un programme d'évaluation en deux ans du traitement à la buprénorphine. En Finlande, les mères héroïnomanes de Turku disposent depuis 1999 de buprénorphine, mais on y teste également ce produit sur des détenus toxicomanes. La Suède et le Royaume-Uni se sont engagés tous deux en 1999 dans des tests de ce produit, et la réflexion est en cours en Allemagne et au grand-duché de Luxembourg. Quant à l'Italie, elle a finalement autorisé la prescription de buprénorphine à partir de l'an 2000 [14].

Mais c'est la France qui aura joué le rôle de pionnier puisque la buprénorphine y est prescrite en toute légalité depuis 1996. Or elle constate cinq ans plus tard : « Un certain nombre de formes de mésusages de la buprénorphine haut dosage apparaissent au fil du temps : l'injection intraveineuse, des associations dangereuses (particulièrement les benzodiazépines et l'alcool), le nomadisme médical et le petit trafic. Des décès ont été rapportés chez des usagers, généralement quand celle-ci était associée avec d'autres produits [15]. » La France constate que ce produit lui échappe, et que, s'il demeure des toxicomanes qui ne l'utilisent qu'à bon escient ou d'autres qui « arrondissent au noir » la dose qu'ils reçoivent légalement, il en est d'autres qui développent de nouvelles défonces, purement illicites, à base de buprénorphine. Leur profil ? Très majoritairement des hommes, la trentaine ou un peu moins, sans activité professionnelle, et qui plongent sur ce produit car sa disponibilité serait grande.

Pour ces « hors-la-loi », pas ou peu question de sevrage ou de substitution : certains expliquent ne le consommer qu'épisodiquement (ce qui est contraire à tout suivi médical) et un sur trois, d'ailleurs, ne l'utilise que pour se « défoncer » [16]. Quant au mode d'emploi prévu par le fabricant (le glisser sous la langue), il n'est respecté que dans un cas sur dix : ils se l'injectent (65 %), le sniffent (40 %), le fument (4 %) [17], entraînant la cohorte des effets connus pour ce type de produit : sclérose des veines, abcès, septicémie, nausées, vomissements, perte de libido, perte ou gain de poids, problèmes pulmonaires.

Réputé plus accrocheur que l'héroïne elle-même, produisant un manque plus difficile à supporter, l'image du Subutex se détériore déjà parmi les toxicomanes français, mais il a son public. Et il accroche de nouveaux venus : le Subutex sera le premier opiacé jamais essayé par un consommateur illégal sur cinq, constituant peut-être une nouvelle génération d'accros aux dérivés de l'opium. Des toxicomanes plus jeunes, plus féminins, et qui préfèrent le sniff à la seringue. Moins risqué, plus discret, le sniff produirait « une montée de chaleur et une assurance de soi » qui ne correspond pas aux effets décrits par ceux qui se l'injectent : à la seringue, le Subutex aurait un effet stimulant, un effet « speed » proche de la cocaïne, produisant en outre des « mini-flashs » à l'image de l'héroïne.

La culture des usages illégaux du Subutex s'est à ce point développée qu'on peut déjà décrire ses effets en cocktails. On l'utilise avec le crack pour calmer les angoisses. On adoucit au Subutex la descente d'une prise de cocaïne, que ce soit en prenant ces deux produits simultanément (comme pour le mélange de cocaïne et d'héroïne baptisé « speedball ») ou de manière alternée. Au contraire, lorsque le produit de base est le Subutex, on en renforce les effets au Rohypnol ou à l'alcool, une pratique qui a quitté la France métropolitaine pour être également adoptée dans l'île de la Réunion. Fin du fin : pour éviter les effets indésirables du Rohypnol sur le système respiratoire, il a été constaté en un seul endroit l'usage, avec le Subutex, d'une amphétamine médicale normalement utilisée pour le traitement de l'asthme et des bronchites chroniques. Un vrai casse de pharmacie...

Il demeure de cette aventure, médicale à l'origine, un fait qu'on interprétera au choix comme un succès ou une catastrophe : si l'arrivée de produits de substitution comme la méthadone n'avait pas perturbé le marché français de l'héroïne, l'arrivée du Subutex en février 1996 a, elle, radicalement contracté ce marché. Malgré la baisse des prix de l'héroïne. En conséquence, le nombre d'overdoses mortelles dues à l'héroïne a chuté, en France, de 388 en 1995 à 69 seulement en 1998. Mais il faut y ajouter désormais les décès dus à la buprénorphine. Et penser que la buprénorphine, dont le trafic illicite s'étend maintenant à l'Asie et l'Afrique, est désormais l'une des substances les plus recherchées dans le monde par les trafiquants [18].

❑ En perte de vitesse, « China white » et méthadone

La montée de la buprénorphine dans les réseaux illicites est d'autant plus inquiétante qu'elle incarne le seul gros dérapage de ce type de produits. Si le Subutex n'est pas – et de loin – la seule des défonces possible aux nouveaux dérivés d'opium, elle est par contre l'une des rares à s'être matérialisée. On pourrait ainsi citer pour mémoire le dextromoramide, commercialisé sous le nom de Palfium®. Il s'agit d'un opiacé de synthèse découvert en 1956 et commercialisé l'année suivante. D'action rapide, ce produit est réservé à la pratique anesthésiologique, mais a été l'objet d'abus dès sa commercialisation. Encore testé en Europe ces dernières années (sans grand succès) dans des programmes courts de sevrage, il semble avoir disparu du marché illégal.

Moins connu mais très dangereux : le fentanyl – ou plutôt les fentanyls – que la rue a baptisé «China White». Synthétisé en Belgique fin des années cinquante, il s'agit d'un stupéfiant proche de la morphine mais bien plus puissant, utilisé exclusivement en anesthésiologie. Son usage par les toxicomanes multiplie les risques d'overdose et de décès par dépression respiratoire ou arrêt cardiaque. Vendu à New York à l'hiver 1991 en lieu et place de l'héroïne, il provoquera 20 morts et 250 hospitalisations d'urgence en quelques jours. On dira alors le fentanyl «mille fois plus puissant» que l'héroïne [19] et il continue à inquiéter l'administration antidrogue des Etats-Unis : à ce jour, plus de douze types différents de fentanyls ont été produits clandestinement aux Etats-Unis, où ils sont injectés, fumés ou sniffés [20]. Mais ce produit a lui aussi disparu des rapports d'épidémiologie des pays d'Europe.

Les sulfates de morphine, notamment commercialisés en France sous les noms de Skenan® et Moscontin® [21], sont eux aussi sur le déclin : on ne les retrouve qu'auprès d'anciens toxicomanes stabilisés avec ce produit, dans des populations très marginales (prostituées, consommateurs de crack…) et parfois dans le milieu techno. On l'injecte – mais le Moscontin® en seringue semble difficile à préparer –, on le sniffe «pour avoir une montée plus violente», et la ville de Lyon a même repéré un usage par voie rectale. Mais, même si le prix du comprimé est stable sur le marché noir français (75 FF ou 11,45 €), il a disparu des petits trafics spécialisés [22].

On aurait également pu craindre le pire avec la méthadone, sans conteste le produit de traitement des héroïnomanes le plus prescrit en Europe. Synthétisée en Allemagne durant la Seconde Guerre mondiale afin de pallier le manque de morphine, elle devait permettre de soulager les douleurs des blessés au combat. Cette origine germanique et guerrière lui avait valu à l'origine le nom d'«adolphine», référence à la racine latine *dolor* (douleur) et au prénom de leur sinistre chef de guerre, Adolf Hitler. Après guerre, les Américains ont récupéré le brevet allemand et rebaptisé l'adolphine en 1946 du nom de méthadone. C'est elle qui fut retenue dès le début des années 60 comme traitement de substitution parce qu'elle s'administrait par voie orale et avait une action prolongée. Actuellement, la méthadone reste le traitement de substitution de référence, et peut donner lieu à un usage détourné de type addictif, analogue à celui décrit avec tout autre morphinique. Des décès de toxicomanes par overdose ont même été décrits mais sont souvent le fait d'usage de méthadone acquise dans le cadre de réseaux clandestins et donc souvent frelatée. La généralisation des traitements à la méthadone dans les pays d'Europe a fortement réduit les trafics : les toxicomanes sont engagés dans des dépannages occasionnels plutôt que dans des trafics authentiques. Une exception : le nord de la France, à la frontière de l'Allemagne, de la Belgique et du Luxembourg, où se produirait un petit trafic sous forme de comprimés.

Parmi cette demi-douzaine de dérivés puissants de l'opium qui ont été mis sur le marché, il s'en trouve même un qui – quoiqu'en phase de test ou, déjà, de distribution dans nombre des pays d'Europe – n'a apparemment jamais eu les honneurs du trafic : le LAAM. Opioïde de synthèse proche de la méthadone dont il est dérivé, il bénéficie d'une élimination beaucoup plus lente par l'organisme : il faut environ 60 heures pour que le corps élimine la moitié de la dose administrée. Ce qui signifie qu'il peut être administré tous les deux, voire trois jours seulement aux toxicomanes traités, leur permettant de vivre sans se morfondre dans des structures de soins. Etudié dès les années quarante, le LAAM a été agréé aux Etats-Unis en 1993 comme traitement de substitution et commercialisé sous une forme buvable (Orlaam®). L'Espagne a testé le produit à grande échelle sur près de 180 personnes, avec succès. Mais il n'y a pas eu, cette fois, le moindre signe de trafic. Est-ce enfin le « Graal » ?

❏ Small is beautiful

Tous les dérivés de l'opium que nous venons de survoler sont éminemment puissants. Mais on en trouvera bien d'autres sur le marché, de puissance moyenne ou faible, et que la majorité des gens ne rattacheraient même pas à cette grande famille. Ainsi, rappelons que parmi les traitements antidouleur régulièrement proposés dans les pharmacies d'Europe, on trouve encore et en trop grande quantité de nombreuses associations d'antidouleurs qui contiennent, outre les classiques paracétamol et acide acétylsalicylique (l'aspirine), des dérivés morphiniques. Bien sûr, ces dérivés sont souvent des morphiniques mineurs de type codéine ou « dextropropoxyphène ». Ils sont néanmoins tous susceptibles d'induire lentement (mais sûrement et surtout discrètement) de solides dépendances chez des patients qui sont à mille lieues de s'imaginer dépendants d'un produit licite, cousin germain de ceux utilisés par les héroïnomanes.

Parmi les produits de force intermédiaire qui peuvent servir aux défonces et accrocher l'utilisateur, on citera la péthidine, appelée Dolosal® en France, Dolantine® en Belgique, Centralgin® en Suisse, et surtout connue sous son nom américain (Demerol®) souvent cité dans les thrillers noirs[23]. Et pratiquement toujours pour son usage abusif ou détourné... En 2000, un employé de l'hôpital d'Indianapolis a été interpellé pour détournement, à usage personnel, des doses liquides de Demerol et de morphine : il ouvrait les boîtes, ponctionnait les ampoules et remplaçait le Demerol par une solution saline. A Nouakchott, en Mauritanie, le Dolosal fait partie des produits que les enfants toxicomanes de la capitale trafiquent au même titre que la morphine. Comme les solvants demeurent en Afrique la drogue la moins chère, le trafic mauritanien de Dolosal serait surtout lié aux milieux médicaux et paramédicaux, et réservé à une élite ou aux expatriés.

Autre dérivé, lui aussi présent sur les trottoirs de Nouakchott : la pentazocine, développée médicalement fin des années soixante, et connue sous le nom de Fortal® en Belgique et en France, de Fortral® aux Pays-Bas, au Royaume-Uni et en Allemagne[24]. Susceptible de donner lieu à un usage abusif et à une dépendance, on la prescrit en théorie pour le traitement de douleurs intenses. Mais en cas de surdosage, la pentazocine induit de manière fréquente des hallucinations. L'usage de pentazocine peut provoquer une dépendance physique, quoique les signes de sevrage soient toutefois moins sévères que ceux de l'héroïne. Aux Etats-Unis, le détournement de ce produit est fréquent : entre autres usages, les toxicomanes se l'injectent après l'avoir associé à un antihistaminique, réalisant ainsi un cocktail désormais connu sous le nom de « T's and blues ». Ce cocktail a une histoire : il est né à la fin des années soixante-dix, alors que la pureté de l'héroïne était en déclin. A l'origine, « T's and Blues » désignait un mélange d'antitussif dérivé de l'opium, le Tussionex®, et d'un calmant, le Doriden®. La mixture devait être avalée et produisait une euphorie comparable à celle de l'héroïne – accompagnée d'un syndrome de manque similaire. Mais « T's and Blues » désigne désormais un mélange injectable de cette pentazocine (que les Américains connaissent sous le nom de Talwin®) et d'un antihistaminique commercialisé aux Etats-Unis, la Pyribenzamine®, mélangés à raison de deux tiers pour un tiers. Ajoutons que l'histoire du « T's and Blues » continue puisque les toxicomanes s'injectent désormais sous ce nom une nouvelle formule de mélange pharmaceutique, entièrement synthétique et renouvelée.

Le tramadol est lui aussi de puissance intermédiaire : connu sous différents noms commerciaux (Dolzam®, Contramal®, Tradonal® en Belgique et Tramal® aux Etats-Unis[25]), il représente un opioïde analgésique commercialisé récemment. Le tramadol connaît un très grand succès en médecine générale et spécialisée, et, selon les données des firmes qui le commercialisent, il serait moins susceptible d'induire des assuétudes que les autres dérivés morphiniques. Les premiers cas de toxicomanie et d'assuétudes commencent cependant à être décrits[26] et l'on constate également une prescription très fréquente dans des douleurs légères ou moyennes qui pourraient être soulagées par des traitements antalgiques moins puissants comme le paracétamol... ce qui représente la porte ouverte à un usage, sinon détourné, du moins abusif de ce produit. Chez les toxicomanes américains, depuis un à deux ans, le tramadol se prend désormais en appoint dans un cocktail où on l'associe à un anxiolytique. Et c'est la présence de cet anxiolytique, dont le potentiel de dépendance est supérieur aux benzodiazépines, qui provoque l'«accrochage» des toxicomanes.

Enfin, impossible de clore ce chapitre sans un détour par les produits les plus faibles et, éventuellement, votre propre pharmacie familiale : la codéine y est sans doute présente puisque cet alcaloïde, lui aussi extrait du pavot, est à la fois un antidouleur et un antitussif. Isolée de l'opium en 1832 par le pharmacien français Jean-Pierre Robiquet, elle est sept fois moins puissante que la morphine. Les premiers cas de toxicomanie à la codéine furent décrits aux Etats-Unis dès 1934, mais elle participe à présent à une pratique des plus fréquentes, d'autant moins quantifiable que les médicaments qui en contiennent sont extrêmement nombreux. Comment ? ! On se défoncerait à la codéine ? Bien entendu : le tout est de disposer d'un solide appétit. La France, qui observe parmi sa population des héroïnomanes ayant une longue expérience de ces produits, sait qu'un usager qui se défonce au Néo-codion® en avale en moyenne trente par jours, soit une boîte et demie. Les avaler est d'ailleurs la seule manière (ou presque) de les consommer abusivement[27]. Et encore ne s'agit-il que d'une moyenne nationale : certains usagers français déclarent en absorber 80 par jour, et la moyenne parmi les usagers d'une ville comme Lille monte allègrement à 48.
Perçu comme un produit dépassé, une drogue de pauvre aisément accessible sans ordonnance, le Néo-codion souffre d'une image plutôt négative et serait en déclin. L'une des raisons de ce désamour ? Le grand succès du Subutex, encore et toujours.
Parallèlement à la codéine, le «dextropropoxyphène», commer-

cialisé en France sous le nom d'Antalvic® et en Belgique sous celui de Depronal®, est un autre opioïde de synthèse utilisé pour ses propriétés antalgiques. Bien que peu puissant, le dextropropoxyphène peut, tout comme la codéine, donner lieu à un comportement addictif d'autant plus aisément que le produit est très largement prescrit en médecine générale et donc facilement accessible.

Nous devrions encore citer les nombreux antidouleurs commercialisés dans le monde et qui contiennent, à des doses généralement faibles, un ou plusieurs morphiniques mineurs associés au paracétamol ou à l'aspirine. C'est le cas du Distalgic®, de l'Algophène®, du Yamalen New® ou de la Lamaline® française, une des rares gélules dont la notice précise que le médicament contient de la «poudre d'opium»... Mais nous atteignons là les produits les plus doux, à peine digne d'être remarqués, et dont les éventuels «accros» traîneraient derrière eux une image bien misérable.

Qui sait si demain ces produits mineurs ne seront pas balayés par une vague de retour à l'authentique, à l'opium des premiers jours? Sur la scène techno française, où le maître mot est la fête et non les usages glauques ou problématiques, un signe avant-coureur a déjà été détecté[28] : la fabrication artisanale de «rachacha» ou «rach», constitué de décoction naturelle de têtes de pavot. Plus rien à voir avec les filières pharmaceutiques. A priori, cette substance pâteuse de couleur rouge, diffusée hors des cercles d'initiés depuis quelques années seulement, a tout pour plaire : elle n'est pas vraiment chère (7,6 € le gramme), a la réputation d'être «naturelle» et donc inoffensive – une vision que nuancent ses consommateurs réguliers – et colle à l'«image techno». On l'utilise pour terminer en douceur un «voyage» au LSD ou aux amphétamines, ou pour ses effets planants spécifiques.

Difficile d'imaginer une substance plus rustique : le «rach», fabriqué pour l'essentiel dans le sud de la France, est davantage disponible en été qu'en hiver, et se fume sous forme de cigarettes ou à l'aide d'un chilom, tout comme le cannabis. Ceux qui souhaitent ménager leurs poumons l'emballent, eux, dans une feuille de papier à cigarette (histoire d'éviter le goût amer du produit) et l'ingèrent sous forme de boulettes. Mais c'est précisément parce que ce produit est rustique, totalement étranger au milieu médical, qu'il jouit d'une bonne réputation. Voilà un « rach » qui est de nature à concurrencer plus d'une spécialité pharmaceutique...

NOTES

1. Pierre-Yves Bello, Abdalla Toufik, Michel Gandilhon, *Tendances récentes. Rapport Trend*, OFDT, Paris, juin 2001.

2. La buprénorphine, en antidouleur, est administrée à raison de 0,2 à 0,4 mg toutes les 6 à 8 heures. Par contre, le traitement des héroïnomanes requiert un haut dosage de 2 à 16 mg par jour.

3. Estimation maximale. La fourchette dressée par l'Observatoire français des drogues et des toxicomanies va de 146 000 à 172 000 personnes.

4 Enquête Asud, menée auprès de 202 usagers de buprénorphine haut dosage en dehors de prescription médicale.

5. *Papaver somniferum.*

6. Découvert par le médecin anglais Thomas Sydenham.

7. Du grec *mêkonion* qui veut dire « suc de pavot ».

8. Abréviation de « lévo-alpha-acétyl-méthadol ».

9. Ce qu'on appelle généralement la « pharmacodynamique » et la « pharmacocinétique ».

10. Mu (μ), delta (δ) et kappa (κ).

11. En outre, certaines molécules sont appelées agonistes-antagonistes, c'est-à-dire qu'elles sont capables d'agir simultanément comme agonistes, en stimulant certains récepteurs, et antagonistes en en freinant d'autres.

12. Bello, Toufik, Gandilhon, *op. cit.*

13. Belgique, Pays-Bas, France, Italie, Allemagne, Danemark, Royaume-Uni, Irlande, Suède et Suisse.

14. Informations extraites des divers rapports nationaux 1999 des Etats d'Europe et transmis à l'Observatoire européen des drogues et des toxicomanies (OEDT).

15. Bello, Toufik, Gandilhon, *op. cit.*

16. 33%, ce qui est moins, cependant, que ceux qui déclarent l'utiliser seulement pour obtenir une sensation de bien-être (45 %).

17. Certains utilisant ce produit de différentes manières, la somme des pourcentages ne peut être égale à 100.

18. OICS, *Rapport 2000.*

19. Alain Lallemand, *L'Organizatsiya*, Calmann-Lévy, Paris, 1996.

20. DEA, *Drug of abuse. Fentanyl.*

21. Commercialisé en Belgique sous le nom de MS Contin®.

22. Bello, Toufik, Gandilhon, *op. cit.*

23. Dénominations commerciales connues : Alodan « Gerot », Centralgin, Demerol, Dolantin, Dolantina, Dolantine, Dolestine, Doloneurin, Dolosal, Neomochin, Opistan, Pethidine, Pethidine Injection, Pethidine Roche, Pethidine Tablet, Petidin.

24. Autres dénominations commerciales : Fortalgesic (Suisse), Talacen, Talwin (Etats-Unis), Talwin oral (Italie).

25. Dénominations commerciales connues : Adolonta, Amadol, Contramal, Doligan, Dolol, Dolzam, Fortradol, Mandolgin, Nobligan, Nycodol, Theradol, Topalgic, Tradolan, Tramabene, Tramadolor, Tramadura, Tramagetic, Tramagit, Tramal, Tramamerck, Tramamundin, Tramaque, Tramedphano, Tramol, Tramundal Ultram, Trialgiol, Zamadol, Zydol.

26. Voir, notamment : R. Reeves, V. Liberto, « Abuse of Combinations of Carisoprodol and Tramadol », *Southern Medical Journal*, vol. 94, n° 5, mai 2001.

27. Selon une enquête réalisée en 2000 par l'Observatoire français des drogues et des toxicomanies, ainsi que par l'association Asud, 96 % des usagers de Néocodion avalent cette substance. Seuls 2 % se l'injectent, 2 % le sniffent et 1 % le fument.

28. Bello, Toufik, Gandilhon, *op. cit.*

KÉTAMINE, LE VALIUM DU CHAT

It's getting dark, too dark to see feels like I'm knockin' on heaven's door.

Bob Dylan, « Knocking on heaven's door ».

Dénomination scientifique : kétamine
Principales dénominations de rue : « K », « Special K », « Special L.A. Coke », « Keta », « Kit Kat », « Vitamin K », « Super Acid », « Purple », « Honey Oil », « Bump », « Kellys day ».
Principales appelations commerciales : Ketaset®, Ketalar®, Kétamine Panpharma®, Chlorkétame®, Imalgene®, Kétamine UVA®.
Type d'effet : anesthésiant humain et vétérinaire. Produit un voyage spécifique, assimilé à une expérience aux frontières de la mort.
Mode d'administration : orale et nasale, parfois intramusculaire, et très rarement intraveineuse. Les doses sont de l'ordre de 200 mg par voie nasale, de 300 à 400 mg par voie orale.
Zone de diffusion : mondiale

Ceux qui ont vécu l'expérience jusqu'à son terme décrivent un long tunnel, un puits sans fond, un sas, une chute noire, un vortex dans lequel le corps est aspiré à une allure vertigineuse. La lumière apparaît enfin, sorte de porte mystique vers « Dieu », une entité chaude, des amis, morts ou vivants. 10 % des personnes sont ensuite entrées dans la lumière et, lorsqu'elles trouvent les mots pour décrire l'indicible, rapportent le récit d'une expérience qui a modifié leur vie. Au début du voyage, il y a ce constat : votre corps est apparemment mort, insensible. Vous vous en détachez soudain, votre conscience semble flotter par-dessus votre enveloppe physique. Un instant, vous admettez que cela n'est pas possible, qu'il est insensé de poser un regard extérieur sur votre propre corps, de voir et entendre ce médecin déclarer, subitement, que vous êtes décédé. « Je » suis décédé ?

Qui ne voudrait toucher du doigt ces expériences aux frontières de la mort, tenter d'arracher à la nature quelques bribes d'explication sur le sens de la vie ? Hélas, les expériences aux frontières de la mort, ou « near-death experiences » (NDE), n'apporteront jamais une once de réponse au sens de la vie, à la question d'une vie possible après la mort, ou de l'existence éventuelle d'une entité divine. « Les avancées récentes de la neuroscience, basées sur l'étude du cerveau, nous rapprochent d'une compréhension des NDE comme étant des états altérés de conscience. Ce débat n'appréhende pas du tout la question d'une vie après la mort, mais démontre [par contre] que les NDE ne sont pas une preuve de l'existence d'une vie après la mort[1]. » Ces lignes définitives sont l'œuvre d'un des meilleurs spécialistes du sujet, le psychiatre londonien Karl L.R. Jansen, lui-même grand voyageur aux frontières de la mort, en conditions naturelles ou provoquées : aussi étranges, quoique systématiques et universelles, qu'apparaissent les NDE, elles ne sont qu'un des jeux chimiques de notre cerveau. Et si « Dieu » semble parfois se cacher derrière la lumière qui apparaît au bout du tunnel, il se peut aussi que surgissent de cette brillance des personnages aussi incongrus qu'Elvis ou Bart Simpson...

❏ Nom de code : CL369

Les « near-death experiences » ne seraient donc qu'une illusion chimique ? Sans doute, et il est même un produit stupéfiant, vendu en France sous le manteau à 100 FF (15,24 €) le gramme, qui a la particularité de reproduire à la demande ce genre de voyage : la kétamine. Inventée en avril 1962 par le pharmacien américain Calvin Stevens, la molécule « CL369 » était à l'origine un pur produit des laboratoires Parke-Davis, dans le Michigan. Rebaptisée « CI581 » (l'indice « CI » indique que la molécule s'apprête à être administrée

aux patients), elle intéressera les chercheurs en raison de ses propriétés anesthésiques et dissociatives. En gros, ces propriétés sont
comparables à la « poussière d'ange » (« angel dust » ou PCP, phen-
cyclidine, qui allait connaître un carrière mythique auprès de géné-
rations de toxicomanes américains), mais sont tout à la fois plus
courtes et moins toxiques.

Pour la petite histoire, notons que son inventeur a brièvement
tenté en 1963 de faire breveter la molécule en son nom personnel.
Stevens avait bien perçu les potentialités formidables de ce qui allait
devenir la « kétamine », et la fit enregistrer en Belgique en 1963,
avant de négocier avec les laboratoires Parke-Davis qui finançaient
ses recherches la cession des droits de ce produit. Les premiers tests
humains auront lieu en 1965 aux Etats-Unis – on parle alors de
drogue psychédélique, capable d'induire des transes – et la kétamine
sera officiellement brevetée par Parke-Davis aux Etats-Unis en
1966.

Devenue un anesthésiant vétérinaire très en vogue pour soigner
les petits animaux, notamment sous les dénominations commerciales de Ketaset ® et Ketalar ®[2], on reconnaît à la kétamine la propriété de bloquer les influx nerveux transmettant la douleur, tout
en ne provoquant généralement ni dépression respiratoire ni perturbation de la circulation sanguine. On l'utilise également en
médecine humaine, notamment sur les grands brûlés, mais en l'associant souvent à certaines benzodiazépines afin d'induire une
amnésie du patient. De fait, la kétamine provoque hallucinations,
sensations de flottement, délires, ce qui suppose une certaine pro-
tection du patient face à des effets psychiques indésirables. La kétamine bénéficie donc d'une large utilité médicale, raison pour
laquelle, d'une part, son bannissement pur et simple n'a pas été
possible en Europe ces dernières années (bien que l'Union européenne ait initié une large enquête au sujet de ce produit) et, d'autre
part, pourquoi les filières illégales continuent à être alimentées en
produits directement soustraits aux circuits vétérinaires.

❏ 1999, la percée française

En dehors de son usage légitime, ce qui nous intéresse, c'est l'engouement que provoque la kétamine sur la scène des *rave parties*, et, plus spécifiquement, dans le milieu des voyageurs du mouvement «New Age». En théorie, on n'expérimente pas la kétamine comme on prendrait de l'ecstasy : ses propriétés ludiques – induire un voyage «hors du corps», permettre de vivre des «expériences aux frontières de la mort» – destinent davantage ce produit à un public expérimenté, sans doute plus âgé, d'un niveau d'éducation plus élevé que la moyenne de la *drug scene*[3].

La littérature anglo-saxonne regorge de références à la kétamine, alors prenons-en le contre-pied : que s'est-il passé dans un pays comme la France ?

Selon l'Observatoire français des drogues et des toxicomanies (OFDT), la kétamine est apparue en France en 1996, et dans le milieu techno de l'Hexagone aux environs de 1997[4]. Elle y circulerait depuis sous les noms de «Golden» (considérée comme la plus puissante), «K16», «Hobby One», «Anglaise» ou «Vétérinaire». Mais, comme on le verra, toutes ces appellations sont très mouvantes.

Le grand succès français de ce produit attendra pourtant 1999, date à laquelle la kétamine connaît sa phase de diffusion dans ce que les sociologues des toxicomanies appellent «l'espace festif», espace festif techno en l'occurrence[5]. Cette année-là, la France prend conscience que plusieurs types de kétamine sont vendues sur son territoire. En toute illégalité, puisque la kétamine est classée comme stupéfiant depuis un arrêté publié au *Journal officiel* du 20 août 1997, et que son usage est strictement réservé au milieu hospitalier. On trafique, en 1999, de la kétamine «humaine», de la kétamine «vétérinaire» (plus puissante) et de la kétamine «indienne» qui, comme son nom semble l'indiquer, proviendrait d'Inde. Ajoutons à cela qu'elle est conditionnée tantôt en ampoules (de simples préparations pharmaceutiques dérivées du marché légal), tantôt sous forme d'un liquide incolore d'origine inconnue, tantôt en poudre, enfin en comprimés. Encore faut-il savoir qu'en France, la kétamine injectable, à usage humain, est disponible sous les appellations de Ketalar® et Kétamine Panpharma®, et que le marché vétérinaire, lui, connaît les spécialités dénommées Chlorkétame®, Imalgene® et Kétamine UVA®. Bref, la diversité est de règle dans le marché légal.

A priori, l'image de la kétamine en France ne lui était pas favorable : on la perçoit d'abord comme une « drogue couchée », qui ne donne au *raver* aucune énergie. De ce fait, la kétamine sera d'abord perçue comme l'équivalent approximatif de l'« héroïne de la techno », par référence à ce drame que représentera dans les années soixante la percée de l'héroïne sur la scène hippie. Il est également reproché à la kétamine d'induire une perte de contrôle et, de ce fait, d'être dangereuse. Ce dernier point est important : en injection, certaines doses sont tellement fortes qu'elles peuvent provoquer la perte de conscience avant même la fin de l'injection...

Mais 1998, et plus encore 1999, voient cette image négative se renverser : les *ravers* français découvrent alors que pour un prix modéré (à l'époque 200 FF le gramme, soit 30,49 € pour un minimum de trois « voyages »), la kétamine procure un trip sans douleurs, sans effets secondaires désagréables, et qui peut être conjugué à la cocaïne. Ce mélange kétamine-cocaïne permettrait de mieux se contrôler et, parce qu'il est davantage énergisant, de mieux adhérer à la fête techno. Enfin, la kétamine se diffuse de plus en plus sous forme de poudre à sniffer ou de liquide à avaler, ce qui permet aux nouveaux « clients » d'éviter l'injection, toujours rébarbative.

Un an plus tard, en 2000, la tendance se renversera à nouveau : l'image de la kétamine, plus largement diffusée, se détériore. Plus la kétamine est consommée, plus les *ravers* ont l'occasion de constater les effets indésirables de ce produit sur d'autres consommateurs : accoutumance, perte d'équilibre (avec chutes et blessures), comas, etc. Malgré un prix en baisse (en 2000, on parle de 100 FF ou 15,24 € le gramme), la kétamine divise alors le milieu parisien de la techno en deux courants, note l'OFDT : les « pour » et les « contre ». Les éléments favorables à la kétamine sont constitués des personnes les plus rebelles, marginales et radicales. Les éléments « contre » la kétamine sont ceux qui n'avancent pas de revendications identitaires autres que celles de la culture et de la musique techno. Socialement intégrés, ces seconds *ravers* n'ont d'yeux que pour le cannabis, l'ecstasy, le LSD, la coke.

De ce fait, la diffusion de la kétamine va connaître différentes vitesses : alors qu'elle gagne du terrain en zone frontière de la Belgique, sa diffusion va ralentir voire s'inverser dans la capitale française. Mais au total, le nombre d'utilisateurs est croissant, et gagne en importance notamment dans les *free parties* et *teknivals*.

Le mode d'administration est lui aussi mouvant : principalement, on sniffe ou on ingurgite la kétamine. Mais comme les segments du marché se sont radicalisés en « pour » et « contre », et que les défenseurs de la kétamine sont des éléments particulièrement rebelles, l'injection intramusculaire aura tendance à gagner du terrain. C'est dans ce contexte que la France va, grâce à un réseau de collecte et d'analyses d'échantillons vendus sur le marché illicite[6], jeter les bases d'une étude statistique du produit, quoique fort réduite : dix échantillons de kétamine seront analysés en 2000, huit sous forme de poudre (le sniff reste roi) et deux sous forme de liquide. Seuls huit échantillons contenaient effectivement de la kétamine, et un ne contenait aucun principe actif. On retrouvera par ailleurs dans ces échantillons de la cocaïne et du paracétamol.

❑ Kétamine, mode d'emploi

Le mélange de kétamine et cocaïne relevé en France existe dans d'autres pays, où on la retrouve aussi mélangée à de l'héroïne ou de l'ecstasy. Plutôt que de les désigner comme « dangereuses », disons que ces combinaisons apparaissent davantage comme étant... inutiles. En fait, la kétamine renforcera généralement les autres drogues, sans que ces drogues contribuent en quoi que ce soit à améliorer les effets hallucinants de la kétamine. Seul le protoxyde d'azote (gaz hilarant) est décrit comme efficace, en appoint, dans les moments de montée et descente de la kétamine. Par contre, toutes les substances provoquant une dépression respiratoire sont à proscrire : alcool, Valium (diazépam), barbituriques, ne sont pas à combiner avec la kétamine.

Comment fonctionne la kétamine lorsqu'elle est prise à l'état pur ? Puisqu'il s'agit d'un anesthésiant, ce produit aura des effets très divers selon la dose consommée. Des effets qui varieront eux-mêmes selon le sujet, mais surtout selon le mode d'administration, en injection intraveineuse ou intramusculaire, en inhalation ou en ingestion. De manière générale, l'expérimentateur doit s'attendre à de piètres résultats auditifs : la gamme des sons perçus aura tendance à se réduire, alors que leur volume, lui, sera perçu plus vivement. En d'autres termes, les *ketters* savent qu'ils doivent réduire le volume de leur chaîne hi-fi avant le voyage, de la même manière qu'ils réduisent l'intensité de l'éclairage : ce dernier préparatif n'a pas pour but de prévenir une acuité visuelle plus grande, mais simplement de favoriser l'apparition d'hallucinations visuelles. Oubliez toutes autres perspectives hallucinatoires : ni le goût, ni l'odorat ni le toucher ne seront amplifiés, bien au contraire.

Concernant le dosage, disons qu'il existe deux seuils, et qu'il faut se situer entre les deux : le premier est celui où l'expérimentateur va perdre le contrôle de ses sens, le second sera celui où il perdra conscience – et donc tout le « bénéfice » du trip. Mais attention : ce produit induit une tolérance très nette de l'organisme, il est donc chimérique de vouloir recommencer un « voyage » sous kétamine sans s'abstenir de toute consommation durant plusieurs semaines. La dose à ingérer qui mènera au premier seuil est de l'ordre de 4 mg par kilo de poids, la dose anesthésiante étant de l'ordre de 8 mg/kilo. Bref, la dose moyenne est généralement de 6 mg/kilo au maximum, ce qui représente 300 à 350 mg pour une femme de poids normal, 350 à 450 mg pour un homme. Il s'agit ici de doses maximales pour consommation orale, les utilisateurs précisant que 150 à 200 mg (soit la moitié !) représente déjà une *bonne expérience psychédélique*. En injection intramusculaire, les doses sont cette fois de 0,8 mg/kilo pour le premier seuil, de 2 mg/kilo pour le second[7]. Tout expérimentateur, moyennant une douleur de plusieurs jours voire de plusieurs semaines à l'endroit du corps où a été réalisée l'injection, trouvera donc son bonheur (?) avec une injection de 100 mg. L'injection intraveineuse, nous l'avons déjà dit, est extrêmement dangereuse dans la mesure où le contrôle moteur peut être perdu avant même la fin de l'injection : ne perdons pas de vue qu'une surdose de kétamine va abattre le sujet comme s'il arrivait sur la table d'opération. Enfin, la dose de sniff se situe autour des 200 mg par *trip*, quel que soit le poids du sujet : ce n'est pas tant l'irritation du nez qui est à craindre – la kétamine en poudre, si elle est de qualité pharmaceutique, sera acceptée par l'organisme – que la variété des réactions individuelles, fortement aléatoires selon le nez de chacun.

Généralement, ceux qui avalent la kétamine dissolvent la poudre dans un fond d'eau chaude, la mélange soigneusement puis remplissent leur verre d'une solution plutôt acide, de type jus d'orange. Pas question de manger dans l'heure et demie (voire bien davantage si possible) qui précède l'ingestion. Et, comme pour tout anesthésiant, tout déplacement de l'expérimentateur provoquera des nausées. En conséquence, le *ketter* va choisir un endroit où il pourra rester plusieurs heures sans bouger, accompagné de préférence d'un ami qui, lui, ne sera pas sous influence de kétamine. Tout doit être à portée de la main. L'une des particularités du produit étant de figer l'utilisateur durant une longue période de temps, sans induire de dépression respiratoire, la présence d'une couverture est souvent nécessaire.

Attention au départ : la kétamine agit vite. En intramusculaire, les effets se font sentir dans les deux minutes. En moins de cinq minutes si vous ingérez ce produit sans avoir préalablement mangé – ce qui est recommandé. La kétamine induit alors un état de semi-conscience durant une heure, voire davantage, après quoi l'utilisateur sent qu'il repasse en dessous du premier seuil. S'ensuit une bonne demi-heure où il assimile le « nouveau fonctionnement » de ses sens, puis un doux voyage de deux à trois heures qui peut vous laisser la tête vide dans les jours suivants.

Sous influence de « K », qu'a-t-on l'impression de vivre ? Les utilisateurs parlent d'abord d'une fragmentation de leur environnement. Tout se déboîte, pour entrer dans le chaos. Ce n'est qu'après le premier seuil que les effets « mystiques » se déclenchent. On parle alors – nous y reviendrons – de découvertes d'autres dimensions de l'existence, de révélations parfois terrifiantes sur le passé et le futur, d'un merveilleux sentiment d'unité. A ce moment, le consommateur est incapable de communiquer avec les autres. Ce n'est qu'à l'atterrissage, lorsqu'il sentira qu'il franchit à nouveau le premier seuil dans l'autre sens, qu'il va commencer à se concentrer sur des objets, va vouloir entrer en communication avec les autres et partager ses expériences positives. Les Anglo-Saxons appellent ce moment la période *wow* (sensationnelle). C'est aussi le moment où l'utilisateur souhaitera bouger... ce qui est une mauvaise idée. En fait, il lui reste bien plus d'une heure de défonce à consommer.

❑ Le sens de la vie

On ne saurait pas grand-chose d'autre de la kétamine si un jeune psychiatre d'origine néo-zélandaise, Karl Jansen, n'en avait fait sa spécialité. Il commence à étudier le fonctionnement de la kétamine sur les récepteurs du cerveau dès l'université d'Auckland puis à Oxford. Désormais membre du Collège royal des psychiatres britanniques, il continue, d'une part, ses recherches sur les liens entre la kétamine et les «near-death experiences» (NDE), et, d'autre part, s'intéresse aux conséquences à long terme d'un usage massif et récréatif de l'ecstasy. En 2001, il publiait pour tous publics la somme de ses connaissances dans un ouvrage bien connu, «Kétamine : rêves et réalités»[8].

Ce que Jansen révèle, parce qu'il a eu l'opportunité d'accomplir lui-même des «expériences proches de la mort» naturelles et d'autres provoquées par la kétamine, c'est le peu de différences existant entre les unes et les autres, comme si la kétamine était la clé parfaite pour ouvrir ce genre de perceptions «aux frontières de la vie». Jansen reconnaît qu'il manque d'arguments statistiques. Mais les éléments qu'il verse au dossier sont intéressants. Ainsi, il reprend les cinq séquences classiques des «NDE» et les retrouve telles quelles avec la kétamine : sentiment de paix et de bonheur;

ensuite, sensation de détachement de son propre corps ; expérience des « tunnels » et entrée dans un monde sombre de transition ; émergence d'une lumière vive ; enfin, dans un cinquième stade, « entrée dans la lumière ». Jansen affirme que l'injection intraveineuse (!) de 50 à 100 mg de kétamine est de nature à produire les étapes de ce « voyage » désormais classique. Pourtant, cette dose est susceptible d'abattre un cheval.

Pourquoi ce trip intéresse-t-il tant de « pèlerins » ? La raison est simple : Jansen assure que le sommet de l'expérience est « l'émergence dans la lumière, et un échange "télépathique" avec une entité qui peut être décrite comme "Dieu" [9] ».

Par rapport aux autres drogues psychédéliques, la particularité de la kétamine tient à la succession sans transition, de manière assez brutale, de différents types de voyages. Comme si vous étiez une bille d'acier dans un flipper : l'euphorie, les tunnels, la lumière, les tunnels, etc. rebondissent dans votre psychisme. La descente, elle aussi, peut être nette, soudaine. L'expérience des tunnels, de ce vide baptisé « K-hole » (le « trou » K), prend un relief particulier que le non-initié ne peut saisir que grâce à la diversité des termes utilisés pour le définir : un vide noir parcouru à toute allure, comme dans des montagnes russes, à moins qu'il ne s'agisse d'un puits, d'une cave, d'un égout, d'une vallée, d'un cylindre sans fin... Lors des paroxysmes, les traits clairement communs à toutes les expériences font état d'une grande limpidité d'esprit, d'une insensibilité à la peine, puis d'hallucinations qui représentent la vision de paysages, d'amis d'enfances, d'anges, de figures religieuses ou mythologiques, à moins qu'il ne s'agisse, comme le relève Jansen, de visions d'Elvis Presley ou de personnages de *Star Trek*. Puis vous franchissez à nouveau un seuil dans la perception et vous voilà subitement reparti, sans possibilité de choix, vers un autre « plan de conscience ».

Il faut pourtant noter qu'il s'agit ici du recensement d'expériences exclusivement positives. Or ceux qui les ont vécues ont déjà bien de la peine à trouver leurs mots, à formuler le voyage de manière intelligible aux profanes. Lorsqu'il s'agit d'expériences négatives et proprement terrifiantes, les lèvres se ferment...

En l'absence de tout point de vue objectif, ce qui peut être déduit de la prose des expérimentateurs est qu'en tout cas, il serait bien malveillant de soumettre quiconque à l'influence de la kétamine sans qu'il en soit averti, et, mieux encore, qu'il en ait fait le choix préalable et délibéré.

❏ On ira tous au paradis

Une expérience unique, relatée par Karl Jansen, vaut d'être mentionnée pour sa complexité, et ouvre une fenêtre sur la dépendance psychologique qu'induit la kétamine : un homme (appelons-le Bill), à six jours d'intervalle, va connaître une dramatique « expérience aux frontières de la mort » dont les causes sont naturelles, puis un voyage sous kétamine. Le premier volet se produit lors d'une soirée bien arrosée, dans l'appartement de sa compagne. L'appartement prend feu, les convives quittent l'immeuble, puis Bill se rend compte que sa compagne, passablement éméchée, est demeurée dans la chambre à coucher, porte fermée. Il décide donc d'affronter l'incendie et, dans un corridor rempli de fumée, rampe jusqu'à la porte de la chambre. Il tente sans succès d'ouvrir la porte puis surgit une lumière blanche. Tout va alors très vite : c'est la nuit noire et pourtant il y a de la lumière... La conscience de Bill s'envole au-dessus de son corps, rejoint une lumière où se trouvent « toutes les personnes qui ont vécu »... Bill est en train de voler, se dit que cela est impossible puis, très brutalement, semble ramené au réel, passe par un conduit très étroit et... se retrouve sur une civière, masque à oxygène sur le visage. En fait, Bill a perdu conscience dans l'incendie et vient d'être sauvé.

Six jours plus tard, après les funérailles de sa compagne et sa sortie de l'hôpital, Bill va utiliser pour la première fois de la kétamine – il l'utilisera à de nombreuses reprises ensuite – et retrouver, dans les cinq minutes, ce « magma énergisant » où lui apparaissaient, sans véritable forme, toutes les personnes ayant vécu sur terre. Devenu une pure conscience, Bill a eu en outre l'impression de sentir la présence de sa compagne, son regard et son parfum. Ce qu'il dit de cette expérience est émouvant, dans la mesure où il en garde un souvenir très contrasté : d'une part, l'impression que son ancienne compagne est là, quelque part, accessible à la demande dans un autre plan de conscience, moyennant un peu de chimie. Mais, en même temps, Bill garde le sentiment qu'il n'est pas souhaité dans ce monde parallèle : il n'a pas pu en extraire sa compagne, et lui n'a jamais pu s'y imposer. Même le suicide lui semble ridicule puisqu'il « y » est déjà allé à deux reprises, sans résultat ! Bill admettra, au cours de l'interview qu'il livrera après ces voyages, que sa perception de la mort n'est plus claire à partir du moment où il peut l'assimiler à un rêve.

On l'aura compris : pour certains, la kétamine est une drogue à ce point complète, à ce point globale et quasi parfaite – même d'un point de vue médical – qu'elle représente un terrible potentiel de dépendance psychologique. C'est une dépendance très intime qui se développe, presque existentielle, enracinée à chaque niveau de l'être. En quelque sorte, un paradis en gélule auquel n'aurait pas osé songer George Orwell. Certains parlent de dépendance *supérieure à celle de l'héroïne*, et ce sur une simple base psychologique. En fait, au-delà des témoignages somptueux de délires psychédéliques, les perspectives de sevrage ne sont pas bonnes. Tout se passe comme si un *ketter* ne pouvait faire autrement que s'adonner à son plaisir jusqu'à épuisement total de son stock et rupture des filières d'approvisionnement. Curieusement, certains expérimentateurs vont avoir recours à d'autres drogues, comme la DMT décrite plus loin dans cet ouvrage, pour se rendre compte des effets négatifs de la kétamine sur leur vie : réduction de l'ambition, réduction de la peur (saine) de la mort, difficulté à affronter les tâches difficiles ou simplement le réel.

❏ Le côté obscur de la force

L'attrait psychologique de la kétamine est facile à comprendre : puisque cette drogue permet d'explorer de nouveaux champs de conscience, nombre de consommateurs y voient l'authentique point de passage vers la « matrice », au sens cinématographique du terme : c'est le délire cyberpunk de *Matrix*, durant lequel Neo, sous les traits de Keanu Reeves, découvre que les êtres humains sont devenus des batteries au service des machines. De la même manière, aidé de la kétamine, l'expérimentateur peut avoir l'impression de découvrir par-delà les apparences du réel les ressorts profonds du monde. Et c'est bien là que réside le drame de l'abus de substances psychédéliques. Ce drame est d'autant plus vicieux qu'il est exclu d'expérimenter deux fois le même parcours, du moins avec la même fraîcheur. Même après une abstinence prolongée, le consommateur revient toujours à la dernière expérience, au stade où il l'avait laissée, et non pas aux émois originels...

Mais d'autre part, la kétamine a des effets secondaires, bien physiques cette fois. Dépression respiratoire (à doses chirurgicales, des arrêts respiratoires ont été observés chez les enfants), pertes d'équilibre et chutes qui s'ensuivent, douleurs à l'abdomen dès lors que l'usage est lourd et prolongé, apparition de troubles tels que l'engourdissement, une sudation excessive, des larmes, une élocution troublée, une respiration accélérée, des mouvements curieux et soudains, certains maux de tête, ainsi que des tremblements de type épileptique. Quant à la vision, elle est nettement altérée durant la prise de kétamine : un dédoublement de la vue apparaît mais aussi des mouvements des yeux comparables à ceux qui marquent certains types de schizophrénie.

Le 17 avril 2000, alors qu'il préside aux destinées de l'Union européenne, le Portugal demande officiellement que soit ouverte une large enquête sur la kétamine, confiée comme il se doit à l'Observatoire européen des drogues et des toxicomanies (OEDT), la structure communautaire d'étude des stupéfiants, basée à Lisbonne. En septembre 2000, il est donc revenu aux spécialistes européens d'établir une balance entre la nécessité de protéger les *ravers*, les impératifs du marché médical et vétérinaire, enfin l'impact probable d'une interdiction du produit. Le rapport, élaboré d'octobre 2000 à février 2001, n'est pas réellement défavorable à la kétamine : curieusement, l'Union européenne n'a pas été à même d'édicter autre chose qu'une règle minimale de surveillance globale d'un produit nécessaire lorsqu'il est utilisé dans un cadre médical. Aucun décès médiatique n'a été brandi. Et, lorsque le Conseil européen des ministres de l'Intérieur et de la Justice est saisi du problème le 15 mars 2001, sa communication est extrêmement mesurée : «Dans certains Etats membres de l'Union, les comprimés de kétamine sont parfois vendus sous couvert d'"ecstasy". Comme les effets de la kétamine sont très dépendants de la dose, les aléas de sa concentration dans les comprimés d'ecstasy posent des risques particuliers. Le mauvais usage de cette drogue peut mener à une dépendance psychologique, à la perte du contrôle de soi et à l'intoxication aiguë. (...) Les consommateurs sous influence de cette drogue peuvent se blesser, ou blesser des tiers, et cela a un sérieux impact sur la conduite automobile.» Est-ce tout ? Est-ce vraiment là la meilleure analyse que les chercheurs européens peuvent établir ? Oui. Pour le reste, l'OEDT montre que les filières d'approvisionnement en kétamine ne sauraient être le fait de chimistes d'arrière-cuisine, que les prix pratiqués pour ce produit sont extrêmement bas (5 € le «voyage à la frontière de la mort»), et que, dès lors, l'implication du crime organisé est «probable», quoique limitée : autant dérober le produit aux filières vétérinaires plutôt que monter de coûteux laboratoires clandestins... Confiants dans la diffusion encore restreinte du produit, les Européens ont dès lors placé la kétamine sous contrôle au niveau de l'Union, contrôle qui devrait déboucher en 2002 sur une réévaluation de l'importance épidémiologique de ce produit. En attendant, des centaines de jeunes Européens continueront à frapper régulièrement aux portes du paradis chimique.

NOTES

1. K.L.R. Jansen, « Using Ketamine to induce the near-death experience : mechanism of action and therapeutic potential », *Jahrbuch fur Ethnomedizin und Bewubtseinsforschung*, n° 4, Berlin, 1995.

2. La formule chimique de la kétamine est 2-(2-chlorophényl1)-(méthylamino)-cyclohexanone hydrochloride.

3. Appréciation de l'Observatoire européen des drogues et des toxicomanies (OEDT), *Rising european concern over misuse of two synthetic drugs*, Lisbonne, 15 mars 2001.

4. Pierre-Yves Bello, Abdalla Toufik, Michel Gandilhon, « L'usage de kétamine », *Tendances récentes. Rapport Trend*, OFDT, Paris, juin 2001, pp. 73-75.

5. *Tendances récentes. Rapport Trend*, OFDT, Paris, mars 2000, pp. 23-25.

6. La France dispose d'une banque de donnée baptisée « Sintes » (Système d'Identification National des Toxiques et Substances), consacrée aux drogues de synthèse rencontrées sur le territoire. Cette banque de donnée fait partie du réseau français de collecte d'information baptisé « Trend » (Tendances Récentes Et Nouvelles Drogues). C'est de ce dispositif que sont tirées ces données.

7. Il s'agit ici de doses livrées par des utilisateurs, sur base de leurs expériences personnelles. Dans le registre médical, vérification faite auprès du producteur de Ketalar®, les doses induisant une anesthésie de qualité médicale sont en fait bien plus importantes : de l'ordre de 10 mg/kilo en intramusculaire. Mais les seuils en intraveineuse sont très bas : une première anesthésie est atteinte dès 0,5 mg/kilo.

8. Karl Jansen, *Ketamine : Dreams and Realities*, MAPS, Saratosa (Floride), 2001, 360 p.

9. Jansen, *op. cit.*, Berlin, 1995.

LES DÉFONCES INCROYABLES

> *La came qu'elle a prise est un mélange de barbi et de Penthotal. Le client qui me l'a fourguée s'en servait pour forcer des adolescentes à se prostituer.*
>
> Doug Allyn, *Cœur de glace.*

Les stars du marché : Artane®, Nembutal®, «DXM».
Barbituriques : Baptisés «Gorilla pills» ou «Barbs», leur usage survit par la prise de produits à action courte : pentobarbital (Nembutal®) ou secobarbital (Seconal®).
Somnifères : très en vogue aux Etats-Unis, le zolpidem (Ambien®, Stilnox®).
Antiparkinsoniens : médicaments utilisés dans le traitement de la maladie de Parkinson (Artane®, etc.). Euphorisants et stimulants.
Antitussifs : le dextrométhorphane («DXM»), potentiellement hallucinogène, entre dans la composition de plusieurs antitussifs.

Quelle était la formule, ou même l'appellation commerciale des comprimés ? Il ne s'en souvenait plus, ne l'a sans doute jamais su et se rappelle juste d'un vase rempli de barbituriques, mis à disposition de tous. On les appelait «Gorilla pills» et nul ne semblait se poser d'autre question tant que ce vase était rempli. Dans le château, l'argent coulait à flots, et une équipe de cuisiniers toxicomanes garantissait chaque soir la tenue de banquets magnifiques. Ces cuisiniers étaient des *speed freaks*, consommateurs d'amphétamines par intraveineuse, et, s'ils étaient au four à longueur de journée, n'appréciaient pas eux-mêmes les plats préparés. Par manque d'appétit, tout simplement.

Les consommateurs de barbituriques, eux, se régalaient et clôtu-

raient ainsi de longues journées passées à se défoncer aux « barbs »,
à fumer du cannabis et parler de la pluie, des coupes de cheveux ou
de leurs trips respectifs. Puisque conduire était hors de question,
notre témoin est resté là un, deux, finalement dix jours, sombrant
dans une inertie délicieuse. Le sexe était, dans ce château, un des
plaisirs de la journée. Mais, sous barbiturique, notre témoin n'y a
guère goûté : c'est lui cette fois, englué dans son voyage spécifique,
qui manquait d'appétit.

Il n'en dira guère plus : il s'est finalement extrait de ce milieu
après dix jours (alors qu'il ne désirait y rester que quelques heures)
et n'a plus jamais touché aux barbituriques. L'amie qui l'avait invité
à la rejoindre sera hospitalisée pour ses abus de barbituriques, et lut-
tera contre une mort qui faucha d'autres membres du groupe. C'en
était assez pour ne plus jamais vouloir entendre parler des « pilules
de gorille ».

Voyage rare, fantastique et, surtout, terriblement anachronique :
très fréquente par le passé, la toxicomanie pure aux barbituriques
(la barbituromanie) est excessivement dangereuse. Des barbituriques sont encore utilisés dans les cocktails de certains usagers,
notamment de stimulants (amphétamines, cocaïne, ecstasy), dans le
but de tenter de restaurer un sommeil acceptable. Mais le risque
d'overdose accidentelle en cas d'association de différents produits
n'est pas négligeable, la victime la plus célèbre de ce type de
mélange étant Marilyn Monroe.

Partis pour un voyage d'environ six heures, qui commence entre
vingt à quarante minutes après l'ingestion, les accros aux barbituriques ont un faible pour ceux qui agiront brièvement, et notamment
le pentobarbital : Nembutal® aux Etats-Unis et en Autriche, Mebu-
tal® au Danemark. Mais sa commercialisation est rare en Europe,
où il sera remplacé par d'autres molécules comme le secobarbital[1],
elle aussi d'action courte.

Le squelette commun de tous les barbituriques, l'acide barbiturique,
a été synthétisé le 4 décembre 1864, jour de la Sainte-Barbara, par le
chimiste Adolf von Baeyer. En 1882, un de ses sels fut isolé : le bar-
bital, dont les propriétés hypnotiques et calmantes ont été explorées en
1903. Cette découverte aboutit à la commercialisation par la firme

Bayer du premier d'entre tous les barbituriques, le Véronal®, hommage à la ville de Vérone. Les dérivés barbituriques qui ont succédé au Véronal connaîtront un grand succès au titre de somnifères et anxiolytiques mais également dans le traitement de l'épilepsie. Malheureusement, la marge de sécurité entre la dose thérapeutique et la dose toxique, voire mortelle, est très faible, rendant ce type de produit extrêmement dangereux. En outre, les barbituriques entraînent une forte dépendance et une tolérance extrêmement rapide. Leur association avec l'alcool est particulièrement dangereuse. A l'heure actuelle, alors que se sont imposés les benzodiazépines, antidépresseurs et neuroleptiques sédatifs, leur prescription n'a plus lieu d'être, excepté en neurologie dans le traitement de l'épilepsie. Mais là aussi, leur usage s'est fortement réduit avec l'arrivée d'anti-épileptiques de nouvelle génération.

Des barbituriques au XXIe siècle ! Il existe ainsi une bonne vingtaine de produits marginaux, presque ahurissants, qui persistent à faire parler d'eux dans les milieux de la défonce, et qu'on classera difficilement dans l'une ou l'autre famille. Ils ne sont pas tous liés aux barbituriques, épinglés ici à titre d'exemple. Ces produits incroyables ont des profils parfois surprenants mais s'imposent régulièrement dans la rubrique des faits divers. Ainsi, autre survivant de la préhistoire médicale, le méprobamate. Il s'agit, là aussi, d'une substance sédative et hypnotique qui a connu un parcours variable suivant les pays où il a été utilisé. Le meilleur exemple est franco-belge. Dans les années cinquante, s'il était utilisé en France dans le traitement des sevrages alcooliques, le méprobamate était l'une des sources principales de toxicomanie dans un pays voisin : la Belgique, qui le vendait librement, sans qu'une prescription médicale soit même nécessaire. Son usage licite est désormais limité, les dépendances au méprobamate étant extrêmement rapides. Sans parler des difficultés de sevrage. Mais il se trouve encore des personnes pour l'utiliser, ou pour rechercher une substance qui, une fois ingérée, se transformera naturellement en méprobamate : le carisoprodol. C'est ainsi que des médicaments comme le Soma®, commercialisé sous diverses formes aux Etats-Unis et en Scandinavie, est recherché pour se « déchirer » en fin de journée et passer une soirée... abrutie. Il n'y a pas d'autre terme, puisque ce produit ne développe aucun effet heureux.

❏ Z+Z+Z, sommeil garanti

Dans un tout autre registre, trois molécules somnifères, commercialisées après l'invention des benzodiazépines dont elles sont les « cousines germaines », commencent à bâtir leur réputation chez les toxicomanes. Ces molécules agissent sur les mêmes types de récepteurs que les benzos, mais leur action sur le sommeil serait plus « pure », et le risque de dépendance moindre. Ce qui explique qu'on les prescrive désormais à tour de bras en médecine générale. Il s'agit de la zopiclone, du zolpidem et du zaleplon. La zopiclone, connue dans la plupart des pays européens sous le nom d'Imovane®[2], a peu d'effets secondaires, sa durée de vie est relativement brève et son action sur les récepteurs liés au sommeil est très précise. Quoique ce produit soit signalé en France pour ses abus, nous n'avons pas retrouvé de témoignage spécifique décrivant la forme que cette défonce pourrait prendre.

Par contre, le zolpidem, une molécule française connue en Europe sous les noms de Stilnox® et Stilnoct®, a déjà éveillé l'intérêt des *trippers* sous son nom américain d'Ambien® : « C'est très amusant, confie un consommateur américain. Quand vous vous levez pour une promenade, une vague chaude vous atteint, doublée de douce euphorie. Je me suis senti léger et sans inhibition, mes mouvements n'étaient pas altérés et je me suis promené environ une heure dans les rues de ma ville. Je m'émerveillais de choses banales, m'amusais des excentricités d'un cerveau lunatique que je semblais avoir emprunté à quelqu'un d'autre. Le voyage a duré deux heures. » Ce témoin affirme qu'il s'agit là d'une des meilleures drogues qu'il ait jamais utilisées, et s'étonne du désintérêt général pour cette défonce. Cela s'explique peut-être par le fait que les usagers décrivent une amnésie rapide dès qu'ils prennent plus de deux comprimés, et qu'au-delà ils perdent tout contrôle physique.

Des utilisateurs de zolpidem, habitués au LSD, affirment que ce produit peut lui aussi procurer des hallucinations, mais ils perdent aisément le contrôle de leur voyage et confirment l'apparition de

pertes de mémoire. A moins qu'ils n'aient dormi, tout naturellement. La tolérance au produit, la dépendance qu'il créerait, sont des
sujets d'inquiétude pour les usagers illicites, qui parlent d'une capacité d'accrochage présumée supérieure à l'ecstasy ou au LSD.
« L'effet principal que j'en ai eu, raconte ce consommateur, est une
désinhibition du genre de celle que vous obtenez avec trois bières
ou plus. Quant aux hallucinations, j'étais sur un tapis brun bordé de
bleu : j'ai rapidement senti que le bleu bougeait et me suis cru,
durant une quinzaine de minutes, en train de faire du rafting sur une
rivière. Le problème principal était que je ne pouvais plus me rappeler de tout ce que j'avais dit ou fait. »

Enfin, le zolpidem est parfois associé au cannabis, comme le
montre son usage dans l'île de la Réunion.

La dernière molécule hypnotique du groupe des « trois Z » répond
au doux nom de zaleplon, son appellation commerciale étant le
Sonata®. Il s'agit également d'une molécule agissant spécifiquement sur les récepteurs du sommeil, d'une durée de vie relativement
brève qui permet même de prendre le produit en cas de réveil en
pleine nuit. Alors que sa commercialisation est très récente, son nom
circule déjà parmi les usagers de drogue. Mais ils se trompent de
produit, parlent du zaleplon alors que les médicaments qu'ils
consomment contiennent du zolpidem. D'où notre incertitude quant
aux substances effectivement détournées : les utilisateurs ne pren-
nent-ils pas parfois un « Z » pour l'autre ?

❏ Le mythe du Prozac®

Ce même brouillard, cette même incertitude peut frapper des produits extrêmement célèbres comme le Prozac®, un antidépresseur
de la nouvelle génération agissant spécifiquement sur la sérotonine
sécrétée par notre cerveau. Le Prozac a connu un succès populaire
et fait l'objet de représentations sociales qui sont allées bien au-delà
des spécificités pharmacologiques du produit. Son image a ainsi
dépassé le cadre de la médecine pour envahir tout le champ de la

société, au point de devenir pour de nombreuses personnes le nom générique servant à désigner tous les antidépresseurs. Ce plébiscite du Prozac® a échappé au contrôle de la firme qui le commercialise, Eli Lilly, pour devenir un véritable phénomène de société. Tout a été dit sur ce produit, des livres extrêmement polémiques, pro ou anti-Prozac lui ont été dédiés, et plusieurs procès ont été intentés à la firme en affirmant que l'ingestion de Prozac aurait induit des pulsions violentes ayant abouti au meurtre. Cette vague de procès a gagné l'Europe, et on citera pour mémoire les analyses toxicologiques réalisées sur le corps du chauffeur de Lady Di, consommateur de Prozac. De nombreuses études scientifiques indépendantes ont ensuite infirmé ces hypothèses de «molécule assassine».

Le Prozac est devenu entre autres un sujet de discussion entre usagers de drogue pour une raison simple : comme nombre d'antidépresseurs, l'usage de Prozac aurait un impact sur la prise d'hallucinogènes. Sous Prozac, les effets du LSD seraient réduits, tout comme ceux de la kétamine. Puisqu'il semblait y avoir là une interaction avec de puissants stupéfiants, le Prozac ne pouvait-il pas être exploré comme un nouveau moyen de défonce ? Paradoxalement, les campagnes anti-Prozac ont alimenté ce type de raisonnement en comparant le mode d'action du médicament à celui de la cocaïne, le premier influant sur la sérotonine, le second sur la dopamine.

Mais si l'abus de Prozac ne doit pas être nié, la «défonce au Prozac», elle, n'a pas eu d'autre réalité qu'un effet de mode aberrant, rattrapé par la réalité de cette molécule : le Prozac n'alimente pas la défonce, pas plus que les autres antidépresseurs, et, en conséquence, n'induit pas de dépendance notable.

❑ Le Survector® en déclin

Par contre, ce détour parmi les antidépresseurs permet de signaler une exception : il existe bien une molécule antidépressive pour laquelle on a très rapidement signalé des cas de dépendance. Il s'agit de l'amineptine, commercialisée sur le marché français en

1978 sous le nom de Survector®[3]. Et ces dépendances ont surgi même chez des personnes n'ayant aucun antécédent de toxicomanie. La consommation de certains patients pouvait être considérable, et le sevrage très pénible. Le programme français d'observation des produits psychotropes illicites ou détourné de leur utilisation médicamenteuse (Oppidum) montre qu'en 1999 trois sous-groupes de consommateurs d'amineptine pouvaient être identifiés : les polytoxicomanes, consommateurs occasionnels représentant un quart des observations ; les personnes sous codéine, anciens consommateurs d'héroïne qui ont régulièrement recours à l'amineptine ; enfin des personnes consommant des quantités parfois très importantes d'amineptine sur prescription médicale. Ce seul groupe rassemble plus de 50 % des observations.

Toujours selon Oppidum, il s'agit surtout de femmes de plus de 40 ans, qui augmentent leur consommation pour arriver à un usage quotidien atteignant parfois quarante fois la dose autorisée. En conséquence, le laboratoire pharmaceutique qui commercialisait ce produit a décidé d'en arrêter la commercialisation en février 1999, et il a littéralement disparu du paysage des toxicomanes. La capacité singulière du Survector d'entraîner une toxicomanie est très certainement liée au fait qu'il induit des symptômes proches de ceux développés par les psychostimulants : amphétamines, cocaïne, ecstasy.

❑ La défonce au Parkinson

Si le Survector appartient au passé, il est une autre défonce qui, elle, a curieusement le vent en poupe : les antiparkinsoniens, et singulièrement l'Artane® ou Artan®[4]. L'Artane est ce qu'on appelle un « anticholinergique », soit ces molécules utilisées principalement en neurologie pour traiter les manifestations de la maladie de Parkinson. On les utilise également en psychiatrie pour traiter les effets secondaires « de type parkinsonien » induits par les neuroleptiques. Or parmi ces molécules, deux produits sont plus fréquemment cités quant à leur potentiel addictif : le Kémadrin® (procyclidine chlorhydrate) et l'Artane (trihexyphénidyle). Ce sont principalement les effets euphorisants et stimulants de ces produits qui sont recherchés, et leurs principaux utilisateurs sont des patients ayant des antécédents psychiatriques.

Comment ça marche ? Même avec des doses médicales, on constate parfois que l'Artane provoque l'excitation, l'euphorie et des hallucinations. Mais ces effets sont rares. Par contre, si on surdose ce médicament, outre le risque d'une dépression respiratoire, on peut effectivement en attendre des hallucinations régulières. Et c'est ce qui poussera les toxicomanes les plus marginaux de Paris et sa banlieue nord à s'approvisionner en comprimés de 2 mg sur le marché noir, au prix de 5 à 10 FF (0,76 à 1,52 €). Dans l'île de la Réunion, l'approvisionnement en Artane via Madagascar fait de l'usage de ce produit, à ce point répandu, un véritable problème de santé publique. Là, le comprimé de 5 mg se négocie désormais au marché noir entre 30 et 50 FF (4,58 à 7,63 €), et s'injecte même en intraveineuse. L'Observatoire français des drogues et des toxicomanies (OFDT), qui a étudié ces pratiques, signale même une préparation littérale- ment... stupéfiante à base d'Artane, de rhum et de cannabis.

Les consommateurs classiques d'Artane détournée sont les mêmes que ceux qui ont recours aux benzos pour s'éclater (Rohypnol, Valium, etc.). Ils en attendent d'ailleurs des effets partiellement simi- laires, notamment une certaine désinhibition avant de commettre un vol, et associent régulièrement l'Artane à l'alcool. Mais ils auront davantage recours aux benzos pour la défonce, et à l'Artane pour ses hallucinations. Ce type d'autodestruction n'est pas courant, heureuse- ment, et ceux qui le pratique sont considérés par les autres usagers de drogue comme des « mecs dangereux »[5]. Ce qui n'empêche que l'abus d'Artane fasse des émules, notamment dans le milieu gay parisien ainsi qu'auprès de consommateurs originaires d'Europe de l'Est.

❏ DXM : Tonton, pourquoi tu tousses ?

Enfin, peut-on se défoncer à l'antitussif ? Le problème réside, à ce niveau, dans l'association de divers produits dans les médicaments d'usage courant. Nous avons déjà évoqué le cas du Néo-codion qui, parce qu'il contient de la codéine, est utilisé en quantité astronomique par les accros aux dérivés de l'opium : jusqu'à 80 comprimés par jour. Mais il n'est pas le seul produit de cette classe de médicaments susceptibles d'induire une défonce et une dépendance. Lorsqu'on regarde de près la liste des antitussifs régulièrement commercialisés, et ce quel que soit le pays pris en compte, on constate qu'il existe de nombreux produits qui contiennent, seuls ou en association, non seulement des dérivés de la codéine, mais également d'autres antitussifs comme le dextrométhorphane, la teinture de belladone, l'éphédrine ou la pseudoéphédrine. La teinture de belladone, par exemple, contient un alcaloïde appelé atropine qui, outre une toxicité certaine, peut induire à doses élevées des hallucinations. Quant à l'éphédrine, alcaloïde extrait des feuilles d'éphédra, elle possède des propriétés stimulantes et anorexigènes proches de celles des amphétamines. De par ses effets stimulants, l'éphédrine est d'ailleurs souvent associée à d'autres produits dans la confection de certaines drogues synthétiques. C'est ainsi qu'en France en 1996, environ 3 % des comprimés d'esctasy saisis ont révélé la présence d'éphédrine.

Mais revenons aux antitussifs : en Belgique, commercialisé sous le nom de Mepecton®[6] et classé dans les stupéfiants, il existe un sirop contenant rien de moins que l'association de teinture de belladone, d'éphédrine et de méthadone.

La palme revient pourtant au dextrométhorphane qu'on retrouve dans de nombreuses spécialités médicales comme le Romilar®, le Rhinathiol® ou le Dexir®. Les toxicomanes le baptisent « DXM » et il a été détecté par les autorités antidrogue américaines dans des pilules d'ecstasy saisies en mars 2000 dans la région de Washington. Le laboratoire de police criminelle du comté de Jefferson (Texas) a également confirmé la présence de DXM dans d'autres comprimés d'ecstasy saisis en mai 2000. Sur le Net, les usagers ont répertorié tous les produits en vente libre contenant du DXM et avec lesquels ils pourraient s'éclater. Pourquoi les répertorier ? Précisément à cause des mélanges proposés dans les commerces licites : du point de vue de l'usager, le problème est moins de se défoncer au DXM que d'éviter les effets secondaires dus à la présence d'autres produits dans ces sirops pour la toux, sirops expectorants, etc. Si la majorité des sirops qui ont la faveur des usagers contiennent 10 à 15 mg de DXM par cuillère, ces usagers souhaitent éviter la présence de benzocaïne, de pseudoéphédrine ou simplement d'aspirine dans la solution qu'ils vont absorber parfois en quantité considérable.

Les effets qu'ils décrivent, fort variables d'un individu à l'autre, nécessitent visiblement une certaine prédisposition mais les hallucinations ne sont pas exclues : « Cela a commencé par l'apparition de formes géométriques en trois dimensions, régulières et fort colorées, parmi lesquelles je me déplaçais à une vitesse terrifiante. Cela a été suivi par une période où j'ai eu l'impression d'imploser puis d'exploser, partant dans une infinité de directions et de temps. Il y eut des moments où je suis entré en contact avec des intelligences extraterrestres incroyablement vastes. » L'usager peut aussi – et plus fréquemment – apercevoir des formes régulières, dont il n'est pas certain qu'il s'agisse d'hallucinations authentiques mais plutôt de dessins à découvrir derrière l'ombre des paupières : sortes de chambres qui se forment et se déforment et dans lesquelles évolue l'usager sous influence de DXM.

Encore faut-il savoir à quelle dose ces personnes se défoncent au DXM : si une cuillère, une gélule ou un comprimé contient généralement 10 à 15 mg de DXM, certains l'expérimentent à des doses supérieures à 660 mg, l'équivalent de 60 lampées de sirop ! Un résultat parmi d'autres : la possibilité, affirmée par un usager, de convoquer sous son regard l'ensemble des personnes qu'il a connues, sous forme de petites lumières identiques, et d'entrer en communication avec ces entités... Stupéfiant, non ?

NOTES

1. Bellanox® et Octanox® en Belgique, Seconal® en Grande-Bretagne, Somatarax® en Espagne.
2. Les autres noms commerciaux de la zopiclone sont Datolan®, Limovan® et Siaten® (Espagne), Imozop® et Zinovan® (Grande-Bretagne), Mozop® (Danemark), Rhovane® (Canada), Sopivan® (Italie), Ximovan® (Allemagne).

3. Le produit est également commercialisé au Portugal, en Espagne et en Italie sous ce même nom de Survector®. Au Portugal, il porte le nom de Directim®, et en Italie de Maneon®.

4. Autres appellations : Apo-Trimex® (Canada), Benshexol® (Islande), Benzhexol®, Broflex® (Grande-Bretagne), Pargitan® (Suède), Parkinase LP® (France), Parkopan® (Allemagne), Peragit® (Danemark, Norvège).

5. Pierres-Yves Bello, Abdalla Toufik, Michel Gandilhon, *Tendances récentes. Rapport Trend*, OFDT, Paris, juin 2001.

6. Cité dans le *Répertoire commenté des médicaments 2001* édité par le Centre belge d'information pharmacothérapeutique.

AMPHÉTAMINES, LE TURBO CÉRÉBRAL

*En quittant la pharmacie, elle était prête à mettre
sa paranoïa sur le compte des amphétamines espa-
gnoles. Comme le disait Callum, le speed en Espagne
était tout juste bon à déboucher les tuyaux.*

Nicholas Blincoe,
Une simple question d'excédent de blé.

La star du marché : Ritalin®.
Dénominations scientifiques : amphétamine, dextroamphétamine, métham-
phétamine, dexméthamphétamine (« Ice »).
Analogues : clobenzorex, méthylphénidate.
Principales dénominations de rue : « A », « Amphète », « Speed », « Meth »,
« Blue Meth », « Crank », « Cris », « Cristal », « Splash ».
Principales appellations commerciales : Ritalin®, Rilatine®, Orténal®,
Dinintel®, Dexedrine®, Pervitin®, Finedal®.
Type d'effet : stimulant et anorexigène (coupe-faim).
Mode d'administration : orale ou par injection. Plus rarement sniffée ou
fumée (méthamphétamines). Les doses orales sont de l'ordre de 20 à
120 mg, de 80 à 100 mg lorsqu'elles sont fumées.
Zone de diffusion : mondiale

Eric ne sent plus les heures passées en classe. Ce matin-là pourtant, le réveil a été pénible : grosse fatigue, comme d'habitude.
Mais la dextroamphétamine que lui a prescrite le médecin de
famille, ça, c'est la pêche garantie, la grande forme. Un petit comprimé de 20 mg d'Adderall®[1], un de ces remèdes avalé sans plaisir mais qui, une heure et demie plus tard, l'avait entièrement trans-
formé. Eric ne peut s'arrêter de parler, provoquant l'irritation du

prof. Mais il s'en moque. Seul problème : les yeux ouverts, grands ouverts. Too much ! Aucun de ses camarades ne peut ignorer ces soucoupes ouvertes sur le monde qui, décidément, n'ont rien de naturel. M'sieur, il y a un mutant dans le fond de la classe... Sur le temps de midi, il n'a rien avalé sauf de l'eau, en abondance. Les lèvres desséchées, il éprouve une grande soif dont il ne sait s'il faut l'attribuer au traitement ou à son irrépressible envie de s'exprimer. La tchatche, cela donne soif mais n'ouvre visiblement pas l'appétit.

Le reste de la journée s'est écoulé en un éclair. Déjà 15 heures, huit périodes de cours dans les pattes : Eric n'a pas vu le temps passer. De retour chez un copain de classe, il avale une boisson énergisante à la caféine, et son cerveau se met en turbo : Eric se sent plus vivant que jamais, il ne peut s'arrêter de penser. Mais ses pensées vont trop vite, il peine à les organiser. A 20 heures, de retour chez lui, il prend sa douche, soulève quelques haltères, regarde la TV et tente de trouver le sommeil devant le tube cathodique.

Mais quand son père se lève, à 5 h 30, Eric est toujours éveillé et a repris les haltères. Il n'a pas dormi de la nuit. 6 h 30 : il est l'heure de rependre un autre comprimé d'Adderall et de filer aux cours. Tout se passe bien jusqu'à 11 h 30, mais là, Eric sent que son corps est fatigué, que son esprit continue en solo. Il devient nerveux, un rien parano, et maudit cette fenêtre ouverte qui lui fait ressentir une alternance de chaud et froid. Pour lui, la journée d'hier ne s'est jamais achevée. Et ce sentiment curieux d'avoir la tête en roue libre commence à le perturber sérieusement : impossible de se rappeler ce qu'il a fait hier. La mémoire se chiffonne, il perçoit des choses qui ne se sont pas produites. Pas bon, ça. Lorsqu'Eric s'endort finalement à 21 heures le deuxième jour, il est parti pour un somme de quinze heures, sans interruption.

Benoît, lui, suit des cours du soir. L'Adderall, il connaît pour en avoir pris deux ans plus tôt : troubles de l'attention, avait-on diagnostiqué. Il n'en a jamais oublié les effets. Alors ce jour-là, à 17 heures, il en avale 30 mg avant d'affronter la classe et ressent bientôt une chaleur lui envahir la poitrine. Ce qui le submerge est plutôt bon, euphorisant quoique pas vraiment heureux : il sait simplement que le voilà blindé contre toute les mauvaises ondes, à moins qu'un événement réellement tragique ne se produise en pleine classe. Lorsque le prof arrive, à 18 heures, il ne le quitte plus des yeux, prend des notes extrêmement complètes et structurées. Ça, ça le fascine : comment, sous amphétamines, parvient-il à la fois à dégager ce qui est important dans l'exposé, à le rendre de manière synthétique dans ses notes, et à ne pas manquer le moindre détail ? Il ne note pas simplement l'exposé du prof mot à mot, non. C'est mieux que cela : un véritable syllabus rédigé *live* ! Un coup d'œil à la montre... Fichtre, il est déjà 18 h 30, le temps s'emballe.

A 19 h 15, Benoît est toujours au mieux de sa forme, le cerveau est en turbo mais la volupté ressentie au niveau de la poitrine s'est envolée. Il pense que l'effet des amphétamines s'est dissipé et se lève à 19 h 30 pour la pause café. Il faudrait s'en reprendre une dose après le Coca-Cola. Ouch !! Benoît tangue et vient de comprendre en un mouvement qu'il était toujours en plein voyage. La poitrine, à nouveau, est en extase. Qu'importe : il avait décidé de reprendre des amphètes, et il s'exécute malgré tout. Un Coca et trois fois 10 mg d'Adderall... Lorsque la classe s'achève peu avant 21 heures, Benoît est heureux, il s'est défoncé durant plus de trois heures et a attentivement suivi la classe.

Immoral ? Les amphétamines sont des produits à action psychostimulante : ils stimulent la vigilance et figurent parmi les plus anciens psychotropes utilisés en psychiatrie. Sans surprise, ces produits sont donc très largement utilisés comme « dopants », tant dans les milieux sportifs que dans les milieux culturels, intellectuels, et plus généralement chez toute personne fascinée par le culte de la performance. Mais nous pouvons les éclairer sous un tout autre jour, en parlant de la même molécule, du même produit. Ainsi, Tony, qui en prit pour la première fois 30 mg le jour de ses examens. Il était à ce point concentré sur les questions qu'il a tout raté : il lui a fallu trop de temps pour développer ses réponses. Mais sur le coup, il s'en moque : trop satisfait de son travail, et gagné par l'euphorie, il ira à l'échec le sourire aux lèvres.

Le mois suivant, il continue à absorber des amphétamines pour le plaisir, jusqu'à six jours d'affilée, sans interruption. Et puis c'est le crash, la dépression. Il décide alors d'augmenter les doses, ira jusqu'à 120 mg d'un coup. Les amphétamines, bénédiction pour la tchatche, lui ont permis d'aborder des filles qui l'auraient intimidé en d'autres temps. Et l'une de ces relations lui tient particulièrement à cœur. Mais c'est bien là le drame : sans amphètes, il ne se sent plus à même de donner le change. Et même avec les amphètes, il s'est tellement défoncé qu'elles ne lui fournissent plus le dopant qu'il espérait. La relation amoureuse finira par sombrer, et Tony, sevré d'amphétamines, se retrouvera seul, plus antisocial encore.

Car bien sûr, les amphétamines ne sont pas la panacée et nombre d'entre elles ont d'ailleurs disparu du paysage pharmaceutique : la découverte et le développement des antidépresseurs ont considérablement réduit leur usage médical. Mais elles demeurent l'une des tendances fortes de la défonce en Europe, et, jusqu'au milieu des années quatre-vingt-dix, provenaient en droite ligne des pharmacies : l'Orténal®, analogue français à l'Adderall américain décrit plus haut, était un produit classiquement détourné. Sans compter le trafic de produits destinés a priori à soigner l'obésité, comme le clobenzorex, vendu en France sous le nom de Dinintel® et en Espagne sous le nom de Finedal®.

Depuis, la roue a tourné : de fabrication aisée, les amphétamines constituent l'exemple-type de la substance autrefois pharmaceutique, mais désormais produite et commercialisée pour l'essentiel par les réseaux de trafiquants. Il ne reste guère plus que l'une des substances apparentées aux amphétamines, le Ritalin®, qui continue à alimenter les trafics de médicaments détournés. Le reste du marché est désormais composé de pâtes et poudres illicites aux couleurs diverses – jaune, blanche, rose – vendues sous le manteau de 5 à 60 € le gramme, avec une pureté très variable allant de 3 % en Irlande à 55 % en Finlande[2]. Comment appréhender la famille la plus large des «nouvelles défonces», dont la particularité, unique en ce début de millénaire, est d'être parfaitement «mi-légale, mi-illégale» ?

❑ La « drogue sociale »

La classe des amphétamines, ainsi que des substances psychostimulantes analogues à l'amphétamine, fait partie du groupe des psy-
choanaleptiques : les substances stimulantes du psychisme[3]. Synthétisées en 1887, les amphétamines n'ont commencé à être utilisées
largement que dans les années trente pour traiter la dépression, les
asthénies et la narcolepsie (maladie caractérisée par le besoin passager, mais irrépressible, de dormir, souvent en pleine journée). Ces
produits, de par leur action stimulante et euphorisante, ont ensuite
été mis à contribution lors de la Seconde Guerre mondiale par les
principales armées en conflit : allemande, anglaise, américaine et
japonaise. Le premier pays a être véritablement confronté à une
« épidémie de toxicomanie aux amphétamines » a été le Japon : à
l'époque, les amphétamines étaient utilisées non seulement dans
l'armée, mais également dans les usines d'armement pour augmenter la productivité des ouvriers. A la fin de la guerre, ces amphétamines furent largement distribuées pour permettre l'écoulement des
stocks constitués. De manière qu'au début des années cinquante, on
comptait près d'un demi-million de Japonais toxicomanes aux
amphétamines.
    Avant la généralisation de l'usage du crack et surtout de la
cocaïne, substances apparentées, et jusqu'au retrait des formes
injectables d'amphétamines, nombre de célébrités américaines reçu-
rent des injections d'amphétamines dans le but d'augmenter leur
vigilance et leurs performances. Pour donner un ordre d'idée, on
estime que dans les années 1972-1973, époque à laquelle les formes
injectables furent supprimées aux Etats-Unis, une ordonnance sur
huit dans ce pays comprenait une amphétamine. La pharmacopée
américaine disposait alors d'une centaine de marques d'amphétamines différentes.

    En conséquence, contrairement à leurs cousins germains – la
cocaïne et son dérivé, le crack, pratiquement toujours obtenus illéga-

lement – les amphétamines et autres stimulants bénéficient d'une légitimité historique et peuvent aussi être obtenus sur prescription médicale : Dexedrine®, Pervitin® et autres spécialités pharmaceutiques contiennent ces amphétamines tant recherchées. Il s'agit alors de l'usage détourné d'un produit licite dont les principales indications médicales officielles sont le traitement de l'obésité, du trouble ou déficit de l'attention, de l'hyperactivité (ou « syndrome hyperkinétique ») et de la narcolepsie. Jusqu'à ces dernières années, la toxicomanie isolée aux amphétamines relevait souvent de l'usage prolongé et détourné de molécules initialement prescrites dans un but médical. Il s'agissait le plus souvent de la prolongation indue d'un traitement anorexigène mis en place lors d'une cure d'amaigrissement. Le maintien de l'usage des amphétamines chez les étudiants, sportifs ou hommes d'affaires recherchant un effet stimulant en période d'examens, lors d'efforts physiques importants ou encore face aux exigences de rentabilité liée à leur profession, constitue une autre source de dérive potentielle.

Parce que stimulantes, les amphétamines posent la question de la frontière existant entre l'usage toxicomaniaque d'un produit (avec tout le cortège des représentations sociales qui s'y associent : marginalisation, délinquance, autodestruction, retrait social, renoncement) et un autre usage, entièrement dévoué au culte de la performance et, à ce titre, en phase avec les valeurs charriées par une société. Les représentations sociales sont alors diamétralement opposées : efficacité, performance, réussite, dépassement de soi, ou encore, pour paraphraser le titre d'un ouvrage de Pascal Bruckner, quête de « l'euphorie perpétuelle [4] ». Ces « valeurs actuelles », associées à une fascination populaire pour la chimie (le Prozac hier, la DHEA antivieillissement aujourd'hui), ont favorisé le développement d'une forme de « dopage généralisé » non seulement dans les milieux du sport mais également au sein de l'entreprise, dans les universités et même dans les écoles, parfois depuis le plus jeune âge.

On assiste pour l'instant, principalement en Amérique du Nord et sous le couvert légitime de traiter des enfants hyperkinétiques qui représentent un très faible pourcentage de la population scolaire, à la quasi-généralisation de la prescription d'un dérivé amphétaminique, le Ritalin, dès qu'un enfant est turbulent ou n'obtient pas les résultats scolaires que ses parents désirent.

Le méthylphénidate, composant actif des Ritalin et Rilatine®, n'est pas une amphétamine. Mais ce produit, de structure chimique différente, a cependant une activité de type «amphétaminique» et est prescrit chez l'enfant présentant des troubles de l'attention. Avec l'administration de ce médicament, on souhaite obtenir deux effets que l'on pourrait croire contradictoires : une meilleure maîtrise des comportements par un effet sédatif d'une part, l'amélioration de l'attention durant les cours d'autre part.

Qui pourra dire l'impact qu'aura cette prescription souvent abusive de Ritalin lorsque ces enfants seront devenus adultes ? D'ores et déjà, Ritalin et/ou Rilatine font l'objet d'un trafic et d'un usage illicite chez les toxicomanes. Son composant actif, le méthylphénidate, a cependant la réputation d'être moins euphorisant que les amphétamines classiques.

La frontière entre la recherche de l'amélioration des performances par la chimie et la toxicomanie est d'autant plus ténue qu'il y a des analogies entre les deux comportements. En effet, dans les deux cas, il s'agit d'obtenir le maximum en un minimum de temps et avec le moins d'effort possible. En outre, à partir d'un certain moment, il devient très difficile de distinguer le plaisir engendré par la réussite de celui qu'a engendré le produit qui a permis d'obtenir cette même réussite. En d'autres termes, il devient difficile de savoir si l'objet de la consommation d'une substance psychoactive est l'amélioration des performances ou le produit lui-même. Seule sanction de la société : lorsqu'un individu, par les phénomènes d'accoutumance et de tolérance, perd le contrôle de sa consommation d'amphétamines, il perd du même coup son efficacité et sa productivité et, tel un héros déchu, bascule au-delà du seuil de tolérance. Dans le cercle des bannis, des proscrits, des pestiférés modernes : les toxicomanes.

❑ Les illégaux, portrait de famille

Lorsqu'on plonge dans les amphétamines illégales, là, le flou s'installe.

Premier obstacle : parle-t-on bien d'amphétamines ? Nous l'avons dit, les amphétamines sont facilement synthétisées dans les laboratoires clandestins. Mais il arrive souvent que l'on vende au titre d'amphétamines des molécules dont l'action est proche mais moins puissante, comme l'éphédrine, les décongestionnants nasaux divers, voire des comprimés de caféine. Une étude réalisée en 2000 en France et portant sur 42 échantillons d'amphétamines illicites – qu'on baptise populairement « speed » – montre qu'un peu moins d'un comprimé sur quatre contient effectivement de l'amphétamine. On y trouve, par ordre décroissant, de la caféine, de l'ecstasy, de la méthamphétamine, de la kétamine (!), de l'éphédrine, du paracétamol, voire de la cocaïne ou du LSD[5]. La plupart des effets des amphétamines et des drogues synthétiques produites clandestinement sont donc semblables à ceux de la cocaïne, essentiellement stimulants et anorexigènes, sans pouvoir être réduits à ceux de la pure amphétamine.

Les trois principales substances de cette famille sont l'amphétamine proprement dite, la dextroamphétamine[6] et la méthamphétamine qui, administrées de la même manière, produiront des effets quasi similaires. Cependant, leur mode d'administration et leur pureté respective peuvent varier, ce qui justifie leur différenciation. Les amphétamines et dextroamphétamines sont généralement avalées, plus rarement injectées. L'usage en seringue de ces amphétamines est réservée à une sous-culture particulière des toxicomanes baptisée « speed freaks ». On peut toujours tenter de les fumer et de les sniffer, mais sans obtenir de résultat remarquable. Ces deux types d'amphétamines dominaient quasi exclusivement le marché illicite européen jusqu'en 2000. Pour avaler ces amphètes, trois solutions : si elles se présentent sous forme de comprimé médical (ce qui est le cas majoritairement dans les groupes urbains), leur ingestion ne représente aucun problème particulier. S'il s'agit de poudre illicite, commercialisée notamment dans les milieux techno, soit elle est dissoute dans un jus d'orange ou dans de l'eau, soit le consommateur forme un boulette enveloppée d'une feuille de papier à cigarette (comme pour le « rachacha », pour éviter l'amertume) et l'avale. On utilisera ces amphétamines pour boire de l'alcool sans tomber dans une ivresse incontrôlable, pour fumer du cannabis sans

être écrasé par les effets planants de l'herbe, ou pour ses effets stimulants et euphoriques propres.

La méthamphétamine, elle, qui représente l'amphétamine la plus
utilisée dans tous les Etats-Unis, demeure minoritaire en Europe
mais a réalisé en 2000 une percée spectaculaire, du moins si on en
croit les statistiques de saisies douanières. Or seule la méthamphétamine peut être valablement sniffée ou fumée, ce qui explique en
Europe la multiplication de comptes-rendus d'un usage d'«amphétamines fumées». La «meth» se présente elle aussi sous la forme
d'une poudre blanche, sans odeur mais au goût amer, qui se dissout
aisément dans l'eau.

Une forme très pure de méthamphétamine, baptisée «dexméthamphétamine» est connue par les amateurs sous le nom de «ice»
ou «crystal», par référence à l'aspect blanchâtre ou transparent de
ses cristaux. Du fait de sa grande pureté et de son point de vapori-
sation relativement bas, l'«ice» peut être fumée – elle est à l'amphétamine ce que le crack est à la cocaïne – pour produire un effet
stimulant puissant et immédiat. Plus puissante que les autres formes
d'amphétamines, l'«ice» produit ses effets durant 8 à 24 heures
(deux à trois fois la période d'action d'amphétamines classiques) et
peut engendrer des comportements agressifs ou paranoïaques, voire
des hallucinations auditives. C'est cette forme cristalline de la
méthamphétamine qui a commencé à percer de manière significative en Europe en l'an 2000. Comment la reconnaître? Les petits
cristaux blancs d'«ice» se brisent aisément lorsqu'ils sont pressés
entre les doigts. Ecrasés sous une feuille, ils devraient laisser la plupart du temps une petite trace d'huile sur le papier. Ils sont enfin,
comme toute amphétamine, extrêmement amers.

❏ Comment ça marche?

Les amphétamines sont de puissants stimulants du système nerveux central. Leurs effets sont proches de ceux de la cocaïne mais
plus doux et plus longs. Ces molécules psychostimulantes agissent

sur divers neurones, producteurs de noradrénaline («adréner-giques»), de sérotonine («sérotoninergiques»), mais surtout de dopamine («dopaminergiques»). Or, pour faire simple, le système dopaminergique est le médiateur de la motivation et du plaisir. En agissant ainsi, les amphétamines vident littéralement les cellules nerveuses de leurs réserves en adrénaline, sérotonine et dopamine, lesquelles envahissent le cerveau, plus exactement les synapses, ces espaces existant entre deux terminaisons neuronales où se jouent les modifications neurochimiques responsables de la transmission de l'information. Cette libération massive de dopamine, associée à une libération de noradrénaline et partiellement de sérotonine, active les systèmes de plaisir et de récompense.

Cette activation massive des circuits cérébraux et la vidange qu'elle induit finissent cependant par épuiser les neurones : leurs réservoirs sont vides. De ce fait, leur effet dynamisant et coupe-faim ne dure qu'un temps, et s'interrompt lorsque le neurone est vidé de ces substances stimulantes.

En réalité, l'action des amphétamines est plus complexe encore dans la mesure où elle ne consiste pas uniquement à activer indistinctement l'ensemble du cerveau. Des études récentes, complexes, liées à une technique appelée «tomographie par positron», permettent d'observer que les amphétamines ne stimulent que les zones du cerveau qui correspondent à l'activité que l'individu est occupé à réaliser, tout en abaissant au contraire le niveau d'activité du reste du cerveau. Cette action sélective permet de comprendre pourquoi le Ritalin, substance amphétaminique, est administrée aux enfants souffrant d'un syndrome hyperkinétique.

Après l'administration d'amphétamines, les effets persistent plusieurs heures, ce qui est sensiblement plus long que pour la cocaïne dont l'effet dure environ une heure. C'est la méthamphétamine sous forme fumée qui donnera les effets les plus prolongés. La prise d'amphétamines provoque des effets à la fois physiques et psychiques : d'un point de vue physique, elles accélèrent le rythme cardiaque provoquant ainsi une hypertension artérielle et des troubles du rythme cardiaque. Sur le plan psychique, les amphétamines réduisent le sommeil, induisent une sensation de bien-être avec euphorie transitoire, augmentent temporairement la vigilance, effacent la sensation de fatigue et agissent comme coupe-faim. Progressivement, les effets euphorisants s'estompent pour faire place à une phase d'abattement avec irritabilité, lassitude, altération du jugement et parfois des réactions d'agressivité.

Lorsque les amphétamines sont utilisées à titre de défonce, c'est souvent une intoxication aiguë qui s'installe : une sensation rapide de bien-être, suivie du développement de symptômes amplifiant cette sensation (euphorie, vigueur accrue, envie d'être en groupe, envie de parler, sensitivité interpersonnelle, hyperactivité, fébrilité, hypervigilance), rapidement suivis d'autres symptômes un peu moins agréables, à savoir l'anxiété, la tension nerveuse, la mise en alerte, des idées de grandeur, l'apparition de comportements stéréotypés répétitifs, une altération du jugement, voire la survenue de colères et de bagarres.

Si l'intoxication devient chronique, il est également possible que s'installent des perturbations affectives, une certaine fatigue, de la tristesse et que l'usager se mette socialement en retrait. Ces changements psychologiques et comportementaux sont généralement accompagnés de symptômes physiques comme l'accélération du rythme cardiaque, du rythme respiratoire, une dilatation de la pupille, l'augmentation de la température corporelle, des sueurs, une rigidité généralisée, des douleurs abdominales, nausées et vomissements. Enfin, en cas d'intoxication sévère, ce tableau peut prendre une allure encore beaucoup plus dramatique avec l'apparition de troubles du rythme cardiaque, une confusion, des crises convulsives voire le coma. Le décès peut survenir par troubles du rythme cardiaque, troubles respiratoires, ou par spasmes des artères coronaires (conduisant à l'infarctus). Les accidents artériels sont relativement fréquents. On décrit également la destruction des cellules musculaires avec nécrose des tubules rénaux et, en conséquence, une insuffisance rénale parfois fatale.

Notons qu'il est un stade, baptisé « tweaking » (le « pincement »), où le consommateur régulier d'amphétamines est particulièrement dangereux et agressif envers les autres : à ce moment, il n'a généralement plus dormi depuis trois jours sinon davantage, et souhaite connaître à nouveau les effets euphorisants de l'amphétamine. Mais comme les «réservoirs» de ses neurones sont vides, il éprouve une grande frustration.

❏ Peut-on être accro aux amphètes ?

Bien que l'existence d'une dépendance physique fasse encore aujourd'hui l'objet de controverses, la dépendance psychique aux amphétamines est extrêmement puissante, astreignante et, qui plus est, s'installe rapidement. Qu'il s'agisse d'amphétamines, de cocaïne ou de crack, le besoin irrépressible de consommer et de reproduire les effets euphorisants des psychostimulants est intense. Donc, même s'il n'y a pas de dépendance physique au sens strict du terme, il n'en reste pas moins que ces produits sont parmi ceux qui provoquent, subjectivement, le plus de dépendance. La grande différence entre la cocaïne et les amphétamines réside dans la puissance et la durée d'action. Comme les effets de la cocaïne sont beaucoup plus brefs que ceux des amphétamines, il est parfois plus facile de «gérer» la dépendance psychique à la coke. Par contre, la dépendance physique à la cocaïne sera de toute façon bien plus importante.

Comme avec la cocaïne, une anxiété intense et transitoire ainsi qu'un mode de pensée persécutoire, voire des épisodes psychotiques ressemblant à la schizophrénie de type paranoïde, peuvent être rencontrés spécialement en cas d'utilisation régulière à fortes doses. Une tolérance aux amphétamines peut se développer, conduisant à une augmentation substantielle des doses. Toutefois, inversement, chez certains sujets dépendants aux amphétamines, on peut voir se développer une adaptation inverse : ce qu'on appelle un effet de sensibilisation. Dans ce cas, de petites doses finissent par produire des effets stimulants marqués, provoquant ainsi des effets psychiques ou neurologiques indésirables auxquels personne ne s'attend.

Une des formes particulièrement spectaculaire de l'intoxication aux amphétamines est la perturbation des perceptions, que les toxicomanes appellent plus généralement l'«effet parano». Cela se prépar 5,2 % de cette population («au moins une fois dans la vie») et est peut-être régulier pour un adolescent sur vingt-cinq[7]. Dans ce pays, l'amphétamine est devenue la troisième drogue illicite dans le classement des overdoses, bien loin il est vrai derrière l'héroïne et la cocaïne : en 1998, moins d'une overdose sur cent est attribuée au «speed», mais ce produit a tout de même tué vingt fois. Il s'agit par ailleurs de la seule drogue dont les saisies soient régulièrement croissantes d'année en année, sans exception.

En Grèce, où l'«ice» confirme sa percée, les amphétamines talonnent l'ecstasy et le LSD. Si un *raver* grec sur huit a déjà testé l'ecstasy, il y en a un sur quatorze qui s'est frotté aux amphétamines. Ceci dans un pays où la pureté présumée des amphétamines de trafic est totale, que ce soit au niveau des grossistes ou du plus petit des revendeurs.

A l'exception notable de l'Italie où l'usage des amphétamines reste relativement bas, ce genre de constat peut être multiplié à l'envi : dans le Mid-West irlandais, un jeune sur quarante avoue un usage régulier d'amphétamines. Au pays de Galles, où la diffusion de toute drogue est particulièrement faible, l'amphétamine est la seule à rencontrer un réel succès.

Après un «boom» durant le début des années quatre-vingt-dix, le seul pays à constater une chute non équivoque de la popularité des amphétamines est l'Espagne. Sur l'ensemble de la population, le taux d'usage récent (dans les douze derniers mois) est repassé en dessous de la barre du pour-cent entre 1995 et 1997. Quant aux 14-18 ans, ce même taux est repassé en dessous des 4 % à partir de 1998.

Malgré le recul des amphétamines détournées du marché médical, les amphétamines illicites bénéficient donc toujours d'une dynamique puissante sur la quasi-totalité du continent, qui commence à peine à se stabiliser, voire à s'essouffler. A ce propos, vivons-nous la fin d'une époque ? Ce n'est pas certain. D'une part, l'Europe n'est pas encore habituée aux usages les plus durs des amphétamines, à l'image de ce qui est vécu aux Etats-Unis. D'autre part, dans plusieurs pays, les indicateurs de consommation restent faibles. A l'heure actuelle, même chez les consommateurs, on distingue difficilement l'amphétamine de l'ecstasy, voire de certains sente sous la forme d'hallucinations ou d'illusions auditives, visuelles, tactiles. C'est un délire où prédominent les thèmes de persécution, avec anxiété importante sur fond d'excitation psychomotrice : le sujet se sent traqué, surveillé, se méfie de tout le monde. En général, cette perception altérée de la réalité s'accompagne d'une appréciation pourtant intacte de la réalité : la personne, tout au moins au début du phénomène, sait que les hallucinations et les idées délirantes qui l'envahissent sont induites par la substance et ne représentent pas la réalité extérieure. Mais dans un certain nombre de cas, le sujet finit par être complètement envahi par ses délires et hallucinations, et perd l'appréciation exacte de la réalité. Habituellement, le délire disparaît en quelques heures après l'arrêt de l'intoxication. Mais il peut durer plusieurs jours, laissant parfois la place à un état dépressif plus ou moins durable.

❑ Une success story

Tous les pays d'Europe sont submergés d'amphétamines. En Autriche, par exemple, ces substances sont considérées par les *ravers* comme leur seconde drogue illégale, après le cannabis mais avant l'ecstasy. Un sondage réalisé auprès des jeunes Autrichiens fréquentant les événements techno montre qu'ils admettent l'usage, «au moins une fois dans leur vie», de l'alcool (98 %), des cigarettes (94 %), du cannabis (73 %), des amphétamines (56 %) et de l'ecstasy (53 %). Un même type de sondage réalisé en France dans la population techno montre que 47 % des *ravers* admettent avoir déjà consommé des amphétamines, et qu'ils sont 11 % à en avoir consommé lors de la précédente fête techno.

En Suède et en Finlande, les amphétamines représentent le premier problème de toxicomanie. Sur les 4 à 7 000 toxicomanes que compte la capitale Helsinki, la Finlande estime que la part des consommateurs d'amphétamines est de l'ordre de 70 à 80 %. En Allemagne, une étude réalisée en 1997 à Hambourg montre que, chez les 15-17 ans, l'usage des amphétamines est désormais admis conditionnements de cocaïne. Tout cela forme une sorte de magma opaque. Les consommateurs se réfèrent tant bien que mal à la couleur de la poudre ou de la pâte qui leur est vendue, et penseront subjectivement qu'une amphétamine rose est probablement de meilleure qualité qu'une amphétamine blanche (c'est notamment le cas en France) mais sans réellement savoir ce qu'ils achètent.

❑ « Ice » et « ya ba » gagnent l'Europe

L'apparition, dans les saisies douanières, de quantités significatives de méthamphétamines en comprimés ou en cristaux (« ice ») coïncide avec les usages nouveaux que relèvent des pays comme la Grèce. Alors que l'apparition de ce produit était rare, l'Europe en a saisi à 27 reprises en 2000, pour un total de sept kilos et environ 150 000 comprimés[8]. Or l'expérience américaine montre que le « meth » peut devenir très populaire. En 1999, 9,4 millions d'Américains avouaient en avoir usé, contre 3,8 millions seulement en 1994[9]. De 1990 à 1998, l'usage d'« ice » au sein de la population scolaire américaine n'a cessé de croître pour atteindre désormais un taux de consommation occasionnelle (« au moins une fois dans la vie ») de 4,8 % auprès des étudiants parvenus en dernier cycle d'étude.

L'inhalation de « meth » (ou de tout autre produit à inhaler de ce type) pourrait d'ailleurs populariser en Europe le recours à un petit appareil de dosage que les Américains connaissent déjà sous le nom de « bullet » : il s'agit d'un flacon dont le couvercle à visser est muni d'un doseur et de son clapet. L'ensemble se retourne, clapet ouvert. Lorsque la poudre a rempli le doseur, le clapet doit être refermé. Ainsi, lorsque le flacon est à nouveau retourné, il ne reste dans le doseur que la dose exacte qu'on souhaite inhaler. Parfois une dose infime, comparable à ces paillettes que l'on donne à manger aux poissons rouges.

La méthamphétamine donne à l'usager, outre une volubilité peu commune, l'impression qu'il pense et agit bien plus vite que l'environnement dans lequel il évolue. Un peu comme si la Terre avait ralenti sa course, et que seuls les usagers de « meth » se déplaçaient et agissaient encore à une vitesse normale. Le consommateur ou « meth head » (littéralement « tête de méthamphétamine ») a l'impression que le monde s'organise autour de lui, qu'il entre en contact aisément avec les autres, et sera généralement doux. Mais il ressent au même moment l'impression qu'il pourrait tuer n'importe qui si on venait à l'agresser. Signalons que la consommation de « meth » semble développer la consommation de cigarettes, et que son inhalation provoque à terme des saignements de nez.

Autre tendance nouvelle enregistrée en Europe : la consommation d'une amphétamine courante en Asie du Sud-Est appelée « ya ba » et qui a été saisie à diverses reprises en France, dans la zone de Paris. Le fait est que, lorsqu'on parle de « ya ba » en Europe, on ne sait pas trop de quoi il s'agit. Le Français Alain Wallon, qui étudie les nouvelles drogues de synthèse au sein de l'Observatoire européen des drogues et des toxicomanies (OEDT), émet diverses hypothèses : s'agirait-il de pervitine, soit un composé d'amphétamines traitées au méthyl ? La pervitine a, selon Alain Wallon, été synthétisée au Japon en 1919 et utilisée pendant la Seconde Guerre mondiale notamment pour doper les kamikazes. Ou s'agit-il de péthidine, synthétisée en Allemagne en 1939 pour satisfaire aux besoins en analgésique dans un marché de guerre ? Il s'agirait en tout cas d'un dérivé de l'éphédrine, cette substance tirée de l'arbuste éphédra, présente dans nombre de médicaments mais qui est aussi l'un des précurseurs directs de la méthamphétamine : sept kilos d'éphédrine produisent un kilo d'« ice ».

Mais ces détours historiques et complexes nous mènent plus que jamais à l'orientation future la plus probable des amphétamines : les marchés purement illégaux de la défonce, sans connexion aucune avec le marché médical. Arrivée à ce stade, la tendance s'inverse : ce ne sont plus les pharmaciens qui deviennent contre leur gré les fournisseurs des dealers. Ces derniers ont bien compris tout le bénéfice qu'ils pourraient tirer d'une reconversion aux nouvelles molécules chimiques. Et ainsi, à leur tour, les dealers se sont-ils transformés en pharmaciens…

NOTES

1. Spécialité américaine généralement utilisée dans le traitement de l'obésité ou des désordres de l'attention. Existe ou a existé en Europe sous les noms d'Ortenal® (France), Adiparthrol®, Biphetamine® (Belgique), Amfetamin® (Norvège, Danemark, Islande), Centamina® (Espagne), Dexamin® (Suisse), Dexedrine® (Grande-Bretagne), etc.

2. OEDT, *Rapport annuel sur l'état du phénomène de la drogue dans l'Union européenne*, Lisbonne, novembre 2001.

3. Cette famille comprend également les thymoanaleptiques, molécules stimulantes ayant aussi une activité antidépressive. Cependant les psychostimulants amphétaminiques n'ont pas d'action antidépressive propre, et sont appelés « nooanaleptiques ».

4. Pascal Bruckner, *L'Euphorie perpétuelle*, Grasset, 2000.

5. Enquête Sintes, 2000.

6. Ou sulfate de dexamphétamine.

7. Le taux d'usage « dans les douze derniers mois » est de 3,8 % chez les 15-17 ans.

8. OMD, *Douanes et drogues 2000*, Bruxelles, 2001.

9. DEA, *Methamphetamine*, US Department of Justice.

DEUXIÈME PARTIE

Le dealer devenu pharmacien

La ligne du temps

1887 : première synthèse des amphétamines

1910 : synthèse de la MDA

1912 : synthèse de la MDMA (Ecstasy)

1931 : synthèse du DMT

1932 : première licence pharmaceutique pour une amphétamine

1943 : découverte des propriétés du LSD

1960 : première expérience psychédélique de Timothy Leary, usant de psi-locybes

Vers 1965 : popularisation du LSD

1968 : première percée de la MDA aux Etats-Unis

1970 : la MDA est interdite aux Etats-Unis

1973 : arrestation en Suisse de Timothy Leary ; déclin du premier mouvement psychédélique

1976 : Alexander Shulgin redécouvre la DMT

1977 : la vague punk popularise les amphétamines

1981 : l'ecstasy fait son entrée illicite dans certaines parties des Etats-Unis

1985 : l'ecstasy est interdite aux Etats-Unis

1986 : naissance du « new beat » (Belgique) ; début de la réputation d'Ibiza au titre d'« XTC island »

1988 : éclosion des raves en Europe ; première overdose mortelle d'ecstasy (Grande-Bretagne)

1989 : première saisie significative d'ecstasy en Grande-Bretagne

1991 : Shulgin publie *Pihkal* et diffuse les recettes de 179 drogues synthétiques de type PEA ou amphétamines

1992 : succès d'une chanson des Shamen, répétant en toile de fond que « E's are good » (« Les ecsta', c'est bon »)

1994 : entrée en fonction de l'Observatoire européen des drogues et toxicomanies (OEDT) ; dans leurs statistiques, les Pays-Bas surveillent spécifiquement la MDMA

1996 : mort de Timothy Leary

1997 : l'Europe se lance dans une action conjointe face aux drogues synthétiques ; Shulgin publie *Tihkal, la suite*, consacré aux tryptamines

1998 : overdoses en série de 4-MTA (Grande-Bretagne et Belgique) ; première baisse européenne de l'usage d'amphétamines, essoufflement de l'essor de la MDMA

1999 : le trafic et les saisies de drogues synthétiques atteignent un sommet en Europe

2000 : vague de nouveaux stupéfiants, 2C-T-7, PMMA et PMA

2001 : overdoses en série de PMA (Belgique)

(Ligne du temps basée notamment sur les recherches de Paul Griffiths et Roger Lewis, pour le compte de l'OEDT[1])

LA COLOMBIE DU SYNTHÉTIQUE

> *Amobarbital. Dextroamphétamine. Loxapine.*
> *Sécobarbital. Chlordiazépoxide. Amiloride. Non,*
> *non, non... Il se dit qu'il devrait vraiment avoir des*
> *repères de couleur.*
>
> John Sandford, *Froid aux yeux.*

En une seule année, la dernière du siècle, les douanes et polices hollandaises avaient rassemblé un inventaire à la Prévert : « 40 litres d'ecstasy, 500 comprimés de 2C-T-2, 4 490 comprimés de 1-PEA, 6 de 4-MTA, 50 000 comprimés de DOB plus 2 kilos de poudre de cette même amphétamine hallucinogène, 3 112 comprimés de MDA, 11 157 comprimés de 2C-B, 76 ampoules de GHB, 30 kilos de poudre d'éphédrine, 17 litres de DMT[2]. » Immanquablement, la tête vous tourne : que représentent ces différents produits, tous illégaux ? Les trafiquants, fouillant dans leurs panoplies de Noël, auraient-ils retrouvé celle du petit chimiste ? Et comment l'Europe en est-elle arrivée à devenir l'un des nœuds (sinon « le » nœud) du trafic mondial des nouvelles drogues synthétiques ?

« Au début des années quatre-vingt-dix, remarquait un analyste de l'Agence antidrogue américaine, une évaluation du trafic et de la consommation de drogue en Europe aurait conclu à une menace potentielle réduite, voire inexistante, et à une demande négligeable pour les amphétamines et son analogue, l'ecstasy[3]. » Dix ans plus tard, à l'entame du nouveau millénaire, les mêmes experts de la Drug Enforcement Administration (DEA, l'Agence fédérale antidrogue américaine) martelaient devant le Congrès des Etats-Unis que « 90 % de l'ecstasy » déversée aux Etats-Unis provenait d'Europe, et singulièrement des Pays-Bas et de Belgique. Non seulement l'Europe de l'Ouest était devenue l'une des principales places au monde de production de l'ecstasy – et de divers produits apparentés – mais le Vieux Continent était également exportateur de ces produits vers l'Amérique du Nord, l'Amérique latine, le sous-continent indien, l'Asie, l'Australie. Le Benelux en particulier méritait désormais le surnom de « Colombie du synthétique » : elle échangeait son ecstasy en Asie contre de l'héroïne birmane, en Amérique du Sud contre de la cocaïne colombienne...

❑ L'année de tous les dangers

De 1988, date mythique à laquelle l'ecstasy s'était probablement popularisée en Europe au départ des soirées *dance* organisées à Ibiza (« XTC Island », remarquaient, amers, les observateurs américains [4]), jusqu'aux sommets de production et de trafics constatés en 1998-1999, l'Europe allait vivre une décennie folle dont les statistiques peinaient à rendre compte : 1,5 million de comprimés (ecstasy ou analogues) saisis en 1994, 2,5 millions en 1995, 3,3 millions en 1996, 4,2 en 1997, plus de 5 millions en 1998. Enfin, 14,1 millions en 1999.

Sur cette seule année 1999, emblématique à bien des égards, 132 laboratoires clandestins avaient été démantelés sur l'ensemble du continent européen, situés pour l'essentiel aux Pays-Bas, en Allemagne, en Belgique et en Espagne, ainsi qu'en Ukraine, en Pologne, en Tchéquie. L'appât du gain est évident : avec l'ecstasy, plus question d'investir dans les terres agricoles nécessaires au pavot ou au coca, plus question d'attendre les récoltes de psychotropes végétaux puis de mettre en place un réseau coûteux et dangereux de laboratoires complexes et de passeurs dans le monde entier. Cette fois, la production se réalise aux abords immédiats des lieux de consommation, le processus chimique est relativement simple, et la transformation finale – seule à être rigoureusement illégale – peut être retardée pour ne se dérouler que peu avant l'approvisionnement des dealers. Le bénéfice net engrangé par cette activité, même pour de très petites cellules de production, sera parfois estimé à plus de 160 € la minute… Un seul cercle de production atteint au minimum un chiffre d'affaires annuel de 43 millions d'euros[5] !

En 1999, l'importance de l'Europe dans le trafic international de drogues synthétiques peut être rendue par un simple exemple : les saisies américaines opérées en cinq semaines, de la mi-mai à la mi-juin :

– 11 mai 1999 : saisie à l'aéroport JFK de 100 000 comprimés d'ecstasy venus de Francfort sur Singapore Airlines ;

– 20 mai : une Britannique résidant à Amsterdam est appréhendée à Newark (New Jersey) avec 10 kilos d'ecstasy venant de Düsseldorf ;

– 22 mai : alors qu'il s'apprêtait à gagner New York sur un vol Lufthansa, un résident suisse est intercepté à Düsseldorf avec 9,7 kilos d'ecstasy ;

– 31 mai : une Israélienne, en provenance de Bruxelles, est arrêtée à JFK en possession de 55 000 comprimés d'ecstasy ;

– 3 juin : une Brésilienne embarquée sur le vol Air France de Paris est arrêtée à JFK en possession de 67 000 comprimés ;

– 6 juin : un Dominicain en provenance de Saint-Domingue est intercepté à l'aéroport de Miami avec 18 000 comprimés. Les Américains suspectent un trafic d'ecstasy de Düsseldorf vers Saint-Domingue ;

– 8 juin : venu d'Anvers via Bruxelles, un Américain résidant en Israël est appréhendé à JFK en possession de 102 947 comprimés d'ecstasy ;

– 12 juin : un Néerlandais mineur, en provenance d'Amsterdam, est intercepté à l'aéroport de Miami avec 30 823 comprimés d'ecstasy ;

– 13 juin : en provenance de Francfort, un Roumain est arrêté à l'aéroport de Miami en possession de 61 181 comprimés.

Soit, en 33 jours, la saisie de 434 951 comprimés d'ecstasy et 19,7 kilos de poudre (équivalent, grosso modo, à 59 100 autres comprimés), le tout provenant d'Europe de l'Ouest[6].

La discrétion des opérations policières, le peu de recul que peuvent prendre les médias dans l'analyse de ces tendances ont eu pour effet de rendre le phénomène quasi invisible aux yeux de l'opinion publique. Ce pour quoi, avant de tenter de comprendre la diffusion des drogues illicites au seuil du nouveau siècle, il est indispensable d'expliquer ce qu'étaient les réseaux de cette nouvelle criminalité organisée aux environs de 1995, lorsqu'elle a révélé toute son ampleur.

Les laboratoires démantelés en 1999

En 1999, l'Europe semble atteindre un pic historique dans les saisies et démantèlements de laboratoires :

Allemagne : 7 laboratoires, dont 4 pour les amphétamines et méthamphétamines, un pour l'ecstasy, un pour la phénéthylamine ;

Belgique : quatre laboratoires démantelés, sans spécifications ;

Danemark : deux laboratoires, consacrés aux amphétamines, méthamphétamines et ecstasy ;

Espagne : 3 laboratoires consacrés aux amphétamines et analogues ;

Lituanie : un seul laboratoire ;

Pays-Bas : 36 laboratoires, dont 24 pour l'ecstasy, 6 destinés aux amphétamines, et 5 pour la fabrication mixte d'ecstasy et d'amphétamines ;

Pologne : 8 laboratoires dont 7 pour les amphétamines, et un pour la fabrication de produits précurseurs ;

Slovénie : un laboratoire produisait de la fénétylline (principe actif du Captagon®) ;

Tchéquie : 27 laboratoires, pour la production de méthamphétamines et autres psychotropes ;

Ukraine : 43 laboratoires, dont 2 pour l'ecstasy, 2 pour la pervertine, un pour un parent de l'opium et 38 consacrés à l'éphédrine.

Soit un total de 132 laboratoires clandestins…

❏ 1995, Pologne et Pays-Bas mènent la danse

Nous l'avons évoqué en première partie de cet ouvrage : le premier marché illicite de la défonce synthétique, en termes tant historiques que financiers, était au départ celui des amphétamines. Et, en 1995, les Pays-Bas représentent la source européenne la plus importante de ces amphétamines. On a retrouvé, en 1994, de grandes quantités d'amphètes dissimulées dans les bois et champs de tous les Pays-Bas. Une découverte ahurissante qui ne sera jamais expliquée, la seule hypothèse émise étant qu'un groupe criminel avait voulu se débarrasser de ses stocks.

Dans ce pays, les précurseurs (produits chimiques indispensables à la fabrication du stupéfiant) ne sont pas réellement contrôlés, mais ne sont pas non plus tous disponibles. C'est le cas du P-2-P [7], précurseur important pour les amphétamines. Les Pays-Bas l'importent traditionnellement d'Allemagne, de Belgique, d'Espagne. En 1994, les trafiquants néerlandais commencent cependant à l'importer de Roumanie et d'autres pays de l'Est : ainsi, un clan bien connu implanté dans le Limbourg (sud des Pays-Bas) commande d'un coup 26 tonnes à un laboratoire ukrainien. Ce genre de contact, parmi d'autres, explique comment ont pu se développer les relations entre l'Est et l'Ouest dans l'Europe des trafiquants.

De leur côté, les Polonais, déjà exportateurs sur le marché traditionnel de l'amphétamine qu'est la Scandinavie, commencent à proposer une amphétamine plus pure que la néerlandaise. Pure à 90 %, dit-on. Pourquoi ont-ils, eux seuls, cette capacité ? Parce que, si les « chimistes » néerlandais sont souvent des amateurs éclairés opérant dans des laboratoires d'arrière-cuisine, les chimistes polonais sont encore les laissés-pour-compte de l'ancien régime communiste, mal payés, bénéficiant de maigres budgets de recherches, mais qui, forts d'une authentique formation de chimiste de très haut niveau, se sont reconvertis dans le marché illicite sous couvert de laboratoires privatisés. Certaines compagnies pharmaceutiques polonaises développeraient même simultanément des lignes de produit licites et illicites.

Au milieu de la décennie, ces deux traditions distinctes – la polonaise et la néerlandaise – vont aboutir à la constitution, en Pologne, de sociétés-écrans gérées par des Néerlandais, ainsi qu'à l'implication du milieu criminel des Pays-Bas dans le processus de production des amphétamines en Pologne même. Les hauts lieux du trafic sont alors Varsovie, Bialystok (à la frontière de la Biélorussie), ainsi que les ports de Gdansk et Gdynia, qui ouvrent une voie directe vers la Suède et toute la Scandinavie. Vus d'Europe de l'Ouest, ces développements criminels semblent bien lointains : ils ne représentent pourtant rien d'autre que la simple délocalisation des activités d'une criminalité organisée ouest-européenne.

Et que va-t-on découvrir dans ces pays ? En février 1995, deux laboratoires complets sont démantelés à Trojca et Olobok : chacun ne permet alors que la production d'un kilo d'amphétamines chaque semaine. En juin cependant, la police polonaise découvre un labo capable de produire 15 kilos par jour, destinés à l'Allemagne. Pour l'anecdote, les enquêteurs arrêtent sur les lieux un étudiant de la faculté de chimie de l'université de Gdansk, lequel a travaillé deux ans sur la synthèse de l'amphétamine. Il est finalement arrivé à mettre au point six méthodes distinctes de cette synthèse, et a même conçu et réalisé une machine pour la produire. L'outil, construit en galvanisé, a déjà été commercialisé par ses soins dans d'autres unités de production... Le même mois, les Polonais arrêtent un ancien conférencier de l'université de Lodz, professeur de chimie, responsable de la production dans un autre laboratoire clandestin (10 kilos par semaine) démantelé lui aussi en juin 1995. Leurs marchés · la Scandinavie et l'Allemagne.

A cette époque, la Suède occupe une position de pointe en matière de lutte contre le trafic d'amphétamines[8]. Les pays nordiques sont traditionnellement la cible des gangs de motards, lesquels sont un vecteur important du trafic d'amphétamines et méthamphétamines. La Suède s'est ainsi vue obligée de développer dès les années quatre-vingt un programme unique d'analyse des pilules saisies, et peut détecter leur « signature » : par l'examen des impuretés incluses dans chacun des comprimés, la Suède peut déterminer la source originelle de l'amphétamine, voire, parfois, le laboratoire de production. La menace polonaise sur la Scandinavie est telle que l'initiative suédoise débouchera d'ailleurs sur la constitution, en Pologne, d'un laboratoire de détection similaire.

Or ce que la Suède découvre à l'époque, c'est que la production d'amphétamines gagne par contagion d'autres pays de l'Est, à savoir la Hongrie, la Tchéquie, la Slovaquie et la Bulgarie, avec la constitution de laboratoires gérés par des criminels issus des trois Etats baltes, d'Ukraine et de Biélorussie. Pour ces pays, un même constat : les chimistes produits par le régime communiste sont à la recherche de meilleurs salaires, s'investissent dans des activités délictueuses, et de grandes rafles policières seront réalisées à Budapest (Hongrie) et Jablonec (nord de la Tchéquie).

Notre état des lieux historique ne serait pas équilibré si on ne relevait pas qu'au même moment, en Europe de l'Ouest, les laboratoires fleurissent également. La Grande-Bretagne en démantèle 11 sur la seule année 1994. Et en mars 1996, près de Norwich, la police londonienne met la main sur un labo capable de produire… 600 kilos d'amphétamines par semaine, pour un chiffre d'affaires hebdomadaire – à l'époque – de 23 millions de dollars. D'autres laboratoires sont démantelés en Allemagne (16 en 1995, dont la moitié produisent de l'amphétamine) et en Belgique.

❏ L'ecstasy détrône les amphétamines

La production de l'ecstasy est parallèle à celle des amphétamines illicites et n'en représente, en quelque sorte, qu'une sous-spécialité. Au milieu des années quatre-vingt-dix, les Pays-Bas dominent la production européenne, à l'exception notable de 1994 : cette année-là, la répression néerlandaise est telle que les organisations se déplacent. La Belgique devient brièvement le premier producteur présumé d'ecstasy de l'Union européenne. Cette particularité vaut d'être citée car elle illustre le rôle que joue rapidement ce petit Etat à l'ombre des organisations criminelles néerlandaises. En l'an 2000 encore, lorsqu'on évoque la production des Pays-Bas, il convient de garder à l'esprit que les laboratoires et les chimistes sont implantés dans ces deux Etats du Benelux, même si les cerveaux des organisations criminelles sont situés aux seuls Pays-Bas. L'implication belge dans ces trafics a une longue histoire, liée aux trafics de substances hormonales pour le bétail, ainsi qu'à la production du « pot belge », surnom générique des substances dopantes qui se sont répandues dans le milieu du cyclisme professionnel.

Les Pays-Bas ne sous-estiment pas le problème posé par leur pays, et le spécialiste des drogues synthétiques au sein de la police criminelle néerlandaise l'admet en 1995 : « Ce que la Thaïlande est à l'héroïne, et la Colombie à la cocaïne, les Pays-Bas le sont à l'ecstasy et aux amphétamines. » En clair, les Pays-Bas sont alors le premier producteur d'amphétamines d'Europe, et le premier producteur d'ecstasy au monde. Tous les précurseurs de l'ecstasy peuvent être trouvés localement, ou importés du Danemark et de l'Allemagne.

Pour l'essentiel, la production est établie au sud-est des Pays-Bas, dans la zone de Maastricht, et dispose d'un rayonnement international : on soupçonne ces groupes d'arroser New York en ecstasy, et d'être à la recherche de nouveaux réseaux d'écoulement en direction de la côte ouest des Etats-Unis, vers San Francisco et San Diego.

La route Amsterdam - Bruxelles - Tel-Aviv est elle aussi un axe essentiel du trafic : dès septembre 1994, les polices néerlandaise et israélienne parviennent à démanteler à Amsterdam un laboratoire capable de produire 12 millions de comprimés par jour. Enfin, les structures néerlandaises de production d'amphétamines, implantées en Pologne, se consacrent en parallèle à la production de l'ecstasy.

A la même époque (1994-1995), l'Allemagne découvre cinq laboratoires sur son territoire. Mais – et ceci démontre la suprématie des Pays-Bas – ils ne servent qu'à la synthèse de la poudre d'amphétamine, pas à son conditionnement en comprimés. La poudre, à chaque fois, est conditionnée ultérieurement aux Pays-Bas. Le marché allemand, lui, est approvisionné en retour au départ du marché néerlandais, ou sur base des productions réalisées en Pologne, en Lituanie, en Tchéquie, Hongrie et Slovaquie.

Les Pays-Bas gardent la haute main sur ces opérations. Le meilleur exemple en est donné par une saisie réalisée en juin 1995 dans un faubourg de Prague (Tchéquie) : on y trouve un laboratoire ultra-moderne, 700 kilos de précurseurs de l'ecstasy, et on procède à l'arrestation sur les lieux de cinq Tchèques et trois Néerlandais. Le chef du groupe bénéficiait de la double nationalité néerlandaise et tchèque, et abreuvait en substances illicites les deux marchés.

❏ La situation actuelle du trafic

Cinq années plus tard, que se passe-t-il ? Le marché de l'ecstasy (et, désormais, de ses analogues) s'est à nouveau métamorphosé. La dimension intercontinentale du trafic est devenue préoccupante. Les Etats-Unis sont inondés au départ de cinq aéroports d'Europe, par ordre décroissant : Francfort, Schiphol, Zaventem, Roissy et Heathrow[9]. De plus en plus, les trafiquants empruntent également les aéroports suisses, tchèques et espagnols. L'Europe, qui a toujours été dominée par l'Asie en matière d'amphétamines classiques, est désormais à l'origine de la grande majorité des saisies d'ecstasy réalisées en Extrême-Orient. Elle s'est ainsi ouvert les portes d'un marché potentiellement énorme. Enfin, depuis 1999, l'Europe alimente également l'Amérique du Sud via São Paulo (Brésil) ainsi que l'Amérique centrale. Cette année-là, sur plus de 14 millions de comprimés saisis en Europe, 1,6 million étaient destinés au marché nord-américain, un million supplémentaire étant destiné aux autres marchés du globe (Australie, Asie, etc.).

Les trafiquants ont par ailleurs développé un système de distribution par courrier express, dissimulant les envois dans des puzzles, des jeux d'enfants, etc. En moins de six mois, la police fédérale allemande interceptera plus de cinquante colis express, contenant plus de… 700 kilos (!) d'ecstasy. Et cette manière de faire a gagné la France, la Suisse, le Luxembourg, le Royaume-Uni. Il est vrai qu'alors que les marchés européens de l'amphétamine se stabilisent (exception faite de la France, de l'Allemagne, de la Finlande et du Danemark), la demande d'ecstasy, elle, demeure soutenue bien qu'évoluant par paliers. En 1999, au moment où les enquêtes allemandes révèlent – pour tous les stupéfiants – une chute du taux de population avouant un « premier usage » d'une drogue donnée dans l'année écoulée, les « premiers usages » d'ecstasy augmentent au contraire de 12 %. Les saisies d'ecstasy, indicateur imparfait mais irremplaçable, confirment la tendance : elles augmentent de 1 211 % (!) en Grande-Bretagne, de 731 % en Espagne, 339 % en Belgique, 251 % en Allemagne...

Malgré ces chiffres, malgré les résultats inquiétants de l'enquête allemande, l'Europe est clairement à un tournant : d'une part, la suprématie des Pays-Bas devient plus diffuse, et certains pays voisins commencent à produire en quantités importantes. La Belgique et le Royaume-Uni suivent l'exemple néerlandais, tout comme l'Estonie, la Pologne et la Tchéquie. D'autre part, l'importance du trafic européen au niveau mondial doit désormais être relativisée en regard de l'émergence de laboratoires en Australie, en Afrique du Sud, en Israël, en Amérique du Sud et en Asie. Interpol déclare, en avril 2000, que les syndicats mexicains et colombiens pourraient reprendre en main le marché sud-américain de l'ecstasy.

Enfin, plus important : l'Europe découvre en 2000 que l'irrésistible ascension des amphétamines et de l'ecstasy connaît sa première pause durable en dix ans. Le boom de 1999 n'était heureusement pas représentatif d'un emballement futur du marché. Bien sûr, le passé récent est déjà lourd à digérer : en l'espace de dix ans, amphétamines, ecstasy et analogues sont devenus la deuxième drogue utilisée par les jeunes après le cannabis. 1 à 5 % des Européens âgés de 16 à 34 ans en ont goûté au moins une fois dans leur vie [10] et, en examinant des tranches d'âge plus ciblées encore, certaines études arrivent à 10 %. Mais rarement au-delà : ainsi, en Angleterre et pays de Galles, l'usage avoué de l'ecstasy dans les douze derniers mois atteint presque 5 % chez les jeunes de 16 à 24 ans. Ce qui représente donc la moitié seulement de l'usage avoué de cannabis dans la population adulte de la même zone géographique...

Bref, le marché de l'ecstasy marque – globalement – le pas. Par contre, la nature du marché a gagné en maturité, et deux éléments en portent les traces : d'une part, l'éventail des drogues synthétiques disponibles (et consommées) s'est élargi. Tel sera l'axe de réflexion de toute la seconde partie de cet ouvrage : dans quelles conditions – et éventuellement pourquoi ? – l'offre de drogues synthétiques s'est-elle diversifiée à l'extrême ? Par ailleurs, la diffusion de ces drogues quitte le cadre strict des *raves* et grandes soirées dansantes pour gagner également les clubs, bars et cadres privés plus dispersés géographiquement [11].

❏ L'usage dans un pays tolérant : les Pays-Bas

Impossible de détailler ici la diversité des usages rencontrés dans l'ensemble de l'Union européenne. Mais l'exemple néerlandais est intéressant à plusieurs titres : d'une part, les Pays-Bas ont une tradition de fine analyse des toxicomanies sur leur territoire. Par ailleurs, on peut émettre l'hypothèse que la traditon néerlandaise de « principal pays producteur » a eu sur sa population un effet exemplaire.

Comparé au cannabis, l'usage de drogues synthétiques dans la population néerlandaise reste bas, malgré leur popularité croissante depuis les années quatre-vingt-dix [12]. Au niveau national, lorsqu'on étudie le nombre de personnes qui ont usé d'un produit spécifique « au moins une fois dans leur vie », la percée de l'ecstasy est continue depuis 1992, tout comme celle des amphétamines n'a pas faibli depuis 1987. Mais, notent les Néerlandais, encore faut-il garder à l'esprit que l'« usage courant » d'ecstasy demeure très bas, même s'il est passé de 0,1 % de la population à 1,1 %.

Si on analyse l'usage d'amphétamines et d'ecstasy par les plus de 11 ans, on obtient des pics significatifs sur les grandes villes

(Utrecht, Amsterdam), mais relativement bas en moyenne nationale :

Usage (%)	Amsterdam	Utrecht	Zones rurales	Moyenne nationale
Vie entière :				
ecstasy	7,0	3,2	1,2	1,9
amphétamines	6,0	2,6	1,1	1,9
Mois dernier :				
ecstasy	1,1	0,7	0,1	0,3
amphétamines	0,3	0,3	0,1	0,1

Et les écoles ? L'usage d'ecstasy « au moins une fois dans la vie » par les élèves de plus de 11 ans a doublé de 1992 à 1996, passant de 3 à 6 %. Dans le même temps, l'expérience des amphétamines est passée de 2 à 5 %. L'usage courant, lui, est resté à un faible niveau : il était de 2 % en 1996.

Mais les taux sont plus élevés lorsqu'on regarde l'enseignement pour étudiants à problèmes, et considérablement plus élevés encore si l'on ne prend en compte que les élèves participant à des projets spécifiques de lutte contre l'absentéisme scolaire. Pour ce dernier groupe, notent les Néerlandais, l'usage « au moins une fois dans la vie » a décuplé, passant de 3 % en 1990 à 30 % en 1997. Pour les amphétamines, cette augmentation est de 1 à 25 %. Les usages « dans le mois écoulé » sont également assez importants dans ce groupe : 15 % pour l'ecstasy, 9 % pour les amphétamines. Bref, ces drogues synthétiques connaissent un « boom » dans les populations les plus fragiles.

Quant à l'usage d'ecstasy et analogues dans les *raves* et discothèques, Amsterdam a interrogé les usagers de ces endroits en 1995 et 1998. On remarque alors une stabilité de l'« usage courant » d'amphétamines (13 %), mais une hausse sensible de l'ecstasy : s'ils n'étaient qu'un sur trois à en user régulièrement en 1995, ils sont 4 sur 10 en 1998. Et deux *ravers* sur trois l'ont déjà testé au moins une fois. Ce succès pourrait cependant être en bout de course : l'étude relève que l'ecstasy perd de son attractivité et de sa magie auprès des usagers expérimentés. «Il y a une sorte de fatigue de l'ecstasy, note le Trimbos Instituut, et les gens deviennent plus réticents, à cause des effets déplaisants qu'il laisse ensuite, comme les sentiments dépressifs et les baisses d'humeur. Ils donnent l'impression d'être plus méfiants, ce qui est démontré par une réduction de la fréquence des usages, et une réduction des doses ingérées en une soirée.» Le rapport suggère même un possible regain de faveur de la cocaïne...

❑ L'usage dans un pays répressif : la France

Vers 2000-2001, la tendance est devenue un fait : alors que l'ecstasy supporte mal d'être mélangée à l'alcool, la cocaïne, elle, connaît un regain de popularité chez ceux qui souhaitent à la fois boire et user de stupéfiants qui leur «donne la pêche». Aux Pays-Bas, en Grande-Bretagne, en Grèce et en Italie, on fume de plus en plus la cocaïne, qui commence à reprendre le terrain déserté lentement par l'ecstasy. Cette pratique existe aussi en France, où l'on remarque en outre que, «dans l'espace festif, il semblerait qu'il y ait eu en 2000 une moindre demande de "speed" qu'au cours de l'année précédente». Cette situation, note l'Observatoire français des drogues et des toxicomanies (OFDT), s'explique d'une part par une offre bien plus importante de cocaïne et des prix modérés, d'autre part par le fait que «l'usage de cocaïne entraîne moins d'effets secondaires et procure des sensations plus agréables (plus mentales) [13]». L'OFDT conclu à une disponibilité «en légère baisse» des amphétamines, et une image «en légère détérioration» dans l'espace festif.

Et l'ecstasy ? La France est déchirée entre divers discours qui permettent mal d'analyser les évolutions les plus récentes : d'une part, puisque des produits réputés «durs» comme l'héroïne et la kétamine ont accru leur diffusion, l'ecstasy bénéficie d'une image renouvelée de drogue «douce». Ensuite, une meilleure diffusion du produit et une plus grande connaissance de son usage ont renforcé son statut de «produit facile à maîtriser». Il y aurait enfin la perception d'une meilleure qualité des échantillons vendus. Mais, à l'inverse, il est d'autres consommateurs pour remarquer que cette qualité est aléatoire; que la consommation abusive chez des utilisateurs novices s'est développée; enfin, et les campagnes médiatiques ont peut-être joué un rôle en la matière, les utilisateurs chevronnés s'inquiètent des effets à long terme de l'ecstasy sur leur santé. L'image de l'ecstasy en France est donc contrastée, mais sa disponibilité semble s'être accrue en «espace urbain» (en gros, les zones de consommation à problèmes), et être demeurée stable en «espace festif» (raves, technos et clubs).

Entre juillet 1998 et mai 1999, l'association humanitaire Médecins du monde a étudié la consommation de substances illicites dans les fêtes techno de l'Hexagone. La diversité des produits consommés est grande, mais l'ecstasy y garde une place centrale parce qu'il est lui-même à la fois stimulant et hallucinogène. Médecins du monde note cependant «le développement de l'usage de substances hallucinogènes, naturelles comme la psilocybine, les champignons mexicains ou le datura, ou synthétiques comme le LSD; l'apparition de nouveaux produits comme la kétamine; l'usage de plus en plus important de produits stimulants, essentiellement cocaïne et amphétamines; le développement de l'usage des substances dites "relaxantes", et en particulier de la consommation de produits opiacés». En outre, ce constat : le polyusage de psychotropes et les associations entre substances se sont généralisés.

Quelques chiffres : 70 % des *ravers* français déclarent avoir déjà consommé de l'ecstasy. 63 % ont essayé le LSD, 47 % ont usé d'amphétamines. Un *raver* sur vingt-cinq a testé le GHB, et la kétamine en concerne un sur sept. Quant aux hallucinogènes naturels, ils ont été expérimentés par 28 % d'entre eux [14].

En regard de ces développements, l'intérêt politique français pour les substances émergentes est donc fondé : il n'était pas inutile de mettre en place un dispositif «TREND» (Tendances Récentes Et Nouvelles Drogues) qui permet à Paris de décrypter les derniers frémissements de la scène techno. Le dernier rapport Trend, en juin

2001, signale d'ailleurs l'apparition en France de nombre de substances psychostimulantes rares : le 2C-T-7, le 4-MTA, le DOB, la PEA, la PMA et PMMA... La «nouvelle vague» est là, et profite de la pause marquée par l'ecstasy et les amphétamines.

Ces substances n'évoquent rien pour vous ? Normal : elles étaient inconnues de la plupart des chimistes il y a quelques années encore. Et bien peu de policiers peuvent affirmer, aujourd'hui, en connaître le détail. C'est à un voyage au cœur de ces nouvelles molécules que nous vous invitons, en commençant par rappeler le profil de la plus classique d'entre elles, la molécule reine : la MDMA, ou ecstasy.

NOTES

1. La ligne du temps de Griffiths et Lewis sera publiée sous sa forme originale dans «New Trends in Synthetic drugs in the European Union», Insights, OEDT, Lisbonne, novembre 1997.
2. Interpol, *European drug situation report 1999*, document EUR/DRUG/99, Lyon, avril 2000.
3. DEA Intelligence division, *Amphetamine & MDMA trafficking/abuse in Europe*, document DEA-96030, août 1996.
4. DEA, *op. cit.*
5. Selon l'UDS, l'Unité des drogues synthétiques néerlandaises.
6. La liste de ces saisies est tirée d'un recensement d'Interpol compilé dans *The weekly intelligence message*, n° 16, 1999.
7. Phényl-2-propanone.
8. Le Nordic Amphetamine Project est alors établi en partenariat avec le Danemark, la Finlande, l'Islande et la Norvège.
9. Interpol, *op. cit.*
10. OEDT, *Rapport annuel sur l'état du phénomène de la drogue dans l'Union européenne*, Lisbonne, 11 octobre 2000.
11. OEDT, rapport 2000, *op. cit.*
12. Trimbos Instituut, «Part III : Epidemiology», in *National Report : The Netherlands 1999 (Draft version), An update of the 1997 and 1998 reports*, Utrecht, 2000.
13. Pierre-Yves Bello, Abdalla Toufik, Michel Gandilhon, *Tendances récentes. Rapport Trend*, OFDT, juin 2001.
14. OFDT, «Rapport national sur le phénomène de la drogue, données 1999», intégré au Rapport 2000 de l'OEDT.

MDMA, L'EXTASE AU SIÈCLE DERNIER

*J'ai des acides aussi. C'est mieux que l'ecsta, ça
ne risque pas de nous filer l'Alzheimer.*

Nicholas Blincoe,
Une simple question d'excédent de blé.

Un peu de chimie...

Fort proche des amphétamines, l'ecstasy (MDMA) fait partie des agents
hallucinogènes dérivés de la PEA, ou «phénéthylamine». Un parent de la
mescaline, cet hallucinogène tiré du peyotl, un cactus qui pousse au
Mexique. Cette famille compte nombre de produits recensés, dont il faut
citer le trio de tête :
  MDA (3,4 méthylène-dioxyamphétamine) ;
  MDMA (3,4 méthylène-dioxy*méthyl*amphétamine) ;
  MDEA (3,4 méthylène-dioxy*éthyl*amphétamine).

Tous trois sont analogues, et leurs effets ne seront pas grandement différenciés dans ce livre. Cependant, la littérature scientifique les distingue, et,
avant l'irruption des drogues synthétiques les plus récentes, ces trois produits bénéficiaient d'une distinction chez les dealers eux-mêmes et usagers,
qui parlaient de la MDA sous le sobriquet de «speed for lovers», de la
MDMA en la baptisant «Adam» ou «XTC», et de la MDEA (ou MDE),
gratifiée du doux prénom de «Eve». Car leurs durées d'action, l'importance des hallucinations, le niveau d'euphorie induit varient d'un produit à
l'autre.
  MDA : dose d'environ 50 mg, pour une action de 8 à 12 heures ;
  MDMA : dose d'environ 100 mg, pour une action de 4 à 6 heures ;
  MDEA : dose d'environ 135 mg, pour une action de 3 à 5 heures.

Dans la même famille chimique, il faut épingler un nouveau venu, particulièrement dangereux :
DOB (2,5 diméthoxy-4-bromamphétamine).
C'est un faux frère : la DOB, dont les effets peuvent durer de 6 à 30 heures, a les mêmes propriétés hallucinogènes que le LSD. Attention : son dosage est radicalement différent des ecstasys classiques, ce qui induira des overdoses dramatiques si la DOB est confondue avec la MDA, MDMA ou MDEA. La DOB produit ses effets entre *1 et 4 milligrammes* (!), alors que les trois substances mentionnées plus haut jouent entre *50 et 135 milligrammes.*

Enfin, n'oublions pas que la MDMA connaît nombre d'autres produits apparentés qu'il est impossible de cataloguer de manière exhaustive : **MMDA, DMMDA, TMA, DDPR, DMA, DOET, DOI, DOM, 2,3,4TMA, 2,4,5TMA,** et **2,4,6TMA.** Ce livre se contentera d'épingler deux formes populaires d'«ecstasy» : le **2C-B** (voir p. 221) et la **PMA** (voir p. 234).

«Dès que nous sommes entrés dans le night-club, je suis monté vers la piste de danse. Une pièce immense avec des étoffes suspendues à tous les murs, un écran où était projetée en permanence une photo de la Terre, et des ballons sans nombre flottant tout autour de la piste.

Assis sur un coin de la scène, j'ai reçu les deux tiers d'une pilule «White Dove» («pigeon blanc»). J'ai insisté pour la mâcher, en ressentir le goût – je voulais un contact intime avec la substance qui allait se partager mon esprit. Elle avait un goût affreux, très chimique. Ça m'a fait rire, surtout en regardant le visage de mon compagnon qui avait accepté lui aussi de mordre dedans. Nous avons fait partir le goût avec quelques gorgées de la traditionnelle bouteille d'eau des *ravers*, puisque notre fournisseuse nous avait expliqué les premiers effets possibles de l'ecstasy. «Si tu te sens en forme, lève-toi et danse», avait-elle dit.

C'est certain, à peu près 25 minutes plus tard, je me sentais assez mal. L'estomac? Le cerveau? Je ne savais pas. Alors que j'étais plutôt causant, j'ai commencé à être assez silencieux et réservé. Je me suis levé et ai tenté de me balancer. Cela allait beaucoup mieux.

L'autre novice de l'ecstasy est venu me rejoindre, remarquant qu'il ne ressentait aucun effet. « Moi, je me sens bizarre », ai-je répondu. « Continue à danser », m'a dit ma fournisseuse, alors qu'elle attendait elle-même que l'ecstasy la fouette.

Quelques minutes après, j'ai senti un afflux vers la tête : j'ai cru quelques secondes que j'allais vraiment la perdre, et j'ai eu cette vision de moi-même reclus dans un coin, à pleurer durant des heures. « Merde, c'est bien ma chance, me suis-je dit : un mauvais voyage pour mon premier essai ! » J'ai cru littéralement que mon esprit allait disjoncter. « Pas question, j'ai pensé, pas question. Mon père répète la propagande de la guerre à la drogue, mais je ne vais pas avoir un mauvais voyage. » J'ai cherché rapidement mes compagnons sur la scène et me suis rapproché d'eux. J'ai dansé plus énergiquement, essayant de me mettre dans la musique.

Quelques secondes plus tard la plus incroyable des sources d'énergie et une chaleur gentille se sont répandues dans mon corps. C'était à ce point brutalement intense que tout ce que j'ai pu faire durant plusieurs minutes était d'inspirer, puis laisser le souffle expirer comme une longue bulle d'indescriptible joie. Beaucoup se sont rapprochés autour de moi, c'était comme si la moitié de la piste de danse était engagée dans une extase commune.

Extase. Le mot parfait. Aucun autre n'aurait pu décrire ce que je ressentais juste ici et maintenant. Par-delà les mots. Le message était contenu en entier dans un cri ainsi que dans le plus intense sourire que mon visage ait affiché depuis une éternité.

Ma fournisseuse est revenue en demandant : « Ça va ? Tu étais assez tendu... » Je lui ai crié que j'avais envie de serrer tout le monde dans mes bras. « Alors, fais-le ! » a-t-elle crié, s'accrochant autour de mon cou. Gee ! c'était si bon ! Etreindre quelqu'un était devenu la plus gratifiante, la plus confortable, et la meilleure des expériences. Ce qui, pour une personne comme moi, d'habitude si attentive à son espace personnel et aux contacts physiques avec les étrangers, était une découverte fascinante.

Dans les salons de repos, parler aux autres était un bonheur. Je voulais que tout le monde soit bien, je voulais connaître leurs noms à tous, savoir combien de fois ils étaient venus ici, ce qu'ils faisaient dans la vie. Ils était tous si amicaux. L'un d'eux m'a demandé : « Tu es tout emballé d'amour, n'est-ce pas ? » J'ai répondu par un visage extatique.

« C'est sa première ecsta' », lui a-t-on dit. Alors, il s'est levé, a ouvert grand ses bras et m'a donné une énorme accolade. Il y avait quelque chose de si pur et si fraternel dans toute cette atmosphère que j'en étais submergé [1]... »

Voilà l'effet de deux tiers d'un comprimé d'ecstasy comme un autre, le « White Dove ». Faut-il encore, aujourd'hui, présenter l'« ecstasy », ou plus exactement la molécule de MDMA (3,4 méthy-lène-dioxyméthylamphétamine), seule à pouvoir réellement porter ce nom d'« ecstasy » ? Synthétisée pour la première fois en 1912, « redécouverte » au milieu des années soixante-dix, la MDMA se présente sous forme de capsules, de comprimés ou de poudre, se consomme généralement par voie orale ou par « sniff » nasal – mais peut également être injectée ou fumée. Particularité : elle est à la fois un psychostimulant et un hallucinogène, et sera donc utilisée à ces deux fins. A la fois pour se fouetter, se doper comme avec n'importe quelle amphétamine, mais aussi pour obtenir des hallucinations visuelles, lesquelles ne sont obtenues que dans 10 à 20 % des cas.

C'est désormais un produit classique, archétype de bien des nou-velles défonces, commenté et étudié de manière exhaustive dans nombre d'études scientifiques à portée du grand public [2]. Mais comme l'ecstasy demeure la drogue de synthèse la plus consommée en Europe, et que son ascension continue de manière modérée, il reste nécessaire de répondre succinctement à ces deux questions : pourquoi en consomme-t-on ? Et quel est, aujourd'hui, l'estimation correcte du risque médical lié à cet usage ?

❑ Le paradis, c'est les autres

Selon les pays, le prix d'un comprimé d'ecstasy varie de 5 à 25 €, avec des différences sensibles dans chaque zone : traditionnellement mois cher au Royaume-Uni et en Belgique, son prix s'effondre au Portugal alors qu'il grimpe en Grèce.

Généralement, la dose orale est de 70 à 180 mg, et produit ses effets dans les trente à soixante minutes, selon que l'on a mangé ou non. L'effet maximal est atteint après 90 minutes, et se stabilise durant trois heures. Après quoi le consommateur expérimente une descente douce. Les effets purement physiques sont assez simples à décrire puisqu'il s'apparentent aux effets des amphétamines : euphorie, hyperexcitabilité, nervosité extrême, accélération du battement cardiaque, hausse de la pression sanguine et de la température du corps, sueurs, étourdissements, agitation, insomnie, friction des dents (le « bruxisme »), propension à parler en abondance. De (trop) fortes doses peuvent entraîner maux de crânes, nausées et vomissements, mais, statistiquement, les effets secondaires indésirables sont relativement rares.

Si on demande à cent consommateurs d'ecstasy de décrire subjectivement ce qui leur arrive, ils vont parler de « contraction des mâchoires » (75 %), « hausse du rythme cardiaque » (72 %), « friction involontaire des dents » (65 %) et « bouche sèche » (61 %). Mais ils citent surtout, et en tout premier lieu, une « sensation de rapprochement avec les autres » (90 %)[3].

Et c'est pour cela que l'ecstasy connaît un tel succès. Ce produit est un « entactogène », c'est à dire qu'il facilite le contact avec soi-même et l'extérieur : « Tout est bien et bon dans le monde. Les gens sous MDMA décrivent souvent un sentiment de paix, ou l'expérience d'un bonheur généralisé. Par ailleurs, les choses les plus communes, les plus quotidiennes, peuvent sembler anormalement belles ou intéressantes[4]. » La MDMA est décrite ensuite comme « empathogène », donc développant l'empathie, la capacité à se mettre dans la peau de l'autre : « C'est un sentiment de proximité émotionnelle avec les autres, couplé à la destruction des barrières personnelles de communication. Les gens sous MDMA disent être bien plus à l'aise pour parler aux autres. D'où la réputation de "drogue d'étreinte" accolée à la MDMA : un accroissement de la proximité émotionnelle rend le contact humain très valorisant. Beaucoup de gens utilisent la MDMA parce que cela rend bien plus gérables les situations habituellement dérangeantes comme la fréquentation de bars pour célibataires, les premiers rendez-vous, etc.» Dans ces cas, la conversation «coule comme de l'eau», affirme un consommateur. «C'est comme si vous saviez toujours quoi dire et quand. C'est comme si on avait enlevé un filtre, dont vous ne connaissiez même pas l'existence auparavant : ce filtre qui sépare ce que vous voulez exprimer et ce que vous dites généralement.»

Enfin, la description des effets recherchés dans la MDMA ne serait pas complète si on ne mentionnait une altération des sens, et singulièrement du toucher. Le goût, l'odorat sont eux aussi altérés, et de légères distorsions visuelles sont possibles. Les consommateurs de MDMA peuvent ainsi passer un temps appréciable à frotter de manière répétée des surfaces de textures différentes, pour éprouver leur nouvelle sensibilité tactile. L'étreinte est elle-même liée à ce phénomène : on veut sentir, toucher la peau de l'autre. On peut apprécier de longues minutes une simple caresse dans le dos. Par ailleurs, le consommateur de MDMA va piller le frigo, non pas pour se goinfrer, mais pour tenter de multiplier les saveurs qu'il expérimente. Et s'il dispose de baguettes d'encens, il laissera traîner son nez jusqu'à l'écœurement dans les volutes parfumées.

❏ Docteur, mon réservoir est vide

Malheureusement, et tous les consommateurs d'ecstasy l'expérimentent, les effets les plus intéressants de la MDMA ne se multiplient pas à l'envi. L'usage répété de MDMA provoque le renouvellement des effets excitants de l'amphétamine, mais les effets «entactogènes» ou «empathogènes» ont tendance à faiblir. Et peu importe la dose ingérée : votre corps réagit comme s'il n'avait qu'une capacité limitée à répondre aux sollicitations chimiques de l'ecstasy, et il faudra attendre une semaine au moins avant que ne ressurgissent les effets spécifiques et agréables de cette drogue.

L'explication scientifique de ce phénomène est très simple : l'effet principal de la MDMA sur le cerveau est de lui ordonner la libération massive d'un neurotransmetteur, une sorte de messager du cerveau, appelé sérotonine[5]. La sérotonine est liée au mécanisme du sommeil, à l'humeur, aux perceptions : rappelons que le système qui gouverne ce produit (le « système sérotoninergique ») est largement impliqué dans la genèse des états dépressifs, des troubles anxieux, des troubles du comportement et des comportements suicidaires. Chez l'animal, la sérotonine est favorable aux comportements répétitifs, et diminue la sensibilité aux stimuli venus de l'extérieur. Ce qui a pour effet de mettre l'animal en confiance. Or on a toutes raisons de croire que les mécanismes constatés chez l'animal (rat, souris, singes, etc.) se reproduisent chez l'homme : de la diffusion massive et artificielle de sérotonine dépendent les effets les plus recherchés de l'ecstasy.

Que se passe-t-il chez l'homme ? Comme pour l'animal, c'est son cerveau qui fabrique la sérotonine, non pas l'ecstasy. Cette dernière n'a pour fonction que de provoquer un relâchement artificiel de la sérotonine humaine. Donc, une fois épuisé le réservoir de sérotonine dont dispose un individu à un moment donné, il faudra laisser à son organisme le temps de le reconstituer.

C'est pour cela que le consommateur d'ecstasy va ressentir, le lendemain d'une prise, une sorte de « gueule de bois » qui n'en est pas une. Son « réservoir » de sérotonine est à vide, et il peut se trouver légèrement dépressif. Il ne doit pas confondre cette impression avec les symptômes du manque, bien au contraire : s'il a de nouveau recours à l'ecstasy, il ne pourra retrouver l'émerveillement de la veille.

Piller ainsi la sérotonine dont dispose notre cerveau n'est pas sans danger : l'euphorie induite par l'ecstasy peut nous faire ignorer les signaux émis par notre propre corps, nous avertissant en temps normal d'une déshydratation, d'un étourdissement, d'une crampe musculaire, etc. Si l'ecstasy en tant que telle est relativement peu dangereuse, elle a trop souvent pour effet de déboucher sur un coup de chaleur qui, lui, peut être mortel : on danse, on s'échauffe, se déshydrate, l'ecstasy fait monter la température du corps, et un épuisement, voire un accident cardiaque peuvent y être associés. C'est un lieu commun, mais il faut boire en abondance lors de l'usage d'ecstasy. Et boire de l'eau, exclusivement : le cocktail XTC + alcool est particulièrement dangereux, augmente la surcharge du foie et, en conséquence, le risque d'overdose.

Les mélanges représentent d'ailleurs une dimension importante du danger associé à l'ecstasy : lorsqu'il étudie la dangerosité des drogues [6] pour le secrétariat d'Etat à la Santé, le Français Bernard Roques note que « les décès observés pour des consommateurs occasionnels sont rarement associés directement à l'ecstasy mais plus à une polyconsommation ». C'est le cocktail qui tue. Le plus dangereux de tous, à éviter d'ailleurs avec toute drogue synthétique : le mélange accidentel entre l'ecstasy et un médicament qui contient ce qu'on appelle de l'« IMAO », inhibiteur de la monoamine oxydase. Un consommateur qui absorberait les deux verrait sa tension grimper à tel point qu'il se ferait littéralement « péter une durite », et cette contre-indication est valable pour toutes les drogues apparentées à la mescaline.

D'autres associations sont fortement déconseillées : le mélange ecstasy et amphétamines, ou ecstasy et cocaïne, qui accumulent leurs effets stimulants. Ou pire, le mélange héroïne et ecstasy, ou alcool et ecstasy, qui ont des propriétés antagonistes.

Les seuls cocktails qui sont possibles (mais ne sont pas encouragés) sont ceux liant l'ecstasy et le cannabis d'une part – le second renforce l'effet psychédélique de la première – et, d'autre part, le mélange d'ecstasy et de LSD, un mélange particulier qu'on appelle « candyflip ». Il s'agit généralement d'un cocktail constitué d'une dose normale d'ecstasy (recherchée pour sa propriété empathogène) et d'une dose légère (ou « micro-dose ») de LSD, qui apporte une dimension, disons... cosmique. Le problème provient alors d'une perte possible de tout contact avec la réalité, d'ailleurs largement documentée dans les sites Internet d'usagers [7].

Ceci étant, rappelons que les moyens de contrôle du produit dont dispose le consommateur sont généralement faibles.

De quoi est composé mon comprimé ?

Lorsqu'un comprimé d'« ecstasy » est vendu sur le marché européen, de quoi est-il composé ? Pour donner une idée de la diversité de l'offre, mettons le cap sur l'Italie : en décembre 1999 à Rome, la Direction centrale de la police criminelle italienne publiait un long document secret, de plus de cent pages, détaillant les caractéristiques de l'ensemble des comprimés étudiés par la section de recherche chimique de leur police scientifique. Chaque comprimé y est signalé par une photo, une appellation commerciale, sa couleur, son poids, sa taille, le lieu où il a été saisi et la date de cette saisie, la part relative et absolue de produits psychoactifs qu'il contient, la nature réelle de ces produits psychoactifs. L'inventaire des différentes substances retrouvées est à ce point large que l'intitulé du catalogue ne retient pas le mot « ecstasy » – qui est pourtant la cible de ce rapport – mais use d'une périphrase désormais commune : *Les comprimés de dérivés amphétaminiques.*

Que trouve-ton en général ? De l'*ecstasy* (MDMA) bien sûr, mais aussi de la *MDEA*, des *amphétamines*, des *méthamphétamines*, de la *MBDB* (voir chapitre suivant), de la *nicotine*, de la *caféine*, de l'*éphédrine* (un alcaloïde utilisé comme décongestionnant nasal), de la *glycérine* (un antiseptique), du *DOB* (une bromo-amphétamine), de la *fénétylline* (un psychostimulant commercialisé dans certain pays d'Europe sous le nom de Captagon®), de la *saccharine* (oui, le faux sucre !), du *manitol* (un excipient, utilisé fréquemment comme produit de coupe des drogues), ou… *rien*.

La France s'est livrée au même type d'exercice en l'an 2000 : les comprimés vendus pour être de l'*ecstasy* (MDMA) n'en contiennent que dans 78 % des cas. On retrouve également de la *MDA* (6 %), de la *caféine* (5 %), de l'*amphétamine* (5 %), de la *MDEA* (2 %), des *substances médicamenteuses* (15 %), ou… *rien* (8 %). Si un comprimé français contient effectivement de l'ecstasy, il en contiendra en moyenne 73 mg. Les quatre cinquièmes des échantillons en contiennent moins de 100 mg. Un sur huit en comporte entre 100 et 150 mg. Enfin, seulement 2 % en contiennent plus de 150 mg.

Et si on analyse le tout-venant ? Statistiquement, les chiffres livrés par Rome, cette fois, montrent que les comprimés ne comportent que de 1,8 à 40 % de substance active, quelle qu'elle soit. Soit, dans le meilleur des cas rencontrés, 137 mg d'ecstasy (saisie opérée à Udine en mai 1998). Certains comprimés, coupés à la caféine, ne comportent que 18 mg d'ecstasy. Et désolés pour les usagers de Monfalcone qui ont acheté, aux alentours d'août 1998, de gros comprimés ovales pesant près de 1,4 gramme : aucune substance active n'y a jamais été détectée…

❑ La grande menace

Un autre danger possible, lié à l'usage chronique d'ecstasy, doit être exposé avec précaution : la détérioration probable et à long terme, mais jamais attestée scientifiquement, du cerveau humain. Plus particulièrement de ce « système sérotoninergique » que chaque comprimé d'ecstasy va allègrement piller.

Que sait-on ? Chez les rats, la MDMA a des effets neurotoxiques à long terme (donc, au-delà d'une semaine) sur les terminaisons nerveuses qui interagissent avec la sérotonine. En d'autres termes, la présence dans le cerveau de sérotonine et de l'un de ses dérivés [8] est réduite durablement. Cela « suggère fortement » – une expression empruntée à l'Inserm – une destruction des terminaisons nerveuses sérotoninergiques.

Mais chez la souris, ces mêmes terminaisons sont peu sensibles à l'ecstasy : aucun signe de dégénérescence n'est observé à long terme. Le danger est donc variable d'une espèce à l'autre.

On ignore les effets chez l'homme, mais on remarque deux choses : d'une part, le cas heureux de la souris est exceptionnel, toutes les autres espèces étudiées étant sensibles à l'ecstasy. D'autre part, les primates – et l'homme en est un – sont particulièrement sensibles aux attaques de l'ecstasy [9]. Pour l'Inserm, « même si une atteinte sérotoninergique n'a pas été encore démontrée de manière formelle chez les usagers chroniques d'ecstasy, il existe à la suite des travaux effectués sur les primates non humains une forte présomption d'un tel risque ». Bernard Roques, lui, écrit que les « effets (…) rapportés par de nombreux consommateurs sont des signes d'une possible atteinte, au moins temporaire, du système sérotoninergique. Enfin, rien ne permet actuellement de rejeter (ni d'accréditer) l'hypothèse que les administrations répétées de MDMA induisent des altérations irréversibles dont le caractère pathologique ne se révélerait que dans plusieurs années. »

C'est pour cette raison qu'il est aujourd'hui impossible de cataloguer l'ecstasy parmi les drogues dites « douces » ou, au contraire, parmi les plus dangereuses. En 1999, lorsque Bernard Roques tente, au nom de l'Etat français, de hiérarchiser les drogues selon leurs dangers, il conclut à l'existence de trois groupes : le premier (le plus dangereux) comprend l'héroïne, la cocaïne et l'alcool ; le second est constitué des psychostimulants, des hallucinogènes et du tabac (c'est à ce niveau que se situe l'ecstasy) ; le troisième groupe est constitué notamment du cannabis. Mais il ajoute : « Ce regroupement peut évidemment être modifié à la lumière de nouveaux résultats, évoqués par exemple à propos de la MDMA. (...) La neurotoxicité à long terme de la MDMA, si elle était établie, placerait automatiquement cette substance au premier rang des drogues toxiques. »

Or l'ecstasy, confrontée aux études scientifiques les plus récentes, vieillit mal. Ainsi, un chercheur espagnol a-t-il démontré, dans un rapport adressé en 2001 à l'Observatoire européen des drogues et des toxicomanies (OEDT), que le corps humain ne supportait pas deux administrations répétées de MDMA : les métabolites qui devraient être évacuées par le corps ne le sont pas lorsque, par exemple, un *raver* consomme deux fois 50 mg de MDMA. Il serait préférable, semble-t-il, qu'il ingère d'un coup 100 mg. La chimie de l'ecstasy est donc complexe et inattendue. Cette ultime péripétie démontre une seule chose : notre regard scientifique sur la MDMA doit encore être amélioré.

NOTES

1. Freedom Freak, « I feel like hugging everybody », The Vaults of Erowid, www.erowid.org. Reproduit avec l'aimable autorisation des gestionnaires du site.
2. Nous citerons entre autres *Ecstasy. Des données biologiques et cliniques aux contextes d'usage*, Inserm, Paris, 1997 ; ou encore : Bernard Roques, *La dangerosité des drogues. Rapport au secrétariat d'Etat à la santé*, Odile Jacob, Paris, 1999.
3. S. Peroutka, « Recreational use of MDMA », *Ecstasy*, Kluwer academic, Norwell, 1990.
4. Vision d'un consommateur expérimenté, Jon Taylor, diffusée en février 1994

sur le Net : «The complete XTC-report», posté sur le forum de discussion «alt.drugs».

5. Dans une moindre mesure, la MDMA provoque également la libération de dopamine et de noradrénaline.

6. Bernard Roques, *op. cit.*

7. Voir, par exemple, le témoignage de Scotto, «The bad candyflip», The Vaults of Erowid, www.erowid.org.

8. Un métabolite de la sérotonine, le 5-HIAA.

9. Inserm, *op. cit.*

MBDB, LE PREMIER TEST EUROPÉEN

Combien de temps elle dure cette pilule ? Pourquoi les portes automatiques s'ouvrent-elles avant qu'on les touche ? Pourquoi ces néons blafards nous donnent l'impression de gambader sur la lune ? Faisons-nous vraiment ces bonds de six mètres ou est-ce une illusion ?

Frédéric Beigbeder, *Nouvelles sous ecstasy*[1].

Dénomination scientifique : N-méthyl-1-(3,4,-méthylène dioxyphényl)-2-butanamine,
ou N-méthyl-1-(1,3-benzodioxol-5-yl)-2-butanamine.
Principales dénominations de rue : similaires à l'ecstasy.
Mode d'administration : oral.
Zone de diffusion (1998) : Etats-Unis, Royaume-Uni, Belgique, Pays-Bas, France, Espagne, Irlande, Italie, Danemark, Suède, Finlande.

Fiche d'information 2564-42, Unité antidrogues Europol, La Haye, 16 avril 1998 : « La Belgique fait état de plusieurs saisies de MBDB dont l'origine sont les Pays-Bas. Les suspects ont dû être relâchés puisque la MBDB n'est pas considérée comme illégale. Pourtant, sa production, sa distribution et son trafic sont considérés comme équivalents à la MDMA et à la MDEA... » Les trafiquants d'un analogue de l'ecstasy n'ont pu être inculpés, faute de texte de loi qui ait devancé les développements de la chimie illégale. Le jeu s'appelle « le chat et les souris » ou « gendarmes et voleurs »...

Quand un produit est légèrement modifié, il n'entre plus dans le cadre des définitions légales, et peut donc être à nouveau commercialisé sans trop de risques. Une course contre la montre s'engage donc dès la première moitié des années quatre-vingt-dix entre les trafiquants et les législateurs, course d'autant plus inégale que l'Europe ne dispose pas, à cette époque, de structure communautaire capable de coordonner les efforts policiers et judiciaires.

D'autre part, la diversité des plaisirs chimiques offerts aux *ravers* favorise l'émergence d'une culture que les services de prévention du pays de Galles cerneront correctement : « Vous n'achetez plus de l'ecstasy : vous achetez une pilule et vous attendez d'en voir les effets. Cela signifie que les gens sont au courant qu'ils pourraient éventuellement ne pas recevoir de l'ecstasy, mais l'une ou l'autre de toute une série de substances. Si les effets sont agréables, alors l'objectif du consommateur est atteint [2]. »

La mise sur le marché illicite d'un nouveau produit d'appel, la MBDB [3], variante légère de la MDMA, et dont on peut penser qu'il incarnera la première tentative intercontinentale de torpiller la prohibition de l'ecstasy, va servir de test historique pour l'ensemble des structures européennes d'encadrement des stupéfiants émergents : il correspond à la mise en place et au rodage d'un « Observatoire européen des drogues et des toxicomanies » (OEDT).

❏ L'œil de Lisbonne

A l'origine, l'idée est à porter au crédit de l'ancien président français François Mitterrand : en 1989 déjà, alors que les notions de lutte contre le blanchiment d'argent et de guerre à la drogue font leur chemin dans toutes les instances internationales, la France propose, tant aux chefs d'Etat et ministres concernés qu'au président de la Communauté européenne, d'organiser la lutte contre la drogue au niveau de l'Europe. L'idée est prudente mais révolutionnaire. Prudente par sa forme : le traité de Maastricht, organisant un troisième pilier « judiciaire », ne sera signé que quatre années plus tard. Mitterrand s'ouvre dès lors de son projet au niveau tant intergouvernemental que communautaire, nul ne pouvant prédire à quelle vitesse l'Europe deviendra fédérale. Mais, intellectuellement, le projet mitterrandien est révolutionnaire : alors que les Etats-Unis consacrent des budgets colossaux à une croisade antidrogue initiée sous Ronald Reagan et dont les objectifs se formulent en termes de résultats quasi militaires, Paris propose, lui, d'explorer la voie de la connaissance fine, sociologique, épidémiologique, de la percée des drogues et, dans un second temps, d'organiser la diminution des risques, voire, si nécessaire, la prohibition produit par produit.

Cette proposition est visionnaire : elle s'adapte parfaitement à l'apparition de nouveaux marchés clandestins dans lesquels les substances traditionnelles d'origine végétale – héroïne, cocaïne, cannabis – perdent leurs positions hégémoniques. De nouvelles molécules chimiques, taillées sur mesure, grignotent les parts de marché. Ces molécules sont produites dans des unités extrêmement mobiles, de dimensions réduites, implantées au cœur même des pays consommateurs. Plus question, dès lors, d'envisager l'Europe comme une entité consommatrice, entourée de pays producteurs : l'ennemi n'est pas aux frontières, il est dans la place. L'ennemi n'est pas monolithique, il est fragmenté, n'est pas sensible aux coups de force dans la mesure où chaque réseau qui tombe cède le champ à de nouveaux acteurs, de nouveaux trafiquants. Et les moyens technologiques extraordinaires (et prodigieusement coûteux) mis en place par Washington pour contrôler les drogues par satellite d'une part, en terme d'«invasions» intercontinentales d'autre part, se révèlent caducs. L'Europe, elle, optera dès lors pour une fédération de tous les intervenants de terrain (médecins, agents sociaux, policiers) pour dresser de l'intérieur un portrait aussi fidèle et actualisé que possible des produits, des consommateurs et des usages. L'information (on pourrait dire le «renseignement», mais sans interprétation militaire ou policière) prime sur la répression, organisée par ailleurs dans les enceintes purement policières.

Implicitement, l'idée de Mitterrand est en opposition significative avec la politique de Washington : Paris ne souhaite pas une «croisade», se méfie des biais idéologiques, et ne croit pas aux incantations reaganiennes du genre «Just say no !» («Dites simplement non [aux drogues] !»). La France souhaite de l'information, des faits, des statistiques, une analyse empirique. Ensuite, et parce que l'Europe, au seuil des années quatre-vingt-dix, est extrêmement partagée quant au sort à réserver aux produits stupéfiants, la prohibition est loin d'être la vision dominante du projet. Paris, de tradition répressive à cette époque, sait qu'elle devra s'accommoder de politiques nationales bien plus douces, telle celle des Pays-Bas. Avant d'ouvrir un nouveau front de prohibition, le projet européen requiert une concertation à l'échelle de l'Union, les Etats conservant pour leur part un large volant de manœuvre.

En février 1993, le projet de Mitterrand devient (sur papier) une réalité européenne, s'appuyant désormais sur le traité de Maastricht. Il existera bien dès 1994 une agence européenne, l'une des douze agences de l'Union à être décentralisée, dont la fonction est limpide au seul énoncé : l'«Observatoire européen des drogues et des toxicomanies» (OEDT), fréquemment désignée sous son sigle anglophone, EMCDDA.

En deux mots, comment fonctionne ce «machin», basé à Lisbonne et totalement opérationnel depuis 1995? Il s'appuie sur l'obligation faite à chaque Etat de l'Union de disposer d'une administration nationale où sont regroupées toutes les informations, observations et analyses de terrain concernant les stupéfiants. C'est ce qui est appelé un «point focal», en théorie unique dans chaque pays de l'Union. Ceux-ci transmettent leurs infos à Lisbonne, qui digère l'information, l'enrichit et la redistribue tant aux Etats qu'aux responsables de l'Union. Mais l'Observatoire a bien d'autres fonctions encore : il répond aux requêtes particulières des Etats (par exemple, «comment communiquer de manière constructive avec nos médecins et médias lors de l'apparition de tel ou tel phénomène sur notre territoire?») ; il s'appuie également sur un réservoir d'experts pour analyser de nouveaux phénomènes et proposer des éléments de réponse politique; mais surtout, il sera chargé, sur base d'un processus officialisé en 1997, d'évaluer à la demande les risques liés à tout produit psychotrope émergeant.

Sans entrer dans le détail de cette plomberie institutionnelle, retenons que, sur requête de l'Union, alimenté en informations par les «points focaux», les divers centres de recherche nationaux, leurs experts et Europol, l'Observatoire tentera dans les meilleurs délais de cerner le profil chimique et épidémiologique d'un nouveau produit, d'en soupeser les risques individuels et collectifs tant en termes médicaux que sociaux, et de proposer à l'Union une attitude politique. Plusieurs des produits-phares dont nous traitons dans cet ouvrage (kétamine, mais aussi GHB, 4-MTA, PMMA, etc.) passeront à son crible.

De la théorie à la pratique : l'*Eléphant* du Languedoc

Un exemple franco-belge, survenu entre avril et juillet 2000, montre les difficultés de la prévention des risques : alors que la majorité des comprimés d'ecstasy contiennent moins de 100 mg de produit actif, et qu'une dose de 150 mg peut être mortelle lorsqu'elle est associée à l'alcool, la France signale au printemps 2000 avoir procédé à la saisie, en avril, dans le Languedoc-Roussilon, de comprimés « éléphant » contenant respectivement 207 et 212 mg d'ecstasy, soit des doses éminemment dangereuses. L'un des comprimés est pur à 94 %...

L'information parvient au bureau belge d'Europol, qui la transmet le 28 juin à l'Observatoire belge des drogues.

Mais il est presque déjà trop tard : le jeudi 6 juillet s'est ouvert en Belgique, près de la frontière française, un festival rock. L'ecstasy éléphant y apparaît : les festivaliers qui l'absorbent parlent de réactions plus brutales qu'à l'accoutumée... L'Association de prévention des risques, qui surveille la consommation de stupéfiants sur cet événement, est rapidement alertée, et demande aux autorités belges l'autorisation de convoyer certains de ces comprimés vers un laboratoire, pour analyse. Autorisation refusée : il s'agirait – n'est-ce pas ? – du transport d'une substance illicite...

Privés de toute possibilité d'analyse scientifique, les Belges préviennent cependant l'Observatoire européen le vendredi 7 juillet, lequel demande l'expertise du Dr Simon Eliott, de l'hôpital de Birmingham. Et le mardi 11 juillet, l'OEDT est en mesure d'envoyer une note complète d'alerte, constituée à la fois d'un message clair à destination des médias et d'une fiche détaillée à destination des services de santé. L'exercice orienté vers les médias est difficile : comme le note Alain Wallon, le spécialiste des drogues synthétiques au sein de l'Observatoire et auteur de la note, il faut éviter le piège « d'une publicité non voulue pour l'"ecstasy forte" dont rêvent bien des *clubbers* déçus par des tablettes faiblement dosées ». En outre, il faut parler concrètement aux consommateurs.

Il aura donc fallu cinq jours à l'Observatoire pour répondre à la demande belge. Est-ce trop ? S'il s'agit d'éviter un décès, chaque jour de retard est de trop. Mais le pire est que le message concocté par l'OEDT à la demande des Belges n'a jamais été diffusé ! Il a bien quitté l'OEDT le 11 juillet sous forme d'e-mail, est arrivé en Belgique, mais les autorités belges ne s'en sont pas servi, craignant un effet de publicité.

Cette histoire, qui se répétera en 2001 dans des circonstances cette fois tragiques (quatre morts), montre les limites actuelles du système européen : sur papier, tout est en place et les experts sont prêts à répondre à la demande. Mais il reste d'insurmontables barrières idéologiques et administratives, parfois juridiques, qui empêchent encore d'éviter à temps les overdoses.

❏ L'épreuve européenne

La détection de la MBDB commence aux Pays-Bas en 1994 avec la saisie des douze premiers échantillons de MBDB, purs à l'époque. En 1995, la molécule gagne la France et, en 1997, l'offre de MBDB s'est diversifiée : on retrouve sur le marché des comprimés mixtes contenant à la fois de la MBDB et d'autres produits actifs. Malgré une montée en puissance impressionnante en 1996 et 1997, la MBDB va pourtant disparaître du marché illicite à partir de 1998.

C'est au cours des premières semaines de 1998 que le Royaume-Uni, installé à la présidence de l'Union, demande formellement à l'Observatoire d'évaluer les risques de cette molécule. L'initiative britannique – une première – répond à une inquiétude communautaire, mais également nationale : de janvier 1997 à janvier 1998, plus de 83 000 comprimés de MBDB ont été saisis au Royaume-Uni. Les Britanniques ont raison de s'inquiéter au nom de l'Europe : seuls trois pays sont épargnés par l'épidémie, à savoir la Grèce, le Luxembourg, le Portugal. Tous les autres pays sont frappés. Les comprimés « Fido Dido », « $ » ou « TNT » de MBDB font en même temps leur percée sur les marchés de Floride, de Californie et de New York[4].

Les services sanitaires néerlandais formulent, à cette époque, l'« hypothèse que les risques de santé individuels [liés à l'usage de MBDB] sont plus ou moins comparables à la MDMA, les risques pour la santé publique étant plus faibles ». En vertu de quoi les Néerlandais sont opposés aux interventions législatives, « prenant en compte, d'une part, un usage, des risques et une participation du crime (organisé) relativement petits, et, d'autre part, les effets contraires prévisibles, comme l'apparition de nouvelles variantes [5] ».

Le point de vue français est tout autre [6] : « La neurotoxicité et le potentiel de dépendance du MBDB ont été montrés. (...) Le risque de trafics, d'utilisation du produit, de pharmacodépendance et de complications aiguës ou chroniques justifie le classement du MBDB. » En clair : une proposition d'interdiction.

Cette différence, davantage culturelle que scientifique, mettra l'Europe dans l'incapacité de transformer son premier essai en succès unanime : au terme de l'étude de cette molécule par l'Europe, aucun point de vue consensuel ne se dégagera.

❏ Comme un goût de bémol

En définitive, que sait-on aujourd'hui de cette substance qui, durant quelques années, inquiéta l'Europe ? Synthétisée en 1986, la MBDB est très proche de l'ecstasy, la MDMA. La seule chose qui distingue ces molécules est d'ordre purement chimique : l'existence sur la chaîne latérale du MBDB d'un groupement de type éthyl (comme la MDEA) et non de type méthyl (comme la MDMA). Signalons encore, sans nous perdre dans plus de détails, que la réalisation de cette molécule requiert des produits chimiques spécifiques : un producteur clandestin d'ecstasy ne peut donc pas produire de la MBDB par erreur, il s'agit d'une opération chimique distincte dès le début, quoique son déroulement soit apparenté.

Cette proximité étroite entre l'ecstasy et la MBDB, et parfois l'absence d'études scientifiques approfondies, ont pour conséquence que la MBDB est toujours étudiée « par rapport » à la

MDMA. Et les résultats de la comparaison sont simples : la MBDB est soit équivalente, soit une version « bémol » de la MDMA. Le calcul des risques n'est dès lors guère compliqué.

L'expérience animale de la MBDB est simple : si, dans l'esprit d'un animal, on parvient à associer l'usage d'un produit à un endroit donné, il est possible de déterminer chez ce même animal la puissance d'attraction d'un stupéfiant donné, selon le lieu qu'il préfère. En conséquence, on sait que chez le rat, la force d'attraction de la MBDB est 2,5 fois inférieure à celle de l'ecstasy. Or on sait par d'autres tests animaux – des tests de discrimination – que ces deux produits sont clairement identifiés par l'animal comme appartenant à une même famille, qui n'est ni celle des stimulants, ni celle des hallucinogènes. C'est ce qu'on appelle – on y revient – les « entactogènes », les drogues facilitant le contact avec soi-même et entre individus.

L'étude de la MBDB sur l'homme est bien plus complexe. En résumé, les effets subjectifs sont l'apparition d'un état plaisant d'introspection, un communication interpersonnelle grandement facilitée, enfin un sens prononcé de l'empathie et de la compassion entre individus. Comme l'ecstasy ? Exactement. Mais avec trois différences notables :

– les effets de la MBDB se manifestent de manière plus lente et plus douce ;

– la MBDB produit moins d'euphorie ;

– enfin la MBDB a des propriétés stimulantes bien moindres.

Ces deux dernières différences peuvent expliquer pourquoi la MBDB n'a jamais vraiment décollé dans les *rave parties*.

Si on parle de risques individuels de santé, il faut envisager que la MBDB puisse entraîner, tout comme l'ecstasy, un déficit durable de production de sérotonine dans le cerveau, quoique ce risque de neurotoxicité soit bien plus faible avec la MBDB qu'avec l'ecstasy. Les cas sévères observés avec l'ecstasy sont inconnus avec la MBDB. Enfin, les risques de dépendance à la MBDB sont minimes et (ce n'est que logique) en tout cas inférieurs à ceux encourus avec l'ecstasy.

Essayons à présent d'entrer dans certains détails de l'action de la MBDB. Vendue sous forme de comprimés (83 %), rarement de poudre (16 %) et très exceptionnellement de liquides (1 %), la MBDB est toujours ingérée. Mais à l'achat, moins d'un consommateur sur cent (les Pays-Bas en ont trouvé un seul sur 169 rencontrés durant quatre ans…) sait qu'il achète de la MBDB et non de l'ecstasy. 91 % des acheteurs de MBDB pensent acheter de l'ecstasy et 7 % ne… savent simplement pas ce qu'ils achètent.

Si la « dose » de MBDB expérimentée peut être de l'ordre de 150 ou 210 mg, l'expérience européenne est qu'en moyenne, sur une base continentale, les comprimés ne recèlent environ que 100 mg de substance active. On est donc, en termes de doses, en terrain connu, identique à l'ecstasy.

Essayons de savoir ce que la MBDB produit chez l'animal : en injection sous-cutanée, elle produit chez le rat un accroissement de son activité locomotrice mais, simultanément, réduit son comportement exploratoire. Est-ce là un signe de l'introspection remarquée subjectivement chez l'homme ? Une autre expérience est menée sur des poussins qui viennent de naître. On sait que ces volatiles peuvent recevoir des injections d'amphétamines stimulantes ou d'hallucinogènes, et qu'ils auront de toute façon la même réaction : ils vont commencer à pépier et étendre leurs ailes. Si, en outre, le poussin adopte une position anormale du corps, c'est qu'il est sous influence d'hallucinogènes. S'il perd la capacité de se dresser, c'est qu'il est sous influence d'amphétamines. Avec l'injection de MBDB, ni le pépiement ni l'extension des ailes ne se produisent. Et il faudra injecter au volatile des doses cinq fois plus élevées que la normale pour qu'enfin se manifestent des symptômes comme la perte d'équilibre ou une posture anormale. Cette expérience démontre que la MBDB n'est, en dose courante, ni stimulante, ni hallucinogène.

Chez l'homme cette fois, seules les propriétés subjectives peuvent être recensées. C'est ce qui se fit en 1986 déjà, lorsque quatorze sujets issus des deux sexes, et âgés de 35 à 60 ans, ont été testés. Il ne se trouvait aucun novice dans le panel, et tous avaient déjà expérimenté une vaste variété de substances psychoactives. Les doses administrées ont été de l'ordre de 150 à 200 mg et, si elles ont produit leurs effets chez certains dans les vingt minutes de leur administration, la plupart des sujets ne verront leur comportement se modifier que plus d'une demi-heure après :

« La drogue a produit un état plaisant d'introspection, note le rapport des scientifiques européens, avec une communication inter-personnelle grandement facilitée. Les sujets, s'ils le désiraient, pou-vaient d'emblée parler d'événements passés émotionnellement pénibles, sans inhibition ou embarras apparent. Il y avait entre les sujets un sens prononcé de l'empathie et de compassion. Après avoir atteint un maximum entre la première et la deuxième heure qui sui-vaient l'ingestion, l'action de la MBDB s'est graduellement affai-blie. Les effets ont approximativement duré cinq heures. A ce moment, les sujets se sentaient capables de dormir ou de conduire une automobile et de fonctionner normalement. Il n'y avait pas de distorsions visuelles ou d'hallucinations. Cependant, certains sujets ont fait état d'un léger nystagmus (soit des secousses rythmiques involontaires des globes oculaires). Il n'y avait pas eu d'apparition d'images lors de la fermeture des paupières, et ce même dans une pièce volontairement assombrie. Les sujets ont admis que la MBDB ne ressemblait pas à un hallucinogène.

« Dans cette étude, tous les sujets étaient familiers de la MDMA. Ils ont trouvé que MBDB et MDMA produisaient en général des effets similaires, avec deux exceptions. D'abord, le démarrage des effets de la MBDB était plus lent et plus doux que celui de la MDMA ; ils ont peu retrouvé de cette anxiété qui survient dès que la MDMA déploie ses effets. Ensuite, la MBDB semblait procurer moins d'euphorie que la MDMA. »

❏ Quels sont les dangers ?

Les effets négatifs de la MBDB ne pourront être totalement explorés, le produit ayant disparu avant qu'un nombre suffisant d'études scientifiques soient menées. On sait cependant qu'elle a des effets neurodégénératifs chez le rat, tout comme l'ecstasy. L'ad-ministration de 25 mg/kg deux fois par jour durant quatre jours abaisse le niveau de sérotonine dans diverses parties du cerveau, et ce durant deux semaines. Mais d'autres expériences montrent que sur base d'une seule dose, alors que des effets neurotoxiques durables peuvent être constatés avec la MDMA, ces effets n'existent pas avec la MBDB.

Ensuite, si la MDMA peut entraîner des effets graves allant jusqu'à la mort du sujet, on sait que l'hyperthermie (la hausse de la température du corps) joue en cela un rôle décisif : on danse beaucoup, se ventile peu, absorbe insuffisamment d'eau. Rien de tout cela n'a été constaté avec la MBDB, laquelle n'a pas de propriété stimulante.

En matière de dépendance, la faible capacité de la MBDB à agir sur la production de dopamine par le cerveau confère à cette drogue un potentiel de création de dépendance bien inférieur à ceux de la cocaïne, des amphétamines ou même de l'ecstasy. Même s'il ne faut pas exclure que ce potentiel puisse exister.

NOTES

1. Gallimard, 1999.
2. Fax de Michael Jones, Welsh Drug and Alcohol Unit, 26 mars 1998.
3. Abréviation de la N-méthyl-1-(3,4,-méthylène dioxyphenyl)-2-butanamine, autrefois dénommée N-méthyl-1-(1,3-benzodioxol-5-yl)-2-butanamine.
4. Dr Edward S. Franzosa, « MDMA, MDEA & MBDB tablets Seen in the US », *Microgram*, vol. XXXII, n° 6, juin 1999.
5. Point focal néerlandais, *op. cit.*
6. Dr M. Mallaret, « Résumé de la proposition de classement du N-méthyl-1-(3,4,-méthylène dioxyphényl)-2-butanamine (MBDB) », Commission nationale des stupéfiants et des psychotropes, Grenoble, 30 avril 1996.

4-MTA, TUEUSE DE L'ÉTÉ 1998

Twenty-twenty-twenty-four hours to go
I wanna be sedated
Nothing to do, no where to go, oh
I wanna be sedated

The Ramones, « I want to be sedated ».

Dénomination scientifique : 4-méthylthioamphétamine, p-méthylthioamphétamine.
Principales dénominations de rue : « flatliner »,« golden eagle », « S-5 », « S5 The one and only dominator », « MK », « MA », « 5 pointed Star ».
Mode d'administration : oral, anal.
Zone de diffusion (1999) : Royaume-Uni, Belgique, Pays-Bas. Dans une moindre mesure : Allemagne, Australie, France, Espagne, Grèce.
Particularités : drogue particulièrement mortelle.

Le jeune homme est décédé il y a deux jours déjà, et son corps, sensiblement plus fin, plus petit que la moyenne attend le diagnostic du coroner de l'hôpital. Le Dr Fisher, qui officie ce mardi à la morgue de l'hôpital du district de Yeovil (Somerset, Royaume-Uni), a remarqué les longs cheveux blonds de René rassemblés en catogan, les tatouages sur chacune des épaules et l'omoplate gauche. Mais aussi ces traces visibles sur les deux bras, révélatrices d'injections par seringue. Est-ce là la cause de la mort ? Ni le cœur, ni le système respiratoire ne livrent d'explication. L'estomac est vide. Les reins, le système nerveux… tout est parfaitement en ordre, et les premières analyses d'urine et de sang, communiquées une semaine plus tard, ne détecteront ni alcool, ni dérivés d'opium, benzos ou cocaïne. La mort de René Saunders, 22 ans, survenue de manière isolée le dimanche 26 juillet 1998 à l'issue d'une *rave party* rassemblant plus de 9 000 personnes, est un mystère. L'étudiant n'avait d'autre antécédent médical, semble-t-il, qu'une jambe cassée. A neuf ans…

Il faudra attendre le 17 août et l'analyse de l'urine du défunt pour comprendre : près de 90 mg de 4-MTA par litre, résultat confirmé par les analyses d'échantillons de sang prélevés avant et après le décès. Une large overdose de 4-méthylthioamphétamine !

Une première au Royaume-Uni, affirment les experts du laboratoire régional de toxicologie. En fait, une première dans le monde : pour la première fois, la 4-MTA est le seul produit en cause, le seul qui ait tué. Encore faut-il connaître avec précision cette molécule : il faudra le concours des Pays-Bas pour que les analyses britanniques soient correctement orientées dès les premières heures, et identifient de manière sûre ce qui n'apparaissait, au début, que sous la forme d'un *composant inconnu* relevé dans les urines.

❑ La *rave* de Shepton Mallet

Les circonstances particulièrement agitées de la mort du jeune homme permettront aux policiers de Yeovil d'instruire l'affaire dans le détail. Résumons : le samedi 25 juillet 1998 est organisée au lieu dit Bath & West Show une méga-*rave* préparée dans le moindre détail : fouille aux entrées, service de sécurité, présence policière dans l'environnement immédiat, pour ce qu'on appelle désormais la « rave de Shepton Mallet ». René s'y rend avec une bande d'amis, dont 24 seront identifiés et témoigneront sur le déroulement de la soirée. La clé probable du drame est livrée d'emblée par sa petite amie : « Je le décrirais comme quelqu'un de très chouette, quelqu'un qui ferait tout pour qui que ce soit. Il aimait beaucoup sortir, avait des tas d'amis et était bien connu où qu'il se rende. Parfois, il entrait en compétition avec les copains, ingurgitait entre cinq à neuf comprimés. Au minimum deux, au maximum neuf.» Une autre amie confirme ces dires : «Il était loufoque, je dirais, blagueur, faisant rire les gens et ce genre de choses. En soirée, il semblait connaître tout le monde et représentait l'élément vivant de ces soirées, ne restant jamais en place. Je sais qu'il prenait occasionnellement du speed et de l'ecstasy. Cela le rendait généralement heureux et dynamique, comme s'il n'avait pas le moindre souci, pas le moins du monde. A l'occasion, il achetait ses pilules en soirée mais je pense que la plupart du temps il apportait les siennes. Il aime se mettre à l'épreuve pour voir jusqu'où il peut aller. L'une des histoires que j'ai entendues est qu'il avait pris jusqu'à neuf comprimés en une soirée.»

Nous y voilà : René était, pour la communauté des consommateurs de stupéfiants *dance*, une sorte d'explorateur : «Il était de plus en plus impliqué dans le paysage drogue, raconte un ami. Au début de l'année 1998, il était un participant régulier des *raves* et avait réalisé un petit livre sur les effets des drogues dans la perspective d'aider les autres. Il m'apparaît qu'il était en compétition avec trois ou quatre autres gars du groupe pour savoir combien de comprimés chacun pourrait prendre.» Or l'une des particularités de la 4-MTA, petit comprimé de couleur blanche, crème ou jaune léger, généralement vendu pour de l'ecstasy (MDMA), est qu'il est plus fort que l'ecstasy, mais qu'il agit tardivement : il s'écoule près de deux heures entre l'ingestion et les premiers effets. En d'autres termes, le consommateur mal informé peut avoir l'impression que le premier comprimé n'agit pas suffisamment, en absorber d'autres pour atteindre la défonce attendue, et, lorsque le premier comprimé agit réellement, se retrouver engagé dans une surdose inattendue.

Les témoignages des proches de René permettent de reconstituer la chronologie de cette soirée fatale. Le samedi 25 juillet à 22 heures, en début de rave, René est en pleine forme. Il commence à se plaindre de crampes d'estomac à 22 h 30, devient malade, et, à 1 heure, décrit des frissons, des tremblements. Il a froid, les crampes d'estomac ne le lâchent pas. Une demi-heure plus tard, il va mieux mais, vers 2 heures, ses jambes recommencent à trembler. Peu après, il est au sol et, à 3 heures, déchiré, hors jeu, il semble en outre fatigué. A 5 heures, les témoins le décrivent comme sévèrement drogué, et toujours couché sur le sol. Lorsque le jour se lève, il tremble, sue, n'est plus capable de parler correctement. A 6 h 45 il est couché sur le dos et à 7 heures en tout cas, entré en transe, est incapable de se lever. Un témoin s'intéresse à lui à ce moment et le décrit comme « très chaud, les lèvres bleues, tremblant et gémissant, les yeux révulsés ». René aura, à partir de 10 heures ce dimanche 26 juillet, des difficultés à respirer, les lèvres et le visage bleuis. Il sue encore, mais désormais il bave. C'est à ce moment qu'il perd conscience, et sera laissé pour mort, dans les heures qui suivent, dans un endroit public proche de la *rave party*.

Si cette mention est reprise dans les comptes-rendus du fait divers, « laissé pour mort » est une expression ambiguë : en fin de matinée, les amis de René ont effectivement l'impression qu'il ne sortira plus de son coma sans assistance médicale, et alertent les urgences de l'hôpital de Yeovil. Mais il est trop tard : René, en arrêt cardiaque, est pris en charge à 13 h 50 par les ambulanciers. Il est alors, sinon décédé, du moins « sans signe de vie apparent ». L'étudiant est déclaré cliniquement mort huit minutes plus tard par l'anesthésiste de service.

❏ « Vous ne devez pas vous inquiéter »

L'encadrement – défaillant mais réel – des amis de René, la possibilité de recueillir certains de leurs témoignages, explique pourquoi les ambulanciers parlent a priori d'une overdose due à l'ingestion « de 7 à 8 comprimés d'ecstasy » : c'est ce qui leur a été dit. Mais, matériellement, personne n'a vu René prendre les comprimés : il est établi qu'à cette soirée, « flatliners[1] » (4-MTA) et ecstasy (MDMA) étaient vendus de manière indistincte aux consommateurs pour 10 £ (16 €), et que les acheteurs n'avaient pas la possibilité de choisir le comprimé qui leur serait vendu : 10 £ le comprimé, et pas de discussion...
Mais revenons un instant à l'appel téléphonique des amis de René

et à l'intervention de l'ambulance. On imagine à peine le tumulte médical et policier de ce dimanche 26 juillet : un peu moins de 30 personnes sont rassemblées autour de ce qu'il convient sans doute, déjà, d'appeler le cadavre de René Saunders. Certains sont dans un état proche de celui de leur ami : l'une des personnes interceptées par la police tremble elle aussi, a les yeux révulsés, et tentera, dans l'enceinte du commissariat, de s'échapper du fourgon de police. Son malaise va durer jusqu'au dimanche soir à 23 heures : « Vous ne devez pas vous inquiéter, lance-t-il alors aux policiers, nous avons tous été dans cet état-là ! » Qu'a-t-il pris ? Un gramme d'amphétamine-base relativement pure à 19 heures le samedi soir, un comprimé d'ecstasy à 23 heures, ainsi que deux comprimés de 4-MTA, l'un à 0 h 30, l'autre à 1 h 30...

Les autres témoins, heureusement, sont un peu moins allumés et leur récit peut être exploité en direct par les forces de police. Lesquelles fouillent sans succès les personnes présentes et leur promettent l'absence de toute poursuite judiciaire pour autant qu'elles collaborent pleinement à l'enquête. Vingt-quatre témoignages de proches, âgés de 15 à 25 ans, seront recueillis à cette occasion, auxquels s'ajoutent ceux de la mère du défunt et de son médecin généraliste. Des témoignages déterminants car, face à l'usage illicite et secret de 4-MTA, ils représenteront longtemps la seule source de données larges et globales sur la percée de ce nouveau produit.

Que disent ces témoins ?

Un ami raconte : « Deux semaines avant la rave, je suis sorti avec René, et il a pris des comprimés d'ecstasy appelés "flatliners". J'ai reçu trois de ces comprimés, qu'il m'a donnés, et je les ai ingérés tous les trois [en neuf heures]. L'effet ressenti était celui de la fatigue , et je souhaitais m'étirer. C'était comme si durant deux ou trois heures, j'avais l'impression d'être détruit. Vous croyez être normal, mais au fur et à mesure vous êtes de plus en plus détruit. Vous pensez que tout est sous contrôle, pensez que vous effectuez des choses normales, mais ce n'est pas vrai... Depuis ce moment-là, je n'en ai plus jamais repris. J'ai pensé que ces comprimés étaient dangereux puisqu'ils ruinaient la tête. »

Une amie raconte : « C'est seulement après l'avoir acheté que je me suis rendu compte que c'était un flatliner. Je l'ai cassé en deux, en ai avalé la moitié. Environ une demi-heure après l'avoir avalé, j'ai eu un énorme mal de tête des deux côtés du crâne, à hauteur des tempes. A l'intérieur, je me sentais bourdonner, mais mes bras et jambes ne bougeaient pas. Chaque fois que j'essayais de quitter la position assise pour me lever, j'étais prise de vertiges. Mes paupières tremblaient, mes yeux se fermaient et je pouvais sentir mes globes oculaires qui se révulsaient dans ma tête. Ensuite, j'ai été malade.» Mais cette amie reprendra pourtant un comprimé de 4-MTA, considérant que cette pilule lui avait amené quelque chose de différent par rapport aux autres drogues synthétiques : «A nouveau, mes paupières ont tremblé, mes yeux se sont révulsés, mais cette fois j'ai pu me déplacer un peu plus, quoique mes membres soient pesants. Je me suis retrouvée très indécise et confuse. Je ne savais plus ce que je voulais faire. L'effet a duré quelques heures.»

❏ 4-MTA et cocaïne

Ce travail d'exploration n'est pas inutile : le dimanche 9 août 1998, quelques jours après les funérailles de René et juste deux semaines après sa mort, un second drame frappe une famille britannique. Nous sommes cette fois à l'hôpital Derriford, de Plymouth (Devon, Royaume-Uni) : Steven Evans avait à peine quatre mois de moins que René, mais un tout autre profil. Cheveux noirs rasés de près sur le pourtour du crâne, les pupilles brunes et dilatées, il arbore sur le bras droit le tatouage de l'Union Jack et d'un bouledogue, et sur le bras gauche un drapeau à l'honneur du Liverpool Football Club. Pas le genre «loufoque» de René : il s'agit cette fois d'un supporter britannique, pur et dur. Le Dr Fernando aura beau disséquer le cadavre, inspecter les organes au plus près, il ne peut rien établir d'autre qu'une liste de résultats négatifs : Steven Evans «ne souffrait d'aucune maladie naturelle» et est probablement «tombé du lit».

La clé se trouve, une fois encore, dans les analyses toxicologiques de sang et d'urine : on retrouve de l'alcool, de la méthadone... et de la 4-MTA, qui est encore présente dans l'estomac. L'urine livre ensuite des traces de cannabis, de cocaïne, d'ecstasy et de substances du groupe des amphétamines. Une pharmacie ambulante !

Le toxicologue qui analyse ces échantillons n'a pas oublié le précédent de René Saunders et commente : « [Les effets de la 4-MTA] sont renforcés par la cocaïne. Il y a eu deux autres rapports non publiés de morts associées à l'usage de [4-MTA], l'un à Birmingham, l'autre aux Pays-Bas. Je comprends que la [4-MTA] n'est pas pour l'heure une drogue contrôlée, mais le deviendra sous peu. »

Et le 12 novembre 1998, ce même Dr Alexander Forrest développe ses résultats : « Le fait saillant de ces résultats est la présence de (…) 4-MTA. Ses propriétés pharmacologiques sont telles que les effets indésirables peuvent être amplifiés par l'usage préalable et récent de cocaïne. (…) Il est probable que [le défunt] ait utilisé de la cocaïne dans la journée précédant le décès. » Les tests relatifs aux opioïdes, eux, ne sont pas vraiment parlants. Conclusion implicite : si la 4-MTA, prise isolément, est capable de tuer, les usages multiproduits associant la 4-MTA et des substances telles que la cocaïne sont plus ravageurs encore…

Comme pour confirmer ce message, un troisième décès britannique survient, toujours en août 1998, à Wakefield. Le jeune homme a 27 ans, souffre de convulsions sévères, de cyanose, puis décède. On retrouve dans son sang de la 4-MTA, de l'ecstasy, des amphétamines et des traces de cannabis. En décembre, à Manchester, un homme de 37 ans meurt à son tour d'un mélange d'alcool, d'amphétamine, de 4-MTA : il pensait lui aussi avoir acheté de l'ecstasy…

❑ Comme une odeur de soufre

Ces morts diverses, auxquelles s'ajouteront plusieurs overdoses qui n'entraîneront heureusement pas de décès (trois au Royaume-Uni entre juillet et septembre 1998, cinq en Belgique en mars et avril 1999), vont déclencher une tornade administrative et policière à l'échelle européenne.

Qu'est-ce que la 4-MTA ? Synthétisée pour la première fois en 1963, la molécule de 4-méthylthioamphétamine a la particularité d'être, comme son nom l'indique (« thio- »), une amphétamine sulfurée, ce qui la distingue du groupe de produits similaires à l'ecstasy. Ceci bien que son mode de production, en laboratoire clandestin, soit similaire à l'une des ecstasys, la MDA. Mais la nature de produits chimiques utilisés exclut toute production accidentelle de l'un au lieu de l'autre. Les effets de la 4-MTA ne peuvent reposer, si on en croit les scientifiques américains et néerlandais, que sur l'un des deux produits chimiques précurseurs uniques, tous deux distribués dans le commerce, et dont l'odeur de soufre est redoutable. D'où la nécessité, ne fût-ce que pour l'odeur, de traiter ces produits dans un laboratoire bien équipé.

La synthèse chimique, elle, est facile et peu coûteuse : en tenant compte des deux produits de base, huit produits en tout sont requis, et sont tous commercialisés.

Historiquement, la 4-MTA est d'abord étudiée pour ses propriétés anorexiques, puis antidépressives, mais n'a plus désormais aucune fonction thérapeutique ni débouché industriel. Ce qui explique sans doute le peu d'études scientifiques qui lui ont été consacrées sur les quinze dernières années. Son usage récréatif n'est certain que depuis le 22 mai 1997[2], date à laquelle la police britannique saisit à Wokingham (Berkshire), au domicile d'un dealer de drogue bien connu, quatre comprimés conditionnés de manière tout à fait professionnelle et accompagnés d'une pochette en couleur au nom de « S5, The One And Only Dominator ». Les comprimés sont de couleur blanche ou crème, et portent sur une de leurs faces une ligne qui permet de briser le comprimé en deux (l'une des explications possibles du surnom « flatliner »). L'odeur, qu'explique peut-être la présence de soufre, est inhabituelle.

La police pense, a priori, avoir affaire à des comprimés d'ecstasy, mais se rend compte à la fin de l'été, lorsque s'achèvent les analyses, qu'elle a mis la main sur un produit dont l'existence doit être signalée aux médecins légistes du monde entier. La publication scientifique de cette découverte, à titre tout à fait confidentiel, n'aura lieu qu'en mai 1998[3].

Comme la découverte britannique est atypique, il faudra attendre le mois de juin suivant pour que la Belgique, cette fois, s'inquiète d'une percée qui se confirme : le 30 juin 1998 (donc peu avant les premiers décès britanniques), la police des autoroutes de Brecht intercepte près de la frontière néerlandaise une voiture conduite par un ressortissant britannique. Dix caisses en carton sont saisies, contenant 200 kilos de haschisch, 27 kilos de marijuana et... 10 000 comprimés de 4-MTA. L'antenne d'Europol en Belgique ne retrouve pas de trace d'un trafic à large échelle, d'une production ou d'une distribution. Quant au rôle joué par le crime organisé, il demeure obscur.

Le 10 juillet, coup de filet similaire, à Douvres cette fois, effectué par les douanes et accises britanniques : 25 260 comprimés de 4-MTA sont saisis dans un camion transportant par ailleurs 149 kilos de haschisch et 147 kilos de « skunk », une variété de marijuana parmi les plus puissantes. Le véhicule est tchèque, est conduit par un Tchèque, a quitté la Tchéquie le 9 juillet et gagné l'espace Schengen le même jour via la frontière allemande. Quinze jours plus tard, à Shepton Mallet, la 4-MTA tuait pour la première fois...

Les deux saisies, qui auraient pu alerter l'Europe dès la mi-juillet, mettront un certain temps avant d'être communiquées : l'Observatoire européen des drogues et des toxicomanies (OEDT) est informé de la saisie belge le 24 juillet et de celle de Douvres le 28 octobre. Bien trop tard pour sauver René Saunders.

En 1998, le troisième et dernier pays d'Europe qui aura maille à partir avec la 4-MTA sont les Pays-Bas : une vingtaine de petites saisies sont opérées en smart-shops, et, à chaque fois, entre un et vingt comprimés sont interceptés. Sur 3 900 échantillons de stupéfiants synthétiques identifiés en 1998 dans les rues néerlandaises et analysés, seuls 7 d'entre eux étaient de type 4-MTA.

Les Pays-Bas ont peut-être été le premier pays de l'Union à enregistrer une overdose fatale de 4-MTA : c'était en janvier 1997, lorsque le département de toxicologie du ministère néerlandais de la Justice a retrouvé des traces de 4-MTA dans les échantillons de sang prélevés post mortem sur un consommateur d'amphétamines âgé de 38 ans. Mêlant 4-MTA, amphétamines et alcool, l'homme était devenu agressif, avait ensuite montré des signes de cyanose avant de tomber dans le coma. Sa réanimation n'avait pas empêché le décès.

C'est à cette même époque, en janvier 1997, qu'est saisi dans un seul smart-shop néerlandais un nombre inconnu de comprimés de 4-MTA, en même temps que d'autres spécialités telles que des psilocybes (champignon hallucinogène), de l'éphédra, du 2C-B, etc. Mais en 1998, la 4-MTA demeure un bruit de fond : rappelons qu'en 1998, si plus de 35 000 comprimés de 4-MTA sont saisis dans toute l'Europe, les saisies d'ecstasy et analogues dépassent les cinq millions de comprimés.

❏ Razzia sur la schnouff

Il se trouvera pourtant un cas néerlandais plutôt troublant : en 1998, les Pays-Bas communiquent les résultats d'une enquête de leur police scientifique concernant un laboratoire clandestin produisant des substances de type ecstasy, en l'occurrence MDA et MDMA. Et que découvrent-ils simultanément ? Des produits de transformation qui ne peuvent provenir que du processus de fabrication de la 4-MTA. D'ailleurs, une des machines destinées à confectionner les comprimés proprement dits porte encore les traces de la 4-MTA.

Les petits signaux d'alerte se multiplient : à Palma de Majorque (Espagne), en octobre 1998, sont signalées deux petites saisies pour un total de cinq comprimés. En France, un médecin généraliste demande, en novembre 1998, l'analyse d'un étrange petit comprimé rose marqué d'une étoile à cinq branches. Le laboratoire de Caen identifie la 4-MTA. En janvier 1999, l'Allemagne mène des perquisitions, notamment à Francfort et Munich, et découvre entre autres un laboratoire. L'une des substances identifiées est la 4-MTA. A Berlin, trois mois plus tard, ce sont 298 comprimés qui sont saisis, estampillés « M4 ». La Grèce signalera l'apparition sporadique de ce produit sur son territoire en 1999. L'Australie enfin, qui avait détecté la présence de ce produit à six reprises en 1998 et 1999, communique les résultats d'une saisie de 50 comprimés de 4-MTA effectuée à Queensland en février 1999...

Pendant ce temps, les aspects culturels de l'usage de la 4-MTA nous échappent pour l'essentiel. C'est à peine si on peut, aujourd'hui, expliquer la genèse du terme « flatliner » : fait-il référence à un film-culte des années quatre-vingt-dix baptisé *Flatliners* ? à un gang spécifique de motards allemands ? à des associations d'ingénieurs américains ? ou encore à la « ligne plate » de l'électrocardiogramme après overdose ? La multiplicité des explications laisse songeur.

L'expérience de la Grande-Bretagne et de la Belgique, en tout cas, confirme l'existence d'une fabrication professionnelle, en lisière du crime organisé. Cela signifie-t-il que la 4-MTA soit vouée à une large commercialisation ? Ce n'est pas évident. D'une part, les dealers de 4-MTA la vendent au titre d'ecstasy, ils ne s'emparent donc pas d'arguments de vente spécifiques ou d'une image qui serait favorable à la 4-MTA. D'autre part, l'image de la 4-MTA, précisément, telle qu'elle a circulé dans les médias britanniques, et quelles que soient les distorsions de l'information, est celle d'une drogue mortelle. Enfin, l'effet-retard de cette drogue (deux heures séparent l'ingestion des effets) ne lui est pas favorable. Conséquence : en décembre 1998, la cinquantaine de smart-shops du syndicat néerlandais VLOS[4] décident de s'interdire toute commercialisation de la 4-MTA en raison de son impact sur la santé. Ce qui n'a pas empêché la diffusion continue du produit en Allemagne et en Australie.

Mais au fait, quels sont ses effets ?

❏ Portrait-robot de la tueuse

Sur base d'une dose équivalente à l'ecstasy[5], il est généralement affirmé que la 4-MTA a un effet stimulant moyen, qu'elle n'a pas l'effet énergétique donné par les amphétamines ou la MDMA, mais qu'elle évite de dormir. On évoque un sentiment de calme, mais pas de béatitude comme c'est le cas avec l'ecstasy. Les effets peuvent durer jusqu'à 12 heures, il n'y a pas d'hallucination ou d'altération visuelle, la 4-MTA provoque un sentiment de soif et, à haute dose, semble augmenter la pression oculaire. Un effet de « high » est parfois atteint, mais il se peut qu'il ne soit pas comparable au « high » procuré par d'autres drogues illicites.

Le problème demeure celui du dosage : un demi-comprimé était la dose recommandée figurant sur les emballages de 4-MTA lorsqu'elle était diffusée aux Pays-Bas. Mais les policiers britanniques relèvent que l'usage réel, en 1998, allait d'un quart de comprimé à 5 ou 6 de ces pilules. Plusieurs messages envoyés sur l'Internet évoquent également la possibilité d'user de ce produit comme d'un suppositoire, afin d'éviter la nausée et d'obtenir un effet plus rapide, mais il n'existe aucune raison de penser qu'on sniffe ou s'injecte le produit.

Ces variations sont importantes pour comprendre les diverses manifestations de la 4-MTA, dont les effets sont partiellement connus. C'est une drogue mortelle, c'est certain. Mais encore ? Les expérimentations animales, sur la souris et le rat, montrent surtout un accroissement plus que significatif (2 000 % !) de la diffusion de sérotonine dans l'organisme après ingestion de la 4-MTA. Or la sérotonine, rappelons-le, est cette substance qui intervient comme médiatrice dans le système nerveux central et joue un rôle important dans la dépression et la régulation du sommeil. Le « syndrome sérotoninergique », qui accompagne l'excès de sérotonine dans l'organisme, mène à la dépression respiratoire et peut être fatal : euphorie, sensation de couler, mouvements rapides des yeux, réflexes exagérés, contraction et relaxation rapides des muscles du talon provoquant des mouvements anormaux du pied, mouvements musculaires incontrôlables dans la mâchoire, confusion, élévation de la température du corps, etc. La dépression respiratoire est précisément ce qui a frappé les victimes de huit overdoses non mortelles de 4-MTA survenues en Belgique et en Grande-Bretagne.

Les usagers confirment de leur côté l'apparition de nausées, la hausse de la température du corps, une plus grande pression sur le globe oculaire, une soif soudaine, des frissons. Ils rapportent encore un phénomène totalement inhabituel avec les ecstasys et analogues : des pertes de mémoire, certaines amnésies peuvent durer des heures. On sait en outre que les effets du produit se prolongent parfois par le coma, voire la crise cardiaque. Les effets sur la conduite automobile sont réels, et deux cas au moins d'accidents de la route impliquant la 4-MTA sont recensés.

Comme la 4-MTA a peu d'effets sur cette autre substance fondamentale générée par le cerveau qu'est la dopamine, il est probable qu'elle n'entraîne guère de dépendance. Mais il n'y a pas eu d'étude systématique sur ce point, ni chez les humains, ni sur des animaux.

Enfin, l'analyse de la seule 4-MTA serait une erreur, et ne correspondrait en tout cas pas à la réalité des usages. Si on envisage l'absorption de cocktails, encore faut-il préciser que, comme on l'a vu pour la cocaïne, les effets combinés de ce produit avec l'alcool, l'ecstasy, les amphétamines et l'éphédrine sont particulièrement dangereux. Et, curieusement, ce risque s'élargit à quelques produits alimentaires : la 4-MTA ne se marie pas au vin (notamment le chianti), et aurait également des interactions curieuses avec le... fromage ! C'est ce qu'on appelle le «cheese syndrome», «syndrome du fromage» : tout comme certains antidépresseurs anciens[6], il est vraisemblable que la 4-MTA empêche l'élimination par l'organisme d'une substance appelée «tyramine». Or cette substance se retrouve en grande quantité dans certains aliments, particulièrement le fromage et le vin. L'accumulation de tyramine provoque des crises d'hypertension qui peuvent, dans certain cas, être mortelles.

❏ La première interdiction européenne

Il n'est pas étonnant, au vu de l'ensemble de ces décès et données scientifiques, que la 4-MTA ait été rapidement identifiée comme substance dangereuse : l'ecstasy étant illégale dans toute l'Europe, et la 4-MTA procurant des effets globalement similaires, tout à la fois plus puissants et plus durables, sa prohibition était inévitable.

Alors qu'en 1998 seule la Suède contrôlait ce produit sans avoir établi pour autant d'infraction pénale, la présidence allemande du Conseil européen a demandé dès février 1999 que l'Union européenne examine le problème. En mai de la même année, l'Union disposait d'un avis scientifique aussi complet que possible et adoptait, dès septembre, le principe d'une interdiction du produit : les Quinze disposaient alors de trois mois pour modifier leurs législations nationales et bannir le 4-MTA. Ce qui fut fait. La mécanique européenne venait de prouver qu'elle était capable de fonctionner.

René Saunders n'aura jamais vu le passage à l'an 2000. Mais du moins aura-t-il modifié, post mortem, les lois de l'Union avant que le siècle ne s'achève. Politiquement, l'exercice, il est vrai, était assez facile : la 4-MTA n'est, somme toute, qu'un stupéfiant comme un autre, et sans utilité médicale. Un produit méchant, dont se dispensent aisément les Etats. Mais comment l'Europe pourra-t-elle réagir face à une substance de large diffusion, et dont l'utilité médicale serait partiellement reconnue ? L'avenir allait montrer que l'Union n'était pas au bout de ses peines...

NOTES

1. « Flatliner » peut également désigner le PCP ou la kétamine. Voir les chapitres qui leur sont consacrés.
2. Cette saisie représente, pour 1997, un cas unique. De juin à octobre 1998 par contre, les Britanniques vont effectuer seize saisies, généralement mineures (moins de dix comprimés), pour un total de 25 840 comprimés.
3. Christopher J. Groombridge, « The identification of 4-Methylthioamphetamine in a Drug Seizure », *Microgram*, vol. XXXI, n° 5, p. 150, mai 1998.
4. Vereniging Landelijk Overleg SmartShops, ou Association nationale pour la consultation des smart-shops.
5. 125 mg.
6. Les IMAO.

GHB, LE CASSE-TÊTE POLICIER

> *Et on a trouvé deux pilules assez nases dans ses*
> *poches de pantalons : du GHB ! C'est pas votre géné-*
> *ration, certes...*
>
> Chantal Pelletier, *Le Chant du bouc.*

Dénomination scientifique : gamma-hydroxybutyrate (GHB), ou oxybate de sodium, ou acide gamma-hydroxybutyrique.
Dénominations commerciales : Cernep®, Gamma-OH® (France), Alcover® (Italie), Gamma-Hidroxibutirato® (Espagne), Somsanir® (Allemagne).
Principales dénominations de rue : « Grievous Bodily Harm », « Georgia Home Boy », « Ecstasy liquide », « Scoop », « Easy Lay », « Liquid X ».
Principaux effets : calmant et aphrodisiaque. Ne se marie pas à l'alcool.
Zone de diffusion (2000) : Allemagne, Autriche, Belgique, Danemark, Espagne, Etats-Unis, Finlande, France, Grande-Bretagne, Irlande, Norvège, Pays-Bas, Portugal, Suède.

« Bienvenue sur la page web GHB de notre laboratoire. Notre société souhaite être la meilleure source d'approvisionnement en GHB de qualité, livrant un produit supérieur, à un bon prix et doté d'un excellent service. (...) Nous acceptons les paiements par Mastercard, Visa, American Express, Diners Club... et, cinq jours par semaine, vous transmettrons votre commande dans les 24 heures de votre paiement... Nous offrons un service rapide et discret. Notre GHB est expédié en carton scellé. Notre liste d'adresses est conservée de manière tout à fait confidentielle, et n'est pas donnée ou vendue à qui que ce soit. Nos produits ne sont pas livrés en Australie, Nouvelle-Zélande, Norvège, Afrique du Sud ou Etats-Unis... Nous sommes heureux d'annoncer que notre site web a maintenant été traduit en japonais pour le confort de nos clients japonais.»

Merveille de l'Internet : sans disposer au préalable d'une quelconque adresse, il vous faudra moins d'une demi-heure, montre en main, pour identifier sur le Net les sites prêts à vendre une substance a priori ésotérique, le GHB ou oxybate de sodium, choisir votre fournisseur le plus crédible (la pureté garantie peut atteindre 99,99 %) et passer commande. Alors que les Etats-Unis viennent de relancer, fin des années quatre-vingt-dix, la guerre au GHB, le reporter du *Phoenix New Times* n'en revient pas encore : il a contacté sur Internet une société néerlandaise, et le voici en possession de deux petites fioles contenant chacune un produit chimique de large diffusion industrielle (en fait du GBL et du potassium) mais qui, une fois mélangés ensemble avec un peu d'eau, lui donneront cent doses de GHB pour cent dollars, frais de port inclus...

Les autorités sanitaires américaines alignent pourtant leurs statistiques : en mai 2000, les Etats-Unis recensent désormais 65 cas d'overdoses mortelles au GHB ; 20 urgences en 1992, 38 en 1993, 56 en 1994, 149 en 1995, 638 en 1996, 762 en 1997... 60 % des victimes ont entre 18 et 25 ans.

Pourquoi la machine est-elle à ce point difficile à enrayer ? L'explication réside tant dans l'usage médical de ce produit et sa genèse historique que dans les particularités chimiques de cet anesthésiant et de ses «précurseurs», les produits nécessaires à sa fabrication. Car si le GHB est à ranger aujourd'hui parmi les illégaux, il a eu lui aussi, quoique de manière plus brève que les amphétamines, un passé médical.

❏ Un parcours médical agité

Avant de se négocier en France sous le manteau à 200 FF (30,5 €) les 2 g, ou 300 à 500 FF (45,7 à 76,3 €) la fiole de cinq doses [1], l'oxybate de sodium est découvert en 1929 [2] et connaîtra son essor réel en 1961 par le truchement du professeur français Henri Laborit. L'intérêt est alors purement médical : il s'agit de trouver une substance qui, injectée dans l'organisme, puisse agir sur l'un des acides aminés présents dans le cerveau (le GABA[3]). La substance recherchée doit dès lors pouvoir passer du sang au cerveau. Le GABA lui-même ne franchit pas cette barrière sang-cerveau, alors que l'une des substances naturelles qui lui est proche, le GHB, passe sans problème cette frontière. Soit.

Depuis lors, le GHB est devenu une spécialité médicale, administrée sous forme de solution injectable intraveineuse, et qui a des propriétés anesthésiantes utilisées dans certains pays, notamment lors d'interventions chirurgicales ou obstétriques. Ce produit n'a cependant pas de propriété analgésique, il ne supprime pas la douleur. Il n'est donc utilisé que de manière accessoire. Il a en outre des effets secondaires : à fortes doses, il peut provoquer des crises convulsives. En conséquence, ce produit, selon les cultures médicales de chaque pays, sera tantôt toléré sous strict contrôle, tantôt interdit.

Son parcours médical, en France, est fort révélateur. De 1997 à 1999, il y a été l'objet de quatre rapports d'évaluation, et depuis 1997 on ne le trouve plus en officine. Seuls les hôpitaux y ont accès, et 12 456 boîtes de Gamma-OH® étaient encore vendues en 1999, soit le tiers de ce qui était commercialisé dix ans auparavant. Cette restriction sensible de sa diffusion provient notamment de dérapages sérieux survenus au milieu des années quatre-vingt-dix, et de la circulation sur le territoire français de fausses ordonnances de Gamma-OH.

Les Etats-Unis, de 1990 à 2000, opèrent le même retour en arrière et condamnent désormais tout usage, même médical, du GHB. Nous y reviendrons. Il n'empêche : pour raison thérapeutique, le GHB existe encore dans certains pays, et, de ce fait, un détournement de substance licite est toujours possible. Cette cohabitation du licite et de l'illicite ne disparaîtra pas à court terme, car le GHB passionne les scientifiques dans divers secteurs : il a été testé pour réguler les troubles du sommeil, pour traiter la dépendance aux opiacés, les symptômes du sevrage alcoolique[4]. Et lorsque les Etats-Unis interdisent totalement son usage au début de l'an 2000, ils acceptent de laisser la porte ouverte à de nouvelles expérimentations, notamment au bénéfice de la société pharmaceutique américaine Orphan Medical, laquelle teste à cette époque le GHB sous le nom de Xyrem. La société Orphan Medical pense que le GHB pourrait avoir un avenir dans le traitement de la narcolepsie (des accès brusques de sommeil en pleine journée) et, plus précisément, de la cataplexie : une perte soudaine du tonus musculaire due à une réaction émotionnelle forte, et qui peut se solder par une chute ou un évanouissement durant la journée.

❏ La drogue parfaite

A cette première difficulté (la persistance de filières médicales licites) s'en ajoute une autre, bien plus déterminante : les caractéristiques chimiques du produit et de ses «précurseurs». Dans les circuits illicites, on peut produire le GHB de deux manières : soit on utilise un composant au nom barbare, le GBL ou gammabutyrolactone, auquel on ajoute de l'eau et un produit alcalin. Or le GBL n'est rien d'autre qu'un solvant industriel très largement diffusé, notamment pour la fabrication d'acétate de cellulose, de polymères, de polystyrène. A l'état pur (99,99 %), le GBL est même vendu directement au public au titre de solvant pour le vernis à ongle (180 dollars le quart de litre). A défaut de GBL, on utilise un autre produit à grande diffusion industrielle, le 1,4-butanediol, nécessaire à la fabrication de résines et polyuréthanes. Mais une fois encore, le grand public y a légalement accès sous une forme quasi pure (99,8 %) pour moins de 140 dollars le demi-litre : il s'agit cette fois de détachant utilisé pour enlever les taches d'encre, sur la peau ou sur les vêtements...

Les filières hospitalières ne sont donc pas les seules en cause dans la diffusion du GHB, loin de là : la synthèse de ce produit à partir de substances d'usage courant est un jeu d'enfant, moyennant un investissement financier ridicule. Certains laboratoires semblent d'ailleurs jongler avec cette ambiguïté. Ainsi, les labos X, présents sur le Net, ne commercialisent sur la toile que deux produits, un solvant pour vernis à ongles et un détachant pour encre ! Devinez quelles en sont les formules… Précisant que ces « cosmétiques (*sic*) [sont] plus respectueux de la nature parce qu'ils ne contiennent pas d'acétone », le laboratoire souligne que « tous ces produits sont destinés à un usage externe » et que le client doit s'engager « à ne pas en faire un usage illégal ». Plus loin, les conditions de vente précisent encore : « Vous êtes celui qui commandez, alors ne nous demandez pas ce que vous devez acheter. » Sous-entendu : ne nous adressez pas de question telle que nous ne pourrions nier notre connaissance préalable de l'usage détourné que vous en ferez…

Ces laboratoires excentriques ont provoqué l'apparition, sur le Net toujours, d'une liste explicitement destinée aux consommateurs illicites de GHB et reprenant dans le détail les « fournisseurs recommandés » et « autres fournisseurs » de GHB. Cependant, comme la filière des solvants à ongles était devenue un peu trop éventée, plus d'un fournisseur livre désormais des « kits de réaction exothermique », faisant ainsi référence à la chaleur importante dégagée lors du mélange des trois ingrédients nécessaires à la fabrication du GHB.

Pourtant, le casse-tête policier ne s'arrête pas là. Si les éléments requis pour la composition du GHB sont largement disponibles, la synthèse chimique du GHB est en outre… réversible. En d'autres termes, s'il suffit d'un alcali, d'une base, pour transformer un détachant ou solvant pour ongles en une drogue redoutable, le GHB peut à son tour revenir à son état originel si on y additionne un acide. Imaginez maintenant ce que peut être la stratégie des trafiquants : inutile d'exporter un produit illicite, il suffit d'exporter les précurseurs, à proximité de la dose requise d'alcalis… Ou, si un dealer transporte du GHB, il se munira d'une solution acide. Laquelle, en cas de coup dur, sera mélangée au GHB pour que la drogue disparaisse chimiquement, laissant la place à un vulgaire produit chimique industriel.

Ce n'est pas tout. GBL et 1,4-butanediol sont tous deux ce qu'on appelle des précurseurs *in vivo*. En d'autres termes, leur transformation en stupéfiants survient automatiquement lorsqu'ils sont ingérés par l'organisme. Le corps humain est, à lui seul, le plus parfait des laboratoires de transformation. Voilà qui représente évidemment le fin du fin, et la faillite assurée de toute politique de répression : *Je ne me drogue pas, monsieur l'agent, je me balade avec mon solvant !*

❏ Du muscle en poudre

Mais qu'est-ce que ce GHB, et pourquoi est-il devenu une drogue «récréative»? L'histoire commence aux Etats-Unis au début des années quatre-vingt. Le GHB est alors utilisé dans les cercles de culturisme comme alternative aux stéroïdes, comme un produit susceptible d'accroître la production d'hormones de croissance et, dès lors, de développer la musculation. Une expérience japonaise réalisée en 1977 semble confirmer, de fait, un accroissement très significatif de la production d'hormones de croissance après injection intraveineuse de 2,5 grammes de GHB. Après une demi-heure, la production d'hormones de croissance est multipliée par neuf; après une heure, elle serait multipliée par 16. Le GHB surfera dès lors sur la vague du culturisme, par le biais de para-médicaments sportifs, de compléments nutritifs vendus légalement dans les magasins d'alimentation sportive. En 1990 cependant, l'Administration américaine de contrôle des aliments et médicaments[5] déclare par circulaire que le GHB n'est pas aussi sûr qu'il y paraît, et que sa vente en comptoir devient dès lors illicite. Son usage sera désormais réservé à certains protocoles médicaux réalisés sous contrôle du médecin généraliste. La multiplication des usages détournés, des overdoses, des décès pousse la même administration, en 1997, à retirer tout agrément au GHB et à déclarer ce médicament potentiellement dangereux et illégal sur l'ensemble du territoire des Etats-Unis.

Dans le même temps, le GHB gagne les circuits clandestins, où il devient une pure drogue récréative. Dans les bars, on en achète un « bouchon », une « capsule » (un « swig », dit l'argot américain, littéralement « une lampée ») pour dix dollars, la dose typique variant de 1 à 5 grammes. Le dosage est particulièrement délicat, mais pourtant la vente se réalise à l'aune d'une ou deux cuillères à café de poudre mélangée à une boisson, sans plus de précaution. A moins qu'on ne l'achète en petites bouteilles plastiques opaques de 30 ml (10 ml représentant la dose-type de 1 gramme). Il est donc impossible de confondre ce produit avec de l'ecstasy : le GHB est vendu dans les mêmes réseaux, mais il n'en a ni l'apparence physique, ni les effets. Et la poudre n'est pas utilisable en comprimés, bien que son usage sniffé ou fumé soit envisagé par les observateurs français. Pourquoi ne peut-on envisager un comprimé ? D'une part, parce que la réaction chimique nécessite l'eau, d'autre part parce que la poudre de GHB seule à tendance à se détériorer.

❑ Les effets du GHB

Quels sont les effets ? En doses inférieures au gramme, les effets vont se matérialiser dans le quart d'heure suivant l'ingestion (entre un quart d'heure et une demi-heure si l'estomac est plein) et durer de une à deux heures. Si la dose est plus importante (2 à 4 grammes), l'effet peut se prolonger durant quatre heures au total. Au-delà (4 à 8 grammes), le consommateur tombe dans un « sommeil très profond, apparenté au coma »[6]. La prose des consommateurs évoque une consommation de l'ordre de 0,75 à 1,5 gramme lorsqu'il est simplement envisagé d'améliorer le plaisir sexuel, et une dose de l'ordre de 2,5 grammes afin de provoquer le sommeil. Tout usage de GHB est cependant totalement contre-indiqué pour les personnes souffrant d'épilepsie (ce stupéfiant est un puissant épileptogène), de problèmes cardio-vasculaires, d'hypertension, ainsi qu'aux femmes enceintes et aux diabétiques.

Lorsqu'il est bien dosé, en fonction des individus, de leur masse et de l'heure à laquelle a été pris le dernier repas, les consommateurs font généralement état d'un effet plaisant de relaxation et de tranquillité, d'une certaine euphorie sans exubérance et d'une nette tendance à parler abondamment. Un bien-être, une certaine « chaleur émotionnelle » vous envahissent, les inhibitions tombent. Ces effets peuvent être comparés à ceux de la marijuana, du diazépam (le Valium) ou de l'alcool, mais sans en avoir, le lendemain, les conséquences désagréables ou débilitantes. Au contraire, les usagers parlent, le lendemain, d'effets énergisants, d'une nouvelle fraîcheur. Ce paradoxe peut être dû au fait qu'à une certaine dose, le GHB provoque la mise en réserve de la dopamine générée par le cerveau, et que cette dopamine se libère ensuite. Au contraire de toutes les autres drogues synthétiques. Si la dose est trop forte, le consommateur relève alors des vertiges et étourdissements, une mauvaise coordination motrice, l'incohérence des propos, la somnolence.

Il ne s'agit ici que de récits d'un usage simple et isolé. Mais le GHB est aussi utilisé en association avec d'autres produits, comme le révèle le réseau français de surveillance de l'Internet : « Ce produit semble particulièrement utilisé en association avec d'autres psychédéliques stimulants ("speedants") pour atténuer la nervosité [induite par les autres produits]. Il est également utilisé en descente de longs voyages parfois éprouvants, pour se calmer. Le GHB est aussi consommé durant la montée de produits plus forts (hallucinogènes), pendant la phase de transition qui détermine souvent la suite du voyage : cette substance permettrait alors de maintenir une humeur positive et détendue [7]. » Il y a pourtant des risques considérables d'interaction avec d'autres drogues : la consommation simultanée de GHB et d'alcool renforce les effets secondaires du GHB et peuvent provoquer une apnée. Par ailleurs, il est dangereux de combiner le GHB avec les benzodiazépines, les barbituriques, les opioïdes, les anticonvulsivants, antihistaminiques ou d'autres somnifères.

❑ «La» drogue du sexe ?

Mais, à nouveau, la réputation du GHB va être entachée par d'autres propriétés chimiques, décidément fort curieuses. La première est d'ordre sexuel : on attribue au GHB des propriétés non seulement incitatives, désinhibantes, mais également une plus grande sensualité, le renforcement de l'orgasme, un meilleur sens tactile. Et particulièrement chez la femme, où la prose consacrée au GHB véhicule l'idée d'orgasmes plus longs et plus intenses (quoique plus difficiles à atteindre, particulièrement sous haute dose de GHB). En France, l'Observatoire français des drogues et des toxicomanies (OFDT) signale d'ailleurs que l'un des axes de la percée du GHB est celui des milieux de la prostitution établis dans le sud du pays, un autre étant la communauté gay[8].

Par ailleurs, le GHB peut provoquer des amnésies prolongées. Le GHB est incolore, inodore... et presque insipide. Sa présence peut à peine être détectée par un petit goût salé, qui disparaît lorsqu'il est mélangé à un jus d'orange ou un cocktail. Si ce n'est en raison de son volume et de ce petit arrière-goût, le GHB peut donc sans problème être glissé à votre insu dans un verre.

Le GHB rassemblerait les trois ingrédients nécessaires au viol : il passe inaperçu, il provoque une amnésie, il a des propriétés aphrodisiaques. D'où son surnom d'«Easy Lay» ou de «Great Hormones at Bedtime». Drogue du viol ? Le fait est contesté, notamment aux Pays-Bas. Cependant, des cas ont été recensés, notamment en France, et c'est ainsi que ce stupéfiant a hérité de pareille réputation. Oubliant peut-être un peu vite que le Rohypnol a des propriétés similaires. Mais les statistiques sont là : aux Etats-Unis, sur 711 personnes victimes de viols ayant subi un test d'urine, 48 étaient positives au GHB... Ce score est impressionnant, d'autant plus que la chimie du GHB joue un autre tour aux policiers : le GHB n'est pas détecté lors des tests de routine du sang et de l'urine. Il ne peut être détecté que par la méthode dite de «chromatographie gazeuse couplée à la spectrographie de masse» dont l'intitulé à lui seul est trop encombrant pour le caser dans un fourgonnette de police[9]. Par ailleurs, le GHB est presque entièrement métabolisé par l'organisme et éliminé sous forme de CO_2 via les poumons. Seul 1 % est éliminé par les urines. Et, pour autant que le sujet ne soit pas alcoolique ou consommateur régulier de GHB, son élimination est en outre très rapide : cinq heures après absorption, le GHB ne se laisse plus détecter dans l'urine. En conséquence, si près d'une victime de viol sur 14 est testée positive, il est probable que les services de police passent à côté de nombreux autres cas qu'ils ne peuvent identifier.

❏ Trop belle, déjà dangereuse

L'usage éventuel du GHB dans le cadre d'un viol n'est pas le seul problème posé par ce stupéfiant. Le principal problème réside dans son dosage, l'«élasticité» de la courbe de ses effets étant très réduite. En d'autres termes, très peu de chose sépare la dose la plus effective, la plus agréable, de la dose dangereuse (quoique rarement mortelle). Pour l'homme sain, cette barrière se situe entre 50 et 60 mg/kg, soit, pour un sujet de 70 kilos, entre 3,5 et 4,2 grammes. Si cette marge de manœuvre semble respectable, encore faut-il garder à l'esprit que les effets du GHB sont fortement liés à la constitution physique de l'individu, à sa consommation habituelle d'alcool, à son stade de digestion.

Revenons sur les effets de chaque dose, non plus d'un point de vue festif mais clinique : à 10 mg/kg, le GHB entraîne l'amnésie, et une diminution de la tonicité musculaire ; à 20 mg/kg, le stupéfiant entraîne, au coucher, un sommeil normal, composé de phases de sommeil lent et de sommeil rapide ; à 35 mg/kg surviennent en plein jour des sensations de vertige (qui peuvent persister durant deux semaines !), l'euphorie et une sensation de somnolence ; à 40 ou 50 mg/kg, le sommeil induit est profond, mais le consommateur peut être réveillé ; à 60 mg/kg, ce sont les vomissements, les problèmes respiratoires, l'apoplexie et le coma. Ce qui explique le nombre important d'overdoses citées dans la littérature scientifique.

Lors des décès, on voit que les valeurs du produit dans le sang étaient de l'ordre de 20 à 52 mg/litre.

Deux chercheurs de San Francisco ont eu l'occasion d'étudier 88 cas de surdoses sur une période de 42 mois. Résultat : un coma significatif chez 60 % des malades, et sévère pour 28 % du même échantillon [10] ; et, pour environ un tiers des malades, des vomissements et un ralentissement du rythme cardiaque. «Dans la plupart des cas, note le Dr Françoise Haramburu, de Bordeaux, le retour à un état de conscience normal est survenu dans les 2 à 3 heures qui ont suivi l'entrée à l'hôpital, la plupart des malades ayant complètement récupéré en cinq heures. (...) Dans de très nombreux cas, est-il encore précisé, il y avait prise simultanée d'autres substances : alcool, cannabis, cocaïne, amphétamines, etc.»

Peccadilles ? Non. Outre les comas, deux dangers sont évidents : le GHB est un sédatif hypnotique, ce qui rend particulièrement dangereuse la conduite automobile. Par ailleurs, comme ce produit est aussi bricolé dans les arrière-cuisines, parfois à l'aide de soude caustique, de mauvais dosages peuvent induire de sévères brûlures de l'œsophage, voire certains décès. Et c'est bien ce qui est arrivé aux Etats-Unis où des enfants de 13 ans sont morts d'avoir ingéré le GHB, soit parce qu'un des parents avait laissé à leur portée cette préparation, soit parce qu'ils ont tenté, sans bien déchiffrer la notice de kits «prêts à l'emploi», de produire leur propre GHB.

Enfin, rappelons-le, les chiffres sont là : 762 hospitalisations d'urgence aux Etats-Unis sur la seule année 1997. Un total, pour les années quatre-vingt-dix, de 65 décès dus au GHB, plus de 70 si on compte les produits apparentés. L'Europe n'y échappe pas : de 1995 à 2000, le GHB y a tué treize fois : quatre décès en Grande-Bretagne, quatre en Suède, deux en Finlande, deux en Norvège, un au Danemark. Sans compter, sur le territoire de l'Union, plus de 200 overdoses qui n'ont pas été mortelles : elles se sont produites principalement en Grande-Bretagne, en Suède, aux Pays-Bas. Il est vrai cependant, reconnaît l'Observatoire européen des drogues et toxicomanies (OEDT), que le coma irréversible reste rare [11] : la dose létale pourrait représenter 5 à 15 fois la dose induisant le coma.

❑ Toute l'Europe est sous le charme

La percée du GHB en Europe frappe quasiment tous les pays, jusqu'au Portugal qui en détectera les produits précurseurs en juin 2000. En Autriche, son usage est signalé dans de petits groupes fermés. En Belgique, accusée par d'autres pays d'être l'un des grands fournisseurs de son précurseur GBL, des saisies régulières de GHB sont effectuées, notamment durant l'été 2000. On le trouve sous forme de capsules ou de liquide, et deux hospitalisations ont été enregistrées en septembre 1999 à proximité de la frontière française. En Finlande, plus de trois quarts de litre ont été saisis en 1998, et leurs laboratoires ont identifié en 1999 quelque 3,8 kg de GHB ainsi que plus de cinq litres de GBL.

La France, elle, ne faisait apparemment état en avril 2000 que de « peu de saisies » et d'« aucune intoxication, mortelle ou non ». Ce qui est contredit par les documents nationaux d'évaluation du produit, où on identifie sept cas au moins d'usages ayant eu des développements problématiques entre 1991 à 1999 : vomissements, tremblements, difficultés respiratoires, etc. Sans compter, dans la foulée d'une overdose mortelle étrangère au GHB, la saisie, en août 1998, de quatre kilos de GHB... La France a par ailleurs enquêté auprès de 900 jeunes sur les usages en soirée techno : 4 % de l'échantillon affirment avoir déjà consommé du GHB. Mais l'approvisionnement en GHB par les dealers demeure, c'est un fait, extrêmement difficile. Même si la demande existe, comme le confirme l'Observatoire français des drogues : « La disponibilité du GHB au sein de l'espace festif techno, en dépit de l'intérêt qu'il suscite chez de nombreux usagers potentiels, demeure très limitée : quels que soient l'événement ou la région, ce produit est signalé comme étant rare ou indisponible. » La fabrication artisanale et Internet rendent inutile un détour par le marché parallèle.

L'Allemagne, l'Espagne (où le GHB est détecté depuis 1996), l'Irlande, le Danemark ont eu leur lot de saisies et d'incidents, parfois graves. La palme des saisies semble revenir à la Suède : une saisie unique de 50 kilos (!) en 1997, suivie, en 1998, de saisies de 13,5 et 20 litres. Les Pays-Bas, pour leur part, outre les saisies et quelques overdoses, soulignent que les structures de production illicite du GHB semblent liées au marché d'autres stupéfiants sous contrôle. Et que les dealers de GHB pourraient avoir des liens avec les producteurs d'ecstasy.

Reste la Grande-Bretagne qui, elle, suit à ce point le GHB qu'elle peut en dresser une carte nationale. Parti du milieu homosexuel pour gagner désormais le tout-public, le produit serait principalement fabriqué à Londres, dans la région du nord-ouest, dans les Midlands et au sud du pays de Galles, sur base de GBL importé de Belgique. Le GHB en tant que tel ne ferait donc pas l'objet d'une vaste contrebande internationale, si ce n'est via Internet : l'approvisionnement resterait national, les groupes criminels étant intéressés par les substantiels bénéfices que dégage ce marché. La police britannique lutte avant toute chose contre les commercialisations non autorisées, et les publicités trop violentes réalisées sur le Web.

❏ Casse-tête politique

« Commercialisations non autorisées ? » Oui, car aujourd'hui le problème du GHB en Europe demeure d'ordre législatif et politique. Face au produit, les analyses scientifiques et sociales divergent. En conséquence, le droit communautaire n'en est qu'à ses débuts. Explication : en 2000 encore, on pouvait constater un éclatement des politiques nationales. Cinq pays (Danemark, France, Irlande, Italie, Suède) avaient placé ce produit sous contrôle permanent ; la Belgique, elle, a introduit le GHB dans la liste des stupéfiants illicites ; en Autriche et Finlande, le produit est couvert par la législation médicale, de même qu'en Grande-Bretagne et aux Pays-Bas, où s'ajoute à cette mesure un contrôle systématique des abus. La Grèce se limitait à un contrôle des abus. Or, si le GHB ne peut être confondu avec l'ecstasy et ne peut donc profiter de l'engouement pour les stimulants, il représente par contre une alternative bon marché à la défonce alcoolique. Il y a menace.

Comment y réagir de manière unifiée ? La question a été abordée au niveau européen dès septembre 1999, mais c'est sous la présidence portugaise, en avril 2000, qu'une étude des risques liés à ce produit a formellement été demandée à l'OEDT, en vue d'une éventuelle prohibition du produit. Et le 15 mars 2001, les ministres de la Justice et de l'Intérieur de l'Union européenne ont dû constater qu'ils ne pouvaient imposer aux Etats membres qu'une surveillance rigoureuse de la diffusion du produit et de son impact, faute de données approfondies et consensuelles.

En fait, tout comme pour la kétamine, l'Europe manque à cette époque d'informations concernant les effets cliniques, le taux de diffusion de ce produit dans le public, son mode d'utilisation, l'implication du crime organisé et d'Internet, l'impact du GHB sur la santé publique en général, etc. Ce n'est que fin 2001 qu'une nouvelle estimation du risque pourra être livrée par Europol et l'OEDT. Il reviendra entre-temps au Parlement européen de négocier avec l'industrie chimique pour limiter autant que faire se peut la diffusion du GHB et de ses précurseurs à des fins illicites.

Face à la position des agences spécialisées américaines, qui affirment qu'« il n'y a pas d'usage licite du GHB » sur leur territoire et ont démantelé plus de 150 laboratoires clandestins, comment expliquer une telle prudence en Europe ? Il existe deux écueils : d'une part, une prohibition hâtive risquerait de déplacer le problème et d'inciter à la consommation d'autres produits, que nous présenterons au chapitre suivant. Par ailleurs, face au GHB, et tout comme c'était le cas avec la MBDB, les scientifiques de diverses nationalités n'ont pas toujours la même approche.

En France, nous n'avons pu mettre la main que sur une étude portant notamment sur le potentiel de dépendance et d'abus. Comment mesure-t-on la dépendance physique à un produit ? Par l'auto-administration. On donne à des rats la capacité, contrôlée, de s'administrer eux-mêmes un produit psychotrope, et on analyse ainsi leur comportement. Pas de doute : le rat préfère le GHB à l'eau du robinet. A cette réserve près que l'animal a tendance à s'administrer des doses importantes de GHB à certaines périodes, puis à arrêter sa consommation à d'autres. Dans une autre expérience, où il est question cette fois de voir si le rat n'associe pas le plaisir (donné par un produit) à l'endroit où ce produit lui a été administré, on note effectivement un conditionnement du rat, une certaine préférence pour la place où sa « défonce » s'est déroulée. Mais comme pour l'alcool, et contrairement à ce qu'induisent les opioïdes, la cocaïne ou les amphétamines, il faudra un nombre important d'essais avant que ce conditionnement s'établisse [12].

Il existe une étude de ce genre sur l'homme : il s'agit cette fois de 179 patients en sevrage alcoolique. Le GHB leur est administré par voie orale trois fois par jour, et ce durant 24 semaines. Il s'agit d'une dose de sommeil, déjà lourde pour un non-alcoolique. Or 10 % des patients vont augmenter les doses, jusqu'à atteindre 6 à 7 fois ce qui eût été raisonnable [13]. Outre les problèmes de surdoses, décrits plus haut, « des cas de syndrome de sevrage sont également décrits dans la littérature, mentionne le Dr Haramburu, déjà citée. Ils surviennent chez des sujets consommant de fortes doses, tous les jours, le plus souvent depuis des mois. Par ailleurs, l'existence d'une pharmacodépendance est également suggérée par plusieurs publications où des tentatives répétées d'arrêt du produit sont faites spontanément par des consommateurs chroniques (tentatives d'arrêt sans succès, aboutissant à la reprise rapide de consommation) ».

Ces constats entrent en contradiction avec une autre étude de risque menée un peu moins d'un an plus tôt aux Pays-Bas par le Centre national de coordination de l'évaluation et la surveillance des nouvelles drogues (CAM), dépendant de l'Inspection des soins de santé [14]. Les Néerlandais retiennent un « grand risque pour la santé individuelle, principalement à cause de la marge étroite entre un dosage effectif et une overdose ». Mais ils ajoutent immédiatement : « Il n'y a pas de risque de dépendance physique ni mentale et le risque relatif à la toxicité chronique est minime. Le risque pour la santé publique est considéré comme réel, surtout parce que les informations de type mode d'emploi sont peu disponibles, parfois même trompeuses et parce que le produit est relativement facile à se procurer. »

Les Pays-Bas ont une excellente raison de ne pas opter d'emblée pour la prohibition et de ne conseiller qu'une nouvelle évaluation des risques si la situation devait se modifier : « En cas de prohibition, il y aurait des conséquences considérables pour l'économie et l'industrie. » CQFD.

Il ne faut pas en déduire pour autant que l'analyse néerlandaise est forcément superficielle ou intéressée. Au contraire, ils ont défini avec une extrême précision les risques liés au GHB : la dépendance physique ? Bien moindre que celle engendrée par les « poppers » (le nitrite d'amyle). En outre, les effets secondaires désagréables induiraient une autocorrection chez le consommateur. La dépendance psychique ? Oui, parce que le GHB stimule les sensations sexuelles. Quant au risque de toxicité aiguë, il est effectivement présent, eu égard à la difficulté du dosage. Mais les Pays-Bas n'ont pas connu, eux, d'overdoses mortelles... Considérant que le volume des incidents liés au GHB est minime, les Pays-Bas constatent que le bannissement dont le GHB a fait l'objet dans la majorité des smartshops est source de risques additionnels : la fiabilité des canaux de distribution est désormais en cause. Mais pas la fiabilité du produit qui, lui, ne génère pas lors de sa fabrication de sous-produits toxiques.

❑ « Une bulle médiatique »

Les positions néerlandaises en matière d'ordre public sont tout aussi décapantes : le CAM ne croit pas vraiment à la « drogue du viol », et évoque une bulle médiatique : « Le fait que le GHB peut être versé dans les boissons est probablement moins important, puisque le goût change et qu'il est donc évident que la boisson a été manipulée. » Le même rapport précise pourtant en annexe qu'en 1998 quatre cas de viols ont été rapportés dans lesquels le GHB aurait joué un rôle. Quant au trouble social provoqué par les consommateurs, La Haye rappelle que le GHB est un calmant.

Certes, le consommateur peut devenir agressif lorsqu'il est sorti de son état inconscient ou de son coma, mais pas davantage qu'avec d'autres narcotiques.

En synthèse, pour les Pays-Bas, le GHB présente un «grand» risque pour la santé individuelle, un risque «existant» pour la santé publique, et des risques «limités» en matière d'ordre public, de criminalité et autres. A mode d'évaluation similaire, le GHB apparaît moins dangereux que la MBDB, et bien mois dangereux que le 4-MTA.

Conséquence de la divergence franco-néerlandaise (et sans doute du poids de l'industrie pharmaceutique) : l'Europe n'aboutira jamais à une interdiction communautaire du GHB. Elle se fera même devancer par les Nations unies qui, elles, incluront le produit dans une catégorie spécifique : celle des stupéfiants à proscrire mais qui ont une utilité médicale.

Qu'importe. Le débat ouvert par la position néerlandaise en appelle un autre : la prohibition complète du GHB, outre son impact industriel, n'induirait-elle pas un regain de popularité de produits frères, comme le 1,4-butanediol ? C'est malheureusement ce que constate la France, six mois après l'interdiction du GHB dans l'Hexagone.

NOTES

1. L'Observatoire français des drogues et des toxicomanies (OFDT) évoquait également en juin 2001 la possibilité qu'existent des comprimés de GHB vendus à 150 FF (22,86 €).
2. Dr Françoise Haramburu, *Rapport sur l'oxybate de sodium (GHB ou acide gamma-hydroxybutyrique)*, Centre d'évaluation et d'information sur la pharmaco-dépendance de Bordeaux (France), mise à jour juillet 2000.
3. Acide gamma-amino-butyrique (GABA).
4. *Microgram*, vol. XXXII, p. 215, août 1999
5. FDA, Food and Drug Administration.
6. Appréciation de l'Inserm.
7. Trend, Veille Internet, novembre 1999.
8. Pierre-Yves Bello, Abdalla Toufik, Michel Gandilhon, *Tendances récentes. Rapport Trend*, OFDT, Paris, juin 2001.
9. En 1999, un laboratoire judiciaire du Missouri a mis au point un test de détection par la couleur, basé sur un mélange de nitrate de cobalt à de l'éthanol. Mais le temps requis par ce test le rend inadéquat dans le cadre d'opérations policières de routine.
10. 60 % connaissaient un coma avec score de Glasgow (méthode clinique d'ap-

préciation de la profondeur d'un coma) inférieur à 8 ; 28 % avaient un score de Glasgow inférieur à 3.

11 OEDT, *Rising european Concern over Misuse of two synthetic Drugs*, 15 mars 2001.

12. Dr Françoise Haramburu, *op. cit.*

13. *Idem.*

14. Coördinatiepunt Assessment en Monitoring nieuwe drugs (CAM), *Evaluation des risques relatifs au Gammahydroxybutyrate (GHB)*, La Haye, septembre 1999.

ur le culturisme ? Il a parlé d'un malaise et d'un supplé-
ent énergétique, non ? Energétro, Energétron, un truc du genre...
nergétrois, voilà ! « NRG3 »... Denis se sentait mal, en avait
valé une dose indéfinie. Lorsque les infirmiers déboulent dans
appartement enfumé, le repas est en train de brûler et Denis
st toujours à terre, inconscient. Son cœur bat trop vite, sa ten-
ion est trop haute. Les urgences, direction : l'hôpital de Minneapolis...

Lorsqu'il recouvre ses sens, Denis est transféré au département
psychiatrique. On se rappellera alors qu'il a une longue histoire
d'abus de substances stupéfiantes. Pendant deux ans, Denis a pris
des doses croissantes de 1,4-butanediol et de GBL pour se consa-
crer au body-building, mais aussi pour soigner sa... dépendance au
GHB. Ces doses deviendront permanentes : il est « sous influence »
24 heures sur 24. L'arrêt de ces suppléments « diététiques » provoquera divers symptômes de sevrage, parmi lesquels des hallucinations auditives, des vomissements, des crises de terreur, sans
oublier l'insomnie, l'anxiété, l'agitation... Dans les fichiers de
l'hôpital de Minneapolis, Denis demeure aujourd'hui l'un des rares
cas d'intoxiqué au 1,4-butanediol qui n'ait pas laissé sa vie dans
l'aventure.

Quelques mois se passent. Nous sommes le 18 janvier 2000, à
l'autre bout du monde : rue du Faubourg-Saint-Denis, siège de
l'hôpital parisien Fernand Widal et du Centre d'évaluation et d'information sur les pharmacodépendances (CEIP) pour l'Ile-de-
France. Le GHB est interdit depuis huit mois et, comme dans
d'autres pays, cette prohibition a déplacé le problème : « La
consommation substitutive du 1,4-butanediol semble gagner du
terrain », note le Centre : « Des échantillons de butanediol vendus
sous le nom d'ecstasy circulent actuellement dans les soirées fes-
tives. Les effets recherchés seraient ceux de son métabolite, le
gamma-OH (GHB) : euphorie, sédation, hallucinations. » La
ritournelle est connue : interdisez une substance, et ses cousins
débarquent sur le marché.

BUTANEDIOL, LA DÉFONCE DES MU

> *Cinquante ans plus tard, ses dérivés*
> *repoussaient les limites de la rage, et rep*
> *race humaine à quatre pattes, dentition*
> *prête pour l'égorgement, cerveau relégué*
> *la malle arrière.*
>
> Chantal Pelletier, *Le Chant du*

Dénomination scientifique : 1,4-butanediol.
Principales dénominations : 1,4-B, BD, DBO, butylène glycol, 1,4-t
méthylène glycol, « Pro-G », « Thunder », « One4b », etc.

Dénomination scientifique : Gammabutyrolactone (ou « GBL »).
Principales dénominations : GBL, BLO, butyrolactone, « Blue Nitro
« Invigorate », « Revivarant », « GH Revitalizer », « Insom-X », etc.

Dénomination scientifique : Bêta-hydroxy bêta-méthylbutyrate (ou
HMB).
Principales dénominations : HMB.

Principaux effets : similaires au GHB.
Zones de diffusion : mondiale.

« Denis ? Denis ? ! » Au téléphone, son correspondant vient d'entendre un bruit sourd, comme la chute d'un corps sur le sol. Denis, 26 ans, ne répond plus. Ce jeune homme élancé et musclé, apparemment bien dans sa peau, téléphonait à son frère tout en préparant le repas. Et puis, plus rien… Le frère de Denis s'inquiète, prévient les urgences, tente de comprendre ce qui a pu se passer : Denis a-t-il parlé d'autre chose que sa fichue passion

❏ Gonflés au butane

Le rebondissement était prévisible et frappe la planète entière, de New York à Auckland (Nouvelle-Zélande), de La Nouvelle-Orléans à Paris. A Philadelphie, fin octobre 2000, le Collège américain des médecins d'urgences reconnaît que la prohibition du GHB n'a rien modifié, et que les overdoses continuent : il s'agit cette fois d'usage direct de l'un de ses produits précurseurs, le 1,4-butanediol, mais les symptômes d'intoxication et de manque sont similaires. L'expérience de médecins de Minneapolis montre que les décès commencent dès l'ingestion de 5 grammes.

En janvier, puis en avril 2001, le ministre de la Santé néo-zélandais revient à la charge : trois personnes ont perdu conscience suite à l'ingestion de « BD », et des saisies significatives de « One4b » (un produit contenant le 1,4-butanediol) ont été réalisées à Auckland et Timaru, tant dans les îles du nord que du sud.

En fait, le butanediol est partout, et depuis plusieurs mois. A Houston (Texas), la police met la main sur des bouteilles d'un liquide jaune pâle, étiquetées « Ultimate euphoria »[1] : du butanediol. A San Jose (Californie), une bouteille de « sirop pour la toux », contenant un liquide incolore, est appréhendée en même temps qu'une bouteille de « Thunder Nectar » contenant un liquide bleu foncé[2] : du butanediol, dans les deux cas.

En parallèle, les sites Internet dédiés aux défonces ont intégré ces « nouveaux produits », mais cela n'apparaît que comme un changement de formule chimique ou de dénomination des produits concernés. A lire les témoignages d'utilisateurs, tout se passe comme si GHB, GBL et 1,4-B étaient parfaitement équivalents, interchangeables, tant au niveau des effets positifs que de leurs désagréments secondaires.

Ce n'est pas tout à fait vrai. 1,4-butanediol (1,4-B) et gammabutyrolactone (GBL) sont effectivement les deux précurseurs du GHB, et qui plus est deux précurseurs in vivo, où le corps humain est le laboratoire naturel de transformations. Encore faut-il donner le détail de ces transformations : une fois ingéré, le GBL est métabolisé en GHB. Voilà qui est simple : même profil toxicologique et pharmacologique, la seule différence éventuelle est juridique. Mais le 1,4-B, lui, est métabolisé en trois sous-produits : GHB, GBL (qui devient ultérieurement du GHB) et acide succinique, ce dernier produit se retrouvant à l'état naturel dans certains légumes ainsi que dans le vin. Cette petite différence a pour conséquence que, chez le rat, la dose mortelle de 1,4-B est inférieure à celle du GBL [3].

Différence dérisoire ? Prenons le problème autrement : gavons un rat de 100 à 400 mg/kg de GBL. Même si ce traitement dure plusieurs mois, l'animal le tolère assez bien. Mais si on administre au même rat une dose bien plus faible de 1,4-B (de 100 à 250 mg/kg), il perd connaissance...

❑ Les apprentis sorciers

Pendant ce temps, la planète tourne. Si la prose diffusée sur le Net assimile parfois « 1 ml de 1,4-B à l'équivalent approximatif de 1 gramme de GHB », alors que d'autres affirment que « 1 ml de 1,4-B est égal à 1,5 g de GHB en poudre », une culture des produits de substitution se développe : il est rapporté que le GBL et le 1,4-B provoquent des effets tout aussi rapides que le GHB, mais une montée plus douce ; qu'en outre, ces deux produits ne perturbent pas le sommeil par des éveils intempestifs, en pleine nuit, comme c'est le cas du GHB. Le seul GBL est décrit comme source potentielle de maux de tête pour les usagers lourds, donnant en outre une haleine effroyable. Mais c'est pour mieux mettre en avant les « qualités » du 1,4-B.

Pourtant, les expériences ne sont pas toujours positives. Le goût spécifique du 1,4-B – « les particularités de l'éthanol avec une touche douce et sirupeuse » ou encore « un goût amer de quinine qu'on peut réellement apprécier » – n'est qu'un détail par rapport au goût horrible du GBL. Par contre, parlant de sevrage au 1,4-B, un consommateur en état de manque se plaint de « symptômes de type cardiaques. Les paumes moites, une pression sanguine à la limite, une fréquence cardiaque qui approche les 110 pulsations/minute. Des douleurs de poitrine et une impression plutôt barbante. Cela a duré 4 à 5 jours après que j'aie cessé d'utiliser le [1,4-B]. Je l'utilisais quotidiennement, parfois plusieurs fois par jour. A un certain moment, je me suis même retrouvé aux urgences d'un hôpital local[4]».

Un autre usager, par contre, trouve au 1,4-B une stabilité d'effets qu'il n'avait pas rencontrée avec le GHB. Il explique que, passé 6 ml, la majorité des consommateurs sont malades. Et il livre sa propre table d'expérimentation, que ce soit l'estomac rempli ou vide : lorsque l'estomac est vide, la plénitude des effets ne serait rencontrée qu'avec 5 ml. «A 7 ml, je ne conduis plus et suis TRÈS amical. A 8 ml, je tomberais endormi par périodes de 5 à 10 minutes. Les usages possibles [du 1,4-B] : pour supporter des collaborateurs déplaisants, pour le contact lors d'événements sociaux, être amical (*sic*) avec les personnes du sexe opposé, sortir avec le copain ou la copine, les dîners et soirées en famille, le besoin de sommeil.» Ces repères étant parfaitement individuels, il termine par cette observation curieuse : «Si vous voulez essayer ce produit avec du cannabis, consommez d'abord le cannabis, puis n'ingérez pas davantage que la dose "plein effet" de 1,4-B. Faute de quoi vous ne serez pas en état d'apprécier l'interaction que les deux produits peuvent avoir.»

De fait, si le GHB était déjà utilisé en certaines occasions comme complément d'autres stupéfiants, telle paraît être la spécificité dominante de l'usage du 1,4-B : on l'utilise avant de prendre l'avion en lieu et place d'un anxiolytique, mais aussi et surtout pour faire retomber les effets du LSD ou des champignons hallucinogènes. Ou encore pour recadrer, modifier partiellement les effets d'autres substances comme la MDEA. Deux utilisateurs font ainsi état d'une expérience de mélange de 1,4-B et de MDEA qui, visiblement, les a fort rapprochés physiquement : «Samedi soir, j'étais avec cette fille, J. Nous avons tous deux pris 2 ml de 1,4-butanediol et vivions un gentil "buzz", lorsque nous avons décidé de prendre de la MDEA. Après une demi-heure, les effets ont commencé à se faire sentir, et, après une heure, ils étaient complets.» Les deux copains commencent à se masser, dépassent les limites du massage amical, puis l'homme révèle : « Les drogues de type ecstasy n'ont jamais eu sur moi une dimension sexuelle, mais c'était assez central dans cette expérience. Les effets de la MDEA sont partis, et, après deux heures, nous avons bu chacun à nouveau 4 ml de 1,4-butanediol. Les drogues de type GHB et de type ecstasy ont une synergie très puissante. La MDEA vous évite le sommeil engendré par le butanediol, et le butanediol réveille les effets de la MDEA, mais de manière plus moelleuse. Cette synergie est l'une de mes combinaisons favorites. Nous avons passé environ une heure à parler et à nous câliner, avant qu'elle ne se décide à se lever et à danser. Les effets de la MDEA étaient alors entièrement dissipés, et le butanediol nous a laissé une impression de fatigue. Nous avons ensuite dormi plusieurs heures. »

Une autre expérience de mélange, au résultat bien moins agréable, est racontée par un jeune qui s'est défoncé dès le début de soirée au cactus hallucinogène. Le trip a été particulièrement dur aux environs de minuit. Et, alors que le jour se lève, il partage avec d'autres amis des « lampées » de 1,4-butanediol afin de trouver rapidement le sommeil. En fait, malgré le caractère apaisant de ce type de produit, il ne parviendra pas à dormir avant midi : « Vers 6 heures j'ai pris 2,5 ml, puis à nouveau 3 ml une heure plus tard. Une chose étrange s'est produite : mon corps a été extrêmement intoxiqué par le butanediol, mais mon cerveau demeurait sous influence de la mescaline sans qu'apparemment le butanediol ne l'influence. Cette incongruité m'a donné l'impression étrange et peu confortable que j'étais incapable de contrôler mon corps. Alors que la coordination de mon corps était grillée, mon esprit était clair. Ce n'est pas une combinaison que je réessayerai. »

❏ Les six de Minneapolis

Si quelques remarques glanées sur l'Internet peuvent donner envie d'essayer le 1,4-butanediol, il existe pourtant une étude de cas, réalisée en 1999 par six médecins de services d'urgence de Minneapolis [5], qui ôte tout attrait à cette substance : de juin à décembre 1999, ces six médecins se sont penchés sur six admissions d'urgence liées à l'usage de 1,4-butanediol, généralement vendu en compléments diététiques. Ils ont pu en outre retrouver les données hospitalières de trois autres cas :

– Andy a 32 ans, son épouse 29. Alors tous deux en pleine santé, ils souhaitent stimuler leur vie sexuelle et absorbent un supplément diététique baptisé «Thunder Nectar». L'épouse se souvient que quinze minutes après avoir avalé le produit, elle souffrait de tournis et s'est affalée dans un fauteuil. Elle s'est réveillée sept heures plus tard : elle était sur le sol, avec son mari. Tous deux couverts de vomi et ayant visiblement souffert d'incontinence. Lui était mort, victime, notera l'autopsie, d'un œdème pulmonaire.

– Brigitte a 42 ans et souffre d'insomnie. Elle va absorber un complément diététique dénommé «NRG3». Son petit ami lui parlera encore trois heures après l'ingestion, mais il la quitte une heure plus tard, alors qu'elle dort. Huit heures après – bref, douze heures après la prise du «NRG3» – le petit ami ne retrouve plus qu'un cadavre. L'autopsie identifie un œdème pulmonaire....

– Chris a 22 ans, et avale un supplément baptisé «Serenity» : histoire d'accroître, dira-t-il, son «énergie». Une heure plus tard, ses amis le retrouvent inconscient. Lorsque les infirmiers débarquent, il vomit, ne répond pas à la douleur, souffre de ralentissement du rythme cardiaque, d'hypotension, de dépression respiratoire. Il est incontinent. Il sera intubé et redeviendra conscient dans les heures qui suivent.

– Evelyn, 37 ans, sera peut-être la plus étrange de toutes les patientes de Minneapolis : lors de l'une de ses crises, elle avalera un supplément alimentaire dénommé «InnerG». On la retrouvera, une heure et demie plus tard, hurlant et divaguant à même le sol, désorientée, souffrant d'incontinence. Après son admission au service des urgences, elle alternera curieusement les moments de cris et de prostration. Lorsqu'elle commencera à pouvoir parler de ses usages passés, elle admettra avoir utilisé l'«InnerG» toutes les quatre heures, en permanence durant quatre semaines. Le soir de la crise, elle a souhaité augmenter la dose, afin de retrouver davantage d'«énergie». Pourquoi cette consommation effrénée? Elle souhaitait combattre l'insomnie, puis la dépression. En conséquence, elle utilisera pendant un an huit marques différentes de produits contenant du 1,4-butanediol ou du GBL... Trois mois plus tôt, elle a d'ailleurs déjà été hospitalisée une première fois, souffrant cette fois d'hallucinations auditives, visuelles, tactiles, mais aussi de paranoïa, de crises de terreur, d'agitation, d'insomnie. Les effets délirants continueront jusqu'à... cinq jours après son admission à l'hôpital. Deux mois plus tard, elle prendra une dose inconnue d'un supplément baptisé «Zen»: on la retrouvera en train de se frapper la tête contre le sol de son appartement. A l'heure où l'équipe de Minneapolis publie son étude de cas, la toxicomanie d'Evelyn est toujours en traitement...

– L'histoire de Freddy, 51 ans, est moins spectaculaire: il avale l'«InnerG» avant sa séance de culturisme. Une heure plus tard, il perd conscience alors qu'il conduit. Il sera retrouvé «endormi», au volant de son véhicule, à un carrefour. Ce «sommeil» doublé d'amnésie, dont il ne sortira qu'après avoir été vigoureusement secoué par les policiers, disparaîtra après deux heures. Il avait ingéré «InnerG» en remplacement d'une autre formulation commerciale du GBL, le «Revivarant», qu'il utilisait sans problème depuis quatre mois pour augmenter ses performances athlétiques et sexuelles.

– Enfin, Greg, 29 ans, avait opté pour la débrouille: il est alcoolique, surfe sur le Net et découvre que le 1,4-butanediol est parfois testé dans le traitement des toxicomanies et du sevrage alcoolique. Il se procure donc, via le Net, du 1,4-butanediol de qualité industrielle chez un grossiste en produits chimiques. Et, toutes les quatre heures, il va traiter son alcoolisme en buvant un butanediol particulièrement pur. Mais les voisins le signaleront bientôt: il erre, désorienté, partiellement déshabillé. Lorsque les policiers débarquent à son domicile, il est à terre, plus tout à fait conscient, sue abondamment, est en dépression respiratoire et tremble de tous ses membres. Cinq heures plus tard, indemne de tout symptôme, il quitte l'hôpital...

Cette petite dizaine de cas permettra au moins aux médecins

d'établir la dose mortelle du 1,4-butanediol : de 5 à 20 g [6]. Pour le reste, les effets du butanediol demeurent largement à explorer.

❑ Après la bombe bleue, le « bêta bêta » ?

La prohibition du GHB n'a pas eu pour seule conséquence un engouement nouveau pour le 1,4-butanediol. Le GBL en a bénéficié lui aussi, dans une certaine mesure et pendant un laps de temps assez bref. Mais la guerre lui a été déclarée dans le même mouvement, les Etats-Unis demandant dans un premier temps aux vendeurs de produits contenant du GBL de retirer volontairement ce genre de marchandises de leurs stocks.

L'exemple du « Blue Nitro » est célèbre : il s'agissait d'un supplément alimentaire pour culturistes composé de GBL, de potassium, de riboflavine (vitamine B2) et d'essence de Wintergreen. Vendu comme élixir euphorisant, il était présumé brûler les graisses, améliorer l'humeur, réveiller la vie sexuelle et même induire un sommeil agréable. La police de San Francisco a eu, en 1999, toute difficulté à obtenir le retrait d'un produit qui, avant d'être ingéré, n'est constitué d'aucun produit interdit. Ce n'est plus le cas aujourd'hui : le producteur du « Blue Nitro » a accepté de retirer de la vente son produit, et, aux Etats-Unis, le GBL est sous contrôle légal depuis le début de l'an 2000. Il était temps : le GBL, vendu pour le développement musculaire, l'amélioration des performances physiques et sexuelles et la réduction du stress, avait déjà donné lieu à diverses commercialisations sous les noms de « Renewtrient », « Revivarant », « GH Revitalizer », « Gamma G », « Insom-X », « Remforce », etc. [7]. Dans le même temps, le GBL se dissimule dans d'autres conditionnements commerciaux : on le cache par exemple dans des bouteilles de « Gatorade », comme le découvrira l'agence antidrogue d'Albuquerque (Nouveau-Mexique) [8].

En juillet 2000, surveillant les forums de discussion sur l'Internet, l'Observatoire européen des drogues et des toxicomanies (OEDT) relève plusieurs échanges de courrier lié à un autre produit, réputé équivalent au GHB, distribué lui aussi dans les filières de compléments nutritionnels pour culturistes : le HMB, ou bêta-hydroxy bêta-méthylbutyrate (« bêta bêta »), dont les promoteurs affirment qu'il existe à l'état naturel dans certains aliments dont le silure et la luzerne. Introduit sur le marché en 1996, le HMB est proposé aux fins d'augmenter la force musculaire et la masse physique et de prévenir les carences en protéines. De ce seul point de vue, le HMB pose déjà problème dans la mesure où il représente un supplément « diététique » très onéreux, dont on ne connaît ni les effets à long terme, ni le fonctionnement exact. Ni, en conséquence, les modalités d'administration les plus adéquates. L'un de ses promoteurs va jusqu'à conseiller aux « femmes enceintes ou en période d'allaitement de ne pas utiliser le HMB, sa nature étant assez obscure. (…) Son degré d'efficacité et ses modalités d'administration sont toujours sous enquête ». Bénéficiant de la réputation flatteuse de « nouveau GHB légal », le HMB est-il recherché par les culturistes ou par les candidats à la défonce ? En France, l'Inserm en fait en tout cas mention dans sa présentation « tous publics » du GHB : « Il semble intéressant de mentionner l'apparition d'un nouveau produit renommé dopant, ayant en plus de fortes capacités empathogènes[9], le HMB, produit endogène très prisé dans les milieux culturistes américains. Ce nouveau produit anabolisant tend à remplacer la consommation de GHB, qui est de plus en plus victime de sa mauvaise publicité. »

L'avenir dira ce qu'il en est.

NOTES

1. « 1,4-butanediol, LSD, and MDMA in Houston, Texas », *Microgram*, vol. XXXIII, n° 3, mars 2000.

2. « 1,4-butanediol, found in exhibits analyzed by Santa Clara county district attorney's crime lab », *Microgram*, vol. XXXII, n° 8, août 1999.

3. Ce qu'on appelle la « DL50 » – la dose létale avec laquelle 50 % des animaux meurent en un temps donné – varie, pour le rat, de 1 580 à 1 800 mg/kg en ce qui

concerne l'injection de GBL, et elle est de 1 350 à 1 780 mg/kg lorsqu'il s'agit de 1,4-B. Par voie orale, la DL50 de butanediol chez le rat est de 11 780 mg/kg.

4. August, « Withdrawal symptoms », The Vaults of Erowid, www.erowid.org.

5. « Adverse events, including death, associated with use of 1,4-butanediol », *The New England Journal of Medecine*, vol. XXXIV, n° 2, janvier 2001.

6. Ou plus précisement, de 88 à 300 mg par kilo de masse corporelle.

7. « "Blue Nitro" hits San Françisco », *Microgram*, vol. XXXII, n° 3, mars 1999.

8. « Gammabutyrolactone (GBL) found in a Alburquerque, New Mexico submission », *Microgram*, vol. XXXII, n° 3, mars 1999.

9. Provoquant l'empathie, la capacité de s'identifier à quelqu'un et de ressentir ce qu'il ressent.

AZOTE ET POPPERS, LA PART DES ANGES*

> *La chaleur que dégageaient les danseurs se trans-*
> *formait en vapeur empestant les poppers et le Vicks*
> *vaporub. On tendit à Mannie un flacon de nitrite*
> *d'amyle qu'il fit passer à Hogie. Les émanations*
> *explosèrent dans ses poumons. Il eut juste le temps*
> *de reboucher le flacon avant que sa tête décolle dans*
> *une déflagration de bruit écarlate.*
>
> Nicholas Blincoe, *Une simple question*
> *d'excédent de blé.*

Les stars du marché : popper, duster.
Principaux produits :
  Ether : éther sulfurique, dit « ordinaire » ($[C_2H_5]_2O$).
  Trichloréthylène : ou « trichlo », solvant pour matière grasses ($CHCl=CCl_2$).
  Air sec : ou « duster », gaz liquéfié contenu dans certains sprays nettoyants.
  Protoxyde d'azote : ou « gaz hilarant », détourné de son usage médical.
  Nitrite d'amyle : ou « popper », terme générique qui englobe les trois nitrites d'amyle, butyle ou propyle, vendu en solution dans des solvants.

Jean a 28 ans, il vit seul depuis quelques années. De lui, ses voisins ne savent que peu de choses et, lorsqu'on les interroge, ils ne formulent que des propos convenus. Du genre : « Comme il est

---

* La « part des anges » désigne l'alcool évaporé lors du processus de maturation du calvados. Ces vapeurs s'échappent des fûts de chêne et déposent une couche noire sur les voûtes des caves d'entrepôt.

calme », « On ne l'entend pas », « Il a l'air bizarre dans son monde mais n'a jamais posé de problème ». D'autres précisent que « c'est un marginal, sûrement un artiste, en tout cas un solitaire ». Solitaire, c'est certain. Pas d'amis, encore moins d'amies. Pas de visite. Son seul contact avec l'extérieur semble être un téléphone qui résonne deux fois par semaine : l'appel de ses parents adoptifs, relégués eux aussi au rang de figurants dans une vie qui se dissout dans la défonce.

C'est précisément ce lien fragile avec le monde extérieur qui déclenchera l'alerte. Pas de réponse ? Bien que Jean ait refusé tout contact direct, ses parents décident de se rendre sur place, de tenter une rencontre. La porte est close, l'habitation silencieuse. Les voisins assurent pourtant qu'ils n'ont pas vu Jean sortir depuis quelque temps déjà. De plus en plus inquiets, les parents décident d'appeler les forces de l'ordre, d'obtenir, après sommations d'usage, que la porte soit enfoncée…

Jean est à moitié nu, gisant hagard, amaigri et sans voix au beau milieu de la cuisine. Aucune expression ne marque son visage, aucune communication ne semble possible. Pas besoin d'être médecin pour réaliser la gravité de la situation : les policiers alertent le Samu qui, après les premiers soins et la pose d'une perfusion, transfèrent Jean à l'hôpital le plus proche. Durant le trajet en ambulance, le jeune homme reste muet, les yeux grands ouverts, insensible en apparence à l'agitation extérieure. Un bilan complet, réalisé dès son hospitalisation, ne livre guère d'autre clé : Jean n'est pas à proprement parler dans le coma, mais vit plutôt un moment de totale déconnexion du monde extérieur. Le psychiatre de garde est appelé à son chevet, sans plus de succès : il n'arrive pas, lui non plus, à entrer en contact avec Jean.

Il restera déconnecté durant toute la première semaine d'hospitalisation : pas un mot, pas un regard, à peine un mouvement. Le disque dur s'est méchamment planté, impossible de relancer le programme. Entre-temps, les analyses toxicologiques tombent : Jean est positif au cannabis, à la cocaïne, aux opiacés, aux benzos. Le cocktail complet. S'agit-il d'une overdose accidentelle ? D'une tentative de suicide manquée ? Une rencontre avec les parents, 48 heures après son admission en psychiatrie, permettra de reconstituer les bribes de son parcours : d'origine indienne, Jean a été adopté à l'âge de 6 ans par des parents déjà âgés. Comme souvent, personne n'a pu leur fournir le moindre élément biographique concret concernant les six premières années de la vie de l'enfant. L'unique renseignement dont ils disposent est l'existence d'un orphelinat où « Jean » sera recueilli et séjournera jusqu'à son adoption. Puis Jean a grandi en Europe, sans problème apparent jusqu'à l'âge de 15 ou 16 ans. Le rêve s'est ensuite pulvérisé en même temps que l'harmonie familiale.

Ce jeune homme a commencé à fréquenter des marginaux, surfant sur la vague de diverses drogues. Il est devenu lui-même un adepte régulier de la défonce. Mais quelle défonce ? Tout et n'importe quoi : alcool, médicaments, cocaïne, crack, amphétamines, ecstasy, LSD. Mais également éther et « trichlo », le trichloréthylène, puissant solvant de nettoyage. Ses études s'en ressentent, il devient de plus en plus distant et solitaire, délaisse désormais la vie familiale, sociale et scolaire. Au terme d'un parcours chaotique, Jean décroche péniblement son bac avec trois ans de retard, quitte sa petite ville pour l'université du département. Là, livré à lui-même, la dépendance et la défonce s'aggravent. C'est l'échec : rupture totale avec tout et tout le monde, interpellations policières, naufrages scolaires. Le seul échange que Jean accepte encore, c'est le contact téléphonique bihebdomadaire avec ses parents. Des parents qu'il ne reçoit jamais et chez qui il refuse de se rendre. Ceux-ci sont à la fois dépités, épuisés, culpabilisés et craignent de donner au psychiatre l'impression de ne pas avoir fait ce qu'il fallait quand il le fallait. Mais que fallait-il faire ? Et à quel moment ?

Pressés de questions sur les semaines précédant l'hospitalisation, les parents expliquent que, ces derniers temps, leur fils était à ce point en manque de défonce qu'il avalait, sniffait et buvait tout ce qui était à sa portée. Comme il n'avait que peu de revenus, sa principale source de défonce était la consommation massive d'éther et de solvants divers qu'il inhalait en grandes quantités. Selon toute probabilité, il en était venu ces derniers temps à boire l'éther au goulot...

Après une semaine de mutisme, Jean se met enfin à parler mais de manière confuse, semblant ne reconnaître ni ses interlocuteurs quotidiens ni ses proches, incapable de dire qui il est, où il est, dans quel type d'endroit il se trouve ni dans quelle ville. Quel jour est-on ? Quel mois ? De quelle année ? Que vous est-il arrivé ? Où habitez-vous ? Autant de questions qui plongent Jean dans un océan de perplexité. Une analyse fine de l'encéphale, par résonance magnétique nucléaire, confirmera une atteinte globale et massive du cerveau. Entre autres lésions, la plus spectaculaire est la destruction totale de cette barrière qui protège le cerveau du sang, ce qu'on appelle la « barrière hémato-encéphalique ». Ce rempart naturel, qui sépare l'encéphale des substances véhiculées dans le sang, empêche normalement les produits toxiques d'atteindre directement les fonctions cérébrales. Mais ici, l'usage de solvants a été à ce point massif que les digues sont rompues : très logiquement le solvant a rempli son office et… dissous la barrière.

A l'automne 2001, Jean sera finalement transféré dans un centre de réadaptation neuropsychiatrique, et y séjournera probablement de longs mois. L'espoir ? Récupérer, si cela est encore possible, une petite partie de ses capacités mentales dissoutes aux solvants.

Si tous les récits de ce type de défonce ne sont pas aussi dramatiques que celui de Jean, l'usage de ces produits, pour la plupart bon marché et facilement accessibles, est extrêmement dangereux pour le consommateur. On les trouve depuis toujours au rayon ménager des grandes surfaces, ou chez vous, quelque part entre les produits d'entretien familiaux et les réserves de peinture du bricoleur de service. Tous ne représentent pas de « nouvelles » défonces, loin de là : le paradis en tube de colle ou les mirages au solvant sont autant de classiques. Mais ces dernières années ont sensiblement dopé le marché du sniff.

❑ Combat nasal

Traditionnellement, les usagers de ce genre de substance jettent leur dévolu soit sur les produits d'anesthésie (chloroforme, etc.) soit sur les solvants volatils comme la colle, l'essence, l'éther, le tétrachlorure de carbone, les diluants de peinture ou le fameux trichlo-réthylène, cette défonce à trois euros la boîte. Une troisième possi-bilité est le recours aux gaz comme le fréon, l'hélium, le xénon, et autres produits utilisés dans certains aérosols. Les sprays de fixa-tion pour les cheveux, les sprays désodorisants, les bombes diverses contiennent parfois un produit propulseur – celui qui s'échappe encore lorsque l'aérosol est vidé de son contenu – qui peut être récu-péré pour le « sniff », la défonce par inhalation.

Dans les faits, et pour des raisons essentiellement économiques, cette pratique est intimement liée à la crise d'adolescence. Si elle était déjà connue aux Etats-Unis dans les années cinquante, elle s'est propagée comme feu de paille à l'Europe dans les années quatre-vingt. Elle a connu depuis lors un reflux est s'est stabilisée à un bas niveau, du moins en Europe de l'Ouest. Si on réduit le « sniffeur » à son image statistique, il s'agirait d'un adolescent plus souvent que d'une adolescente, âgé de 16 ou 17 ans, faible et fragile psychi-quement, de niveau scolaire médiocre. Sa famille est plutôt défa-vorisée, et il associe le sniff à la consommation d'autres substances licites ou illicites. Mais ce n'est ici qu'un portrait-robot.

Ce sont les solvants organiques qui sont le plus fréquemment uti-lisés, qu'ils soient inhalés ou bus, comme dans le cas de Jean. Ces produits agissent sur le système nerveux central et induisent une ébriété dans les deux à quatre minutes qui suivent l'inhalation. L'ivresse est accompagnée d'euphorie, de vertiges auxquels succè-dent des hallucinations visuelles de type « kaléidoscope », ce que recherchent les sniffeurs. Ensuite surgissent des symptômes nette-ment moins agréables comme des tremblements, une absence de coordination des mouvements volontaires, des troubles du langage, le tout accompagné le plus souvent de nausées. Les décès ne sont pas rares : en cinq ans, de 1980 à 1985, alors que ces produits sont à leur apogée, le Royaume-Uni va recenser pas moins de 385 décès liés à l'inhalation de solvants.

Lorsque l'usage est répété, chronique, le sniff peut induire de graves perturbations du jugement, une diminution des facultés intellectuelles, une réduction quasi totale des capacités d'élabora-tion mentale. Exceptionnellement, comme ce fut le cas avec Jean, une détérioration du cerveau aboutit à la démence, une sorte d'«Alzheimer toxique». Parce que les solvants organiques agissent directement sur la membrane des cellules nerveuses, perturbant ainsi la transmission d'informations nécessaire au bon fonctionnement du cerveau et de l'organisme en général.

Ce n'est pas tout : peuvent surgir des problèmes rénaux, réversibles lorsque l'usager cesse le sniff. Ou des problèmes gastro-entérologiques, ce qu'on appelait au XIXᵉ siècle la gastrite des éthéromanes et qui réapparaît de nos jours chez les adolescents et usagers de solvants : elle se traduit par des brûlures d'estomac, des nausées, des vomissements, des douleurs abdominales et un trouble du transit intestinal. Traduction pratique : les usagers chroniques d'éther souffrent quasi automatiquement d'anorexie et perdent du poids. Et ceci ne constitue qu'un tout petit échantillon des problèmes de santé particulièrement graves générés par ce genre d'abus[1].

Quant à la variété des produits inhalés, l'imagination est reine : colles à rustines, colles à boyaux, colles industrielles, colles destinées à la réparation des palettes de tennis de table, détachants de type «Eau écarlate» ou «Sassi» disponibles dans les rayons de produits d'entretien de n'importe quelle grande surface. Sont également utilisés des solvants pour peinture et vernis comme le white-spirit ou l'essence de térébenthine, des produits pour le nettoyage des vitres, les désodorisants d'atmosphère, certaines préparations cosmétiques, laques ou solvants pour laques, de l'antigel, des carburants... Comme la majorité de ces produits sont inflammables voire explosifs, certains sniffeurs se retrouvent d'ailleurs, non pas en réanimation ou en psychiatrie, mais au département des grands brûlés.

❏ Poppers, l'air à la mode

Le sniff a pourtant changé de nature ces dernières années, avec le développement de trois produits-phares : l'air sec, le gaz hilarant et les poppers.

L'«air sec», ou «duster», n'est rien d'autre qu'un gaz liquéfié, contenu dans certaines bombes utilisées pour nettoyer le matériel informatique ou photographique. L'inhalation de ce gaz perturbe le fonctionnement des cordes vocales et induit une euphorie comparable à celle produite par l'hélium. Dans certaines discothèques, il semble que l'usage d'air sec soit associé à celui de l'ecstasy. Un cocktail qui n'est pas sans risque puisque, comme pour les solvants organiques, des troubles de la vision et des atteintes du système nerveux central ont été décrits lors de l'usage d'air sec. Il ne s'agit que d'une variante des comportements adolescents constatés ces vingt dernières années puisque les aérosols de «duster» s'achètent aisément, sont d'une puissance redoutable (hallucinations voire pertes de contrôle en 3 à 5 inhalations) et semblent intéresser des jeunes ayant conjointement une expérience du cannabis (en tant que stupéfiant bon marché) ou d'inhalants de très mauvaise qualité comme le GPL, ce gaz pour automobiles. Oui, il est des ados qui roulent à l'essence, d'autres au GPL, mais qui finissent par réfléchir aussi poussivement qu'un diesel.

Dans les milieux festifs, l'image de ces toxicomanes est très noire et leurs pratiques ne connaissent aucun engouement. Le gaz hilarant (protoxyde d'azote) représente par contre un produit dont l'impact sur la scène techno est véritable, et qui a complètement renouvelé le genre. De quoi s'agit-il ? Pour 1,5 € ou un peu plus, le dealer vous vend un ballon de baudruche rempli de gaz hilarant, produit parfaitement légal. Son inhalation aura un effet parfois violent (le «flash») suivi de rires et de quelques légères hallucinations, le tout n'ayant une durée guère supérieure à la minute. En France, ce qui était perçu à l'origine comme un usage particulièrement amusant s'est répandu durant l'année 1999 pour connaître un pic dans la première moitié de l'an 2000[2]. Après quoi cette vogue est retombée, pour plusieurs raisons : tout d'abord, parce que l'inhalation de ce gaz est assimilée à l'inhalation des solvants et à une toxicomanie «bas de gamme». Ensuite, selon le même raisonnement, par crainte des effets à long terme sur le cerveau, sans compter l'expérimentation de malaises et de pertes de conscience qui ont donné aux *ravers* matière à réfléchir. Enfin, parce que ce gaz, s'il est disponible légalement, a trop souvent été dérobé à des hôpitaux. Ces hôpitaux ont réagi en contrôlant mieux leurs stocks, ce qui a réduit l'offre détournée. Par ailleurs, les organisateurs d'événements techno auraient perçu ces vols et leur médiatisation comme une menace possible pour l'image de leurs soirées. Il faut encore noter que les organisateurs de soirées techno n'apprécient guère les déchets générés par ces usages : ballons gonflables, recharges, etc. L'Observatoire français des drogues et des toxicomanies relève encore que, chez les *ravers*, la défonce au gaz hilarant est perçue comme une « défonce perso » et vulgaire. Bref, son succès pourrait appartenir déjà au passé. D'autant plus que le seul autre pays d'Europe qui se soit inquiété de la percée du gaz hilarant, les Pays-Bas, a assisté au même type de déclin : là, le protoxyde d'azote est devenu une « drogue de fête » dès 1997, date à laquelle il a entamé son déclin. En 1998, 45 % des *ravers* néerlandais affirmaient tout de même l'avoir expérimenté, et près d'un sur dix (8 %) en avait pris au cours du dernier mois.

Ces taux sont intéressants car ils correspondent, dans ce même pays, à l'usage d'une autre défonce à inhaler mais dont l'image est radicalement différente : les poppers. De quoi s'agit-il ? De trois types possibles de nitrites (nitrite d'amyle, nitrite de butyle ou nitrite de propyle) vendus en solution dans des solvants organiques. Si ces médicaments étaient à l'origine utilisés dans le traitement de maladies cardiaques, leur usage récréatif est d'une tout autre nature : les poppers, baptisés ainsi en référence au « pop ! » que déclenche l'ouverture de leur flacon, sont aujourd'hui présentés et utilisés comme aphrodisiaques. Ils prolongent effectivement l'érection, retardent l'éjaculation et amplifient les sensations de l'orgasme. Paradoxalement, leurs effets pychotropes sont, eux, beaucoup plus brefs. Durant trente à soixante secondes, ils induisent une légère euphorie avec accélération du rythme cardiaque.

Leur histoire médicale est intéressante car elle devrait décourager ceux qui souhaiteraient associer les poppers à d'autres substances comme le Viagra® et démultiplier ainsi les effets aphrodisiaques : c'est à un chimiste français, Antoine Balard, qu'on doit la synthèse du nitrite d'amyle, et ce dès 1844. Dès la seconde moitié du XIXᵉ siècle, on l'utilisa en cardiologie pour traiter les maladies coronariennes. On le délaisse désormais au bénéfice de dérivés nitrés plus puissants. Les effets de ce produit, que ce soit hier en milieu médical ou aujourd'hui dans la sphère des loisirs, sont directement liés à la dilatation des vaisseaux sanguins et à l'augmentation du rythme cardiaque. Or prendre du Viagra avec des poppers, c'est mettre une ceinture et des bretelles : les effets cardiaques se renforcent. Est-ce susceptible de provoquer des accidents graves voire mortels ? Une interaction dangereuse est établie entre Viagra et nitrates. Il est moins clair, quoique logique, que le même danger existe avec les nitrites.

Plusieurs types de nitrites sont vendus, qui ne se sont guère différenciés ces dernières années que par leur (il)légalité respective. De grande diffusion dans les années soixante-dix, le marché du nitrite d'amyle ne s'est diversifié que pour contrer la prohibition croissante dont ces produits faisaient l'objet, ses usagers sachant que c'est le nitrite en tant que tel qu'ils recherchent. Les nouvelles formes de nitrite (butyle, etc.) sentent cependant moins mauvais. Depuis février 1991, tous les nitrites sont interdits aux Etats-Unis et, dans le même temps, ont disparu des différents circuits légaux d'Europe. Ils ont trouvé un temps refuge dans les sex-shops – « Rock Hard », « TNT », « Rush » ou « ClimaX » étaient quelques-uns de leurs noms commerciaux – puis se sont vendus sous les étiquettes fantaisistes de « nettoyeur pour tête vidéo » ou « encens ». En Grande-Bretagne par exemple, si la possession de poppers n'est pas en soi un délit, la vente de nitrite d'amyle a été strictement limitée aux seules prescriptions médicales depuis janvier 1997. A cette époque, le popper était devenu la troisième drogue illicite la plus consommée de l'île (14 % des jeunes) après le cannabis et les amphétamines. En Irlande du Nord, l'usage atteignait même 25 % des 14-17 ans...

La popularité des poppers pourrait être elle aussi en chute, pour deux raisons au moins. D'une part, le maniement du flacon est problématique : les nitrites sont chimiquement instables, ce qui explique pourquoi ce produit s'attaque à l'organisme, réduit l'immunité et affecte les réserves de vitamine. Pour garder au popper ses propriétés originelles, il faut le conserver au frigo et le préserver autant que possible de l'air. Pour le sniff, le doigt de l'usager doit être aussi peu graisseux que possible. Ce qui explique pourquoi les usagers se préparent des demis ou des quarts de flacons avant leurs sorties, histoire de ne pas mettre en péril la totalité du flacon.

Par ailleurs, il est possible que le popper soit devenu populaire sur un malentendu. S'il s'est imposé dans les sex-shops, alors que son action est très réduite dans le temps, c'est aussi et surtout parce qu'il permet un relâchement musculaire et faciliterait les relations anales. D'où son succès persistant dans la communauté gay.

Il n'y a pas de dépendance physique connue aux poppers, mais leur usage chronique peut donner lieu, par contre, à une certaine tolérance. L'euphorie qu'ils produisent peut se prolonger par des sensations de vertige, voire des syncopes, et un popper qui donne la migraine est certainement à rejeter. Céphalées, nausées, vomissements sont possibles, sans oublier une inflammation nasale et l'irritation de la peau.

NOTES

1. Autres pathologies remarquables : de possibles hépatites toxiques, des problèmes cardiaques, une toxicité ORL avec saignements de nez, quintes de toux et ulcères à la bouche, l'anémie, la chute des globules blancs (et, en conséquence, de l'immunité), l'intoxication du fœtus chez la femme enceinte (« fœtal gazoline syndrome »), troubles de la respiration, œdèmes du poumon, etc.

2. Pierre-Yves Bello, Abdalla Toufik, Michel Gandilhon, *Tendances récentes. Rapport Trend*, OFDT, Paris, juin 2001.

INTERNET, BERCEAU DU CULTE SHULGIN

*Bien des produits classés au tableau I des stupé-
fiants sont de mon invention. Je ne sais pas si cela
doit être une source de fierté ou de honte.*
Alexander T. Shulgin.

Dénomination scientifique : «2C-B», ou 4-bromo-2,5-diméthoxyphéné-
thylamine.
Principales dénominations de rue : «Nexus», «Eve», «Venus», «Erox»,
«Bromo», «Spectrum», voire «XTC».
Type d'effet : cette PEA proche de la mescaline provoque des hallucina-
tions puissantes et serait dotée d'effets aphrodisiaques.
Mode d'administration : orale. Les doses décrites se situent entre 20 et
60 mg.
Zone de diffusion : mondiale.

Dénomination scientifique : «DMT», ou diméthyltryptamine.
Principales dénominations de rue : «Businessman trip», «45 minutes psy-
chosis».
Type d'effet : tryptamine proche du psilocybe. Provoque de manière ful-
gurante des hallucinations intenses. Produit peu agréable, réservé aux
expérimentations.
Mode d'administration : inhalé ou fumé.
Zone de diffusion : mondiale.

Message intercepté le 6 novembre 2001 sur l'Internet : «Parex
Chemicals (www.parex.co.yu) vend du GBL à 375 dollars le bidon
(25 kilos). Le problème est qu'il faut agir au nom d'une société
commerciale pour pouvoir l'acheter, ou vous passerez par un tas
de problèmes. Je travaille pour eux, et je peux vous obtenir toute

quantité souhaitée à 30 dollars le kilo. Contactez-moi à ventu-rea8@yahoo.com si vous voulez faire affaire [1]...» Signé : «Ventura».
Ce jour là, «Ventura» poste trois autres messages liés à divers stupé-fiants, pendant que des internautes masqués sous les noms de «Bet-terlivingthruchem» («Mieux vivre grâce à la chimie») ou «Arsenic» livrent les dernières nouvelles de la défonce...

La multiplication des possibilités chimiques d'atteindre le nir-vana, combinée au développement des technologies de communi-cation qui ont permis aux curieux, consommateurs et fournisseurs de s'identifier et d'entrer en contact, a eu un impact prodigieux : le développement sur Internet d'une sous-culture liée aux drogues de synthèse. Sans même explorer les gigantesques réseaux de l'*under-net* où se développent sans contrôle réel les contacts individuels entre consommateurs, ou les groupes de discussion fort appréciables où d'anciens toxicomanes se soutiennent l'un l'autre dans leur sevrage, l'Internet recelait fin novembre 2001 plus de 80 forums de discussions ouvertement consacrés aux drogues. En cinq jours, un forum de discussion légaliste comme «alt.drugs.chemistry», à l'in-titulé limpide, ouvert à la lecture et aux contrôles des forces de police du monde entier, pouvait enregistrer plus de 300 messages allant de l'offre de GBL en quantité illimitée – le message de «Ven-tura» était posté sur ce site – aux tuyaux pour fabriquer de la méthamphétamine.
Dans ce monde souterrain où ne peuvent être explorés que les discours (seuls les actes sont délictueux et, en conséquence, dissi-mulés), sont apparus au fil des années quelques grands repères qui balisent la nouvelle culture psychédélique : ils prennent la forme de sites de conseil aux consommateurs, appréciés pour leur rigueur et la richesse de leurs ressources, de sites consacrés aux figures emblé-matiques de la nouvelle défonce (chercheurs, martyrs présumés, etc.), et des principaux forums où s'échangent une science chimique dont l'orientation est un rien particulière. Dans ce foisonnement souvent anarchique, un homme, en particulier, mérite d'être cité tant pour sa vie réelle que virtuelle : Alexander T. Shulgin...

❑ Le nouveau testament chimique

Quel charabia ! L'expérience commençait ainsi : « Est ajouté à une solution de 45 grammes de 3,4,5-triméthoxybenzaldéhyde, placée dans 1,2 litre d'IPA, quelque 125 grammes de nitropropane... etc.»

Incompréhensible. Après une vingtaine de lignes d'exposé technique, le chimiste opère une pause, explique en quoi ses attentes théoriques ont été déçues... puis passe à l'expérience suivante : « Une solution de 5,8 grammes d'homosyringonitrile, 100 mg d'iode de...» Peu ou pas de résultat.

La troisième semble la bonne : le chimiste avale 5 milligrammes de sa nouvelle préparation... « Une chaleur confortable se répand dans l'ensemble du corps. Surgit une stimulation intellectuelle intense qui m'inspire l'écriture de quelque quatorze pages de notes manuscrites. Ce qui est un assez bon record pour une expérience qui est presque entièrement non-verbale. La suite sera bénigne, et riche en empathie pour toutes choses. Après six heures, je suis affamé[2].»

Lorsque l'homme reprend ses esprits, il constate qu'il vient de réaliser un bond dans l'inconnu : « C'était un inconnu complet, total, absolu.» Le stupéfiant qu'il vient de synthétiser et d'expérimenter sur lui-même, il le connaît pourtant : il en avait réussi la première synthèse bien plus de dix années auparavant, le 3 septembre 1975 à 11 h 30 du matin. Mais en usant d'une dose infime : un quart de microgramme ! « Cette extrême précaution était due en partie au caractère unique d'un nouvel atome. (...) Mais elle était due également à une étrange excitation au moment de l'isolement de cette substance dans le laboratoire. Bien que tout cela n'était certainement qu'une réponse de type placebo, j'étais sautillant et incapable de rester dans le laboratoire plus de quelques minutes. De la poussière s'était-elle répandue dans l'air ? S'était-il produit un contact avec la peau ? Aujourd'hui, je sais qu'il ne s'était rien produit. Mais la possibilité d'un potentiel extraordinaire était réelle, et j'ai tout fait disparaître. En fait, il me faudra recourir jusqu'à dix-huit essais pour arriver au dosage d'un seul milligramme. Rétrospectivement, c'était excessivement prudent. Mais la rétrospective, comme on dit, est de peu de valeur... »

L'homme qui a écrit ces lignes, publiées en 1991 déjà[3], est un chimiste hors pair, dont la résidence californienne est un secret désormais bien gardé : Alexander T. Shulgin est à l'ecstasy (et à nombre d'autres drogues synthétiques) ce que Timothy Leary représentait pour le LSD dans les années soixante. Mais peut-on parler de l'un sans rappeler ce que fut l'autre ?

Pour rappel, né en 1920, Timothy Leary était psychologue de formation. Un psychologue qui, durant vingt années, s'intéressera à l'interaction humaine et à certaines idées alors jugées radicales comme la thérapie de groupe. Au début des années soixante, Leary expérimente les substances psychédéliques et introduit le LSD au département de psychologie de l'université Harvard : il pense à cette époque que la modification des états de conscience peut aider la thérapie de ses patients, et entame des tests systématiques du LSD sur des étudiants volontaires. Mais l'époque le rattrape : dans la tourmente des années psychédéliques, le LSD connaît un essor prodigieux, et son impact est dénoncé par les médias américains. Bientôt, le produit est jugé dangereux, et Harvard clôt les expériences sulfureuses de son département de psychologie.

Timothy Leary s'obstine, continue ses recherches sur fonds privés et devient dès lors le « gourou du LSD », une image qui lui collera à la peau jusqu'à son décès. Arrêté en 1966, il s'échappe de prison et cherche refuge en Suisse où il est à nouveau appréhendé en 1973 par l'agence antidrogue américaine. Il ne retrouvera la liberté que trois ans plus tard, en 1976, ce qui lui donnera l'occasion d'écrire des manuels en faveur d'un usage prudent du LSD. Vaincu par un cancer, il meurt en 1996 non sans avoir développé le concept du « set & setting » : en substance, l'effet d'une drogue sera directement lié aux dispositions dans lesquelles se trouve le consommateur au moment d'en faire usage (« set ») et au contexte dans lequel cette drogue est prise (« setting »).

❏ Mescaline, une histoire d'amour

Au moment où Timothy Leary croupit en prison, amorçant déjà la fin de sa splendeur, un chimiste alors inconnu travaille pour l'autre camp : la Drug Enforcement Administration (DEA), l'Agence antidrogue américaine. Après avoir combattu dans la marine américaine durant le second conflit mondial, Alexander Shulgin s'est spécialisé en biochimie à l'Université de Californie (Berkeley). Salarié du groupe Dow Chemical, il participe lui aussi au mouvement psychédélique des années soixante et expérimente personnellement la mescaline, substance hallucinatoire extraite du peyotl, un cactus mexicain. C'est le début d'une passion – une «histoire d'amour chimique», écrit-il – qui le tiendra en haleine durant trente années : il étudie de manière exhaustive toutes les possibilités de synthèse d'un composé chimique baptisé «PEA», abréviation de «phénéthylamine». La PEA, c'est la clé de la mescaline, sa colonne vertébrale. Triturer les combinaisons possibles de la PEA, c'est tenter de réinventer la mescaline, de trouver ses variantes, voire de dépasser en qualité ce produit hallucinant que les populations américaines assimilaient à un don des dieux. Ce faisant, Shulgin synthétise toute une variété de nouvelles drogues chimiques qui n'existaient qu'au titre d'hypothèses couchées sur papier. Il est à proprement parler le créateur de substances qui connaîtront ensuite un succès planétaire.

Shulgin étudie en parallèle d'autres types de produits, synthétisés auparavant par d'autres que lui, mais que personne n'avait étudiés avec la rigueur des laboratoires : l'ecstasy, qu'il redécouvre littéralement, et le LSD. Se penchant sur les amphétamines, il en invente de nouvelles comme la MMDA, à ne pas confondre avec l'ecstasy (MDMA).

Riche de ces expériences, il sera durant plusieurs années un conseiller de l'Agence antidrogue américaine, sollicité pour son expertise tant devant les tribunaux que lors des analyses de produits saisis. En 1973, année où Leary est intercepté en Suisse, Shulgin, lui, est décoré d'une médaille pour services rendus à la DEA.

Mais l'Agence antidrogue a mal évalué son collaborateur. Alexander Shulgin est à ce point passionné par les substances stupéfiantes qu'il a lui-même testé l'ensemble des produits synthétisés. Chacun de ces produits fait l'objet de notes techniques, indispensables à quiconque souhaiterait synthétiser à son tour les produits découverts. En outre, lorsque Shulgin a satisfait sa propre curiosité, il les propose à une poignée d'amis qui lui servent de cobayes et dispensent leurs commentaires. Parmi eux, son épouse Ann, psychothérapeute. De ce fait, fin des années quatre-vingt, Alexander et Ann se trouvent en possession d'une formidable banque de données agrémentée, outre les notices de fabrication, d'une évaluation objective et subjective de l'effet des diverses doses de chaque produit. Ils sont à même de coter un stupéfiant, d'en détailler chronologiquement les effets, d'expliquer pourquoi, d'un point de vue purement chimique, telle ou telle combinaison de molécules est plus intéressante que d'autres et, surtout, d'ouvrir des pistes théoriques menant à la synthèse de drogues de plus en plus parfaites.

Or en 1991, Alexander et Ann Shulgin rompent définitivement les amarres avec la DEA : ils publient la totalité de leurs notes en un volume de près de 1 000 pages. Bien qu'hermétique, le titre de l'ouvrage n'est pas équivoque : « Phikal (acronyme de « Phenethylamines I Have Known And Loved », « ces phénéthylamines que j'ai connues et aimées »), une histoire d'amour chimique ». C'est une déclaration de guerre... La publication relève, certes, de la pure liberté d'expression, surtout aux Etats-Unis. Mais l'impact qu'aura ce livre est incalculable : pour quelques dollars, puis gratuitement sur le Net, voilà livré au grand public ainsi qu'aux trafiquants les clés de quelque 179 paradis chimiques...

La DEA perquisitionne le domicile des Shulgin, retire à Alexander sa licence d'analyste chimiste, obtient qu'il soit condamné à une amende de 40 000 dollars. Mais le mal est fait, et sera d'autant plus important que le travail des Shulgin est d'excellente qualité, que plusieurs de leurs travaux ont été publiés par la prestigieuse revue *Nature* et le *Journal of Psychedelic Drugs*. Depuis 1963 déjà, Shulgin abreuve les meilleures revues spécialisées, dont *Microgram*, la revue confidentielle de la DEA, réservée aux experts-médecins. Qui oserait discréditer un scientifique qui a publié en 25 ans plus de cent articles scientifiques pointus, consacrés sans exceptions aux nouvelles défonces chimiques ?

David Gems, de l'Univeristy College de Londres, analyse en ces termes le phénomène : « *Pihkal* est un livre remarquable, à tous points de vue. (…) Ceux qui veulent savoir si l'usage de substances psychédéliques a une quelconque valeur, prennent le risque d'être frustrés dans leur recherche. Beaucoup d'auteurs traitant ce sujet souffrent de ce qu'on pourrait appeler le "problème californien" : une tendance à s'enfoncer dans la psychanalyse ou dans un méli-mélo mystique, comme le montrent les écrits de Timothy Leary ou Terrence Mc Kenna. On a l'impression que les drogues psychédéliques nuisent à l'intellect, et que ses utilisateurs développent un goût pour l'astrologie, Carl Jung et le bouddhisme. A l'opposé, Shulgin fait preuve d'objectivité et d'un scepticisme scientifique considérable, malgré son origine californienne et des décennies de consommation de drogues psychédéliques. Il s'appuie sur l'auto-biographie, la chimie organique, la politique, l'ethnobotanique et la psychopharmacologie. Leur impact culturel sera probablement profond ces prochaines décennies[4]. »

La première partie de l'ouvrage est autobiographique, présentée comme une fiction car tous les noms propres ont été modifiés. Mais comme le remarque Gems, « la fiction principale est l'affirmation selon laquelle il s'agit d'une fiction ». Ces récits d'expériences vécues sont enrichis des analyses psychologiques d'Ann Shulgin. La seconde partie, la seule à avoir été livrée sur le Net et multipliée au gré de nombreux sites-miroirs, reprend le détail de 179 expériences : synthèse du produit, dosage recommandé, durée des effets, détail des effets subjectifs par dose, commentaires scientifiques additionnels. Comme nous le verrons au prochain chapitre, cette exploration est à ce point riche qu'elle aidera parfois les services de prévention à discerner plus rapidement le profil des produits émergents.

Devenu le « gourou des phénéthylamines », et malgré une loi américaine de 1986 qui rend illégal le seul fait de tenter d'expérimenter des altérations de conscience, Shulgin va publier en 1997 la suite de sa recherche : *Tihkal* («Tryptamines I Have Known And Loved», «ces tryptamines que j'ai connues et aimées»)[5]. Il y explore cette fois la colonne vertébrale de toutes les substances apparentées à la psilocybine, principe actif de ces champignons hallucinogènes baptisés psilocybe. Le «psilo», c'est le champignon hallucinogène le plus commun, disponible dans toute l'Europe.

Comme pour leur premier livre, Alexander et Ann Shulgin divisent leur exposé en deux parties, l'une autobiographique, l'autre centrée sur les produits proprement dits. Nous y trouvons le recensement de quelque 55 nouvelles expériences, et surtout une somme de connaissances botaniques.

Pour ce second ouvrage, Shulgin s'est moins intéressé à la chimie pure qu'à l'identification de centaines de sources naturelles de produits hallucinogènes. Mais il constate que nombre de ces sources, ingérées par l'être humain, ne produisent aucun effet. Disons, pour simplifier, qu'une chaîne d'atomes qui leur est particulière (le groupe aminé) est immédiatement détruite lors de l'ingestion par l'attaque d'enzymes, produites naturellement par le corps humain. Shulgin s'inspire alors de techniques utilisées par les populations amérindiennes : pour conserver aux plantes leurs vertus psychédéliques, on les mélange à d'autres plantes contenant des inhibiteurs d'enzymes. C'est ce mélange que les Amérindiens appellent l'«ayahuasca», et dont Shulgin va décliner les possibilités par centaines...

❑ 2C-B, l'enfant aphrodisiaque

Depuis lors, Shulgin, reclus dans sa propriété de l'est de la baie de San Francisco, est devenu un mythe, un repère extrêmement fort dans toute la sous-culture des usagers de drogues de synthèse et/ou de drogues hallucinatoires. Son impact est considérable lorsqu'il s'agit pour le novice d'évaluer les doses d'un produit dont il n'est pas familier, ou d'obtenir un aperçu des effets prévisibles d'un stupéfiant donné.

Mais ces usagers ignorent souvent que Shulgin est aussi le père de l'une des substances qui figurent dans le « Top 10 » des nouvelles défonces chimiques : le 2C-B, hallucinogène et aphrodisiaque puissant.

Le 2C-B est, aujourd'hui, le résultat le plus tangible du premier livre de Shulgin, *Pihkal*. Apparenté à la mescaline[6], sa découverte s'inscrivait dans le cadre de ses recherches. Il aura une tendresse particulière pour ce produit : « 20 milligrammes. Les effets de la drogue me sont apparus sous la forme d'un basculement des couleurs dans les tons d'or et de rose. Dans la pièce, les pigments se sont intensifiés. Les choses deviennent plus rondes, organiques. Une sensation de légèreté, ainsi que des rivières de chaleur gagnent mon corps. De vives lumières commencent à battre et à flasher derrière mes paupières closes. J'ai commencé à percevoir des vagues d'énergie nous inondant à l'unisson. Je nous ai vus tous comme un réseau de créatures constituées d'énergies électriques, comme les nœuds d'un réseau de lumières vives et clignotantes. Puis le paysage intérieur a basculé vers des scènes plus larges. Des visions dignes de Dali, basées sur le dessin des yeux d'Horus... Des formes géométriques basculantes et changeantes, à travers un cadre de lumières rayonnantes. C'était un paradis d'artiste, représentant virtuellement le panthéon entier de l'histoire de l'Art. »

Shulgin avait également découvert l'autre volet du 2C-B, sa dimension aphrodisiaque : « 24 milligrammes. Je suis entièrement dans mon corps. Je suis conscient de chacun des muscles, de chacun des nerfs de mon corps. La nuit est extraordinaire, pleine lune. Incroyablement érotique, calme et exquise, presque insupportable. Je ne peux commencer à débrouiller les images qui s'imposent lors de l'élaboration d'un orgasme. J'essaye de comprendre la fusion du physique et du spirituel dans la nature. »

Depuis lors, le 2C-B est devenu un classique des nouvelles défonces, commercialisé sous les noms de « Nexus », « Eve », « Venus », « Erox », « Bromo », Spectrum »[7] ou... « XTC » (appellation en vigueur notamment à Londres et Amsterdam), ce qui a provoqué son usage involontaire par des *ravers* qui ne souhaitaient utiliser que de l'ecstasy classique.

Mais que sait-on du 2C-B ? Il s'agit d'un hallucinogène puissant, proche de la mescaline, provoquant des visions colorées, des distorsions de forme et de surface : « La sensation d'intensification de la perception extrasensorielle est très marquée », remarque Psydoc France, émanation de la Fédération française de psychiatrie. « Les effets hallucinogènes du 2C-B demandent une attention particulière, surtout dans le cas de jeunes ayant des personnalités fragiles. Certains auteurs sont d'accord pour souligner la forte possibilité de passage à une toxicomanie sévère, régulière, dans le cas des jeunes accros au 2C-B. Cette possibilité est plus grande que dans le cas d'une utilisation des amphétamines classiques ou de l'ecstasy. »

Shulgin avait lui-même remarqué que ce produit devait être manipulé avec précaution : « 64 milligrammes. J'ai été propulsé dans quelque chose que je n'avais pas choisi. Tout ce qui était vivant était totalement effrayant. Je pouvais regarder la photo d'un buisson, et c'était juste cela : une photo, qui ne représentait aucune menace pour moi. Puis mon regard partait vers la droite, et captait à travers la fenêtre un buisson se développant à l'extérieur. Et j'étais pétrifié. Une forme de vie que je ne pouvais pas comprendre, et donc que je ne pouvais pas contrôler. Je pensais alors que ma propre forme de vie n'était plus du tout contrôlable. »

Le 2C-B est par ailleurs un puissant aphrodisiaque, comme le note ce texte diffusé par le site de Psydoc France : « Ses capacités aphrodisiaques sont très puissantes, la stimulation de la libido étant un effet très recherché aussi bien par les hommes que par les femmes. Le 2C-B est réputé pour sa capacité d'augmenter le désir et les performances sexuels, contrairement aux cachets d'ecstasy qui, après un réel effet de renforcement de l'empathie, causent une baisse de la libido avec une difficulté à maintenir l'érection et à atteindre l'orgasme. Les personnes interrogées comparent l'effet aphrodisiaque du 2C-B à ceux de la mescaline et du LSD. L'effet aphrodisiaque du 2C-B met en évidence une dimension importante de ce produit : la consommation adulte dans les soirées privées, ayant comme objectif une augmentation de performances sexuelles [8]. »

❑ XTC et ecstasy, les faux frères

Nous l'avons déjà mentionné : parce que le sigle « XTC » est utilisé pour désigner deux produits, il existe, notamment aux Pays-Bas et en Grande-Bretagne, une possible confusion entre le 2C-B et l'ecstasy. Les usagers réguliers ne s'y trompent pourtant pas, comme le démontre un usage associé et conscient des deux substances : on utilise le 2C-B pour amortir la « chute » finale de l'ecstasy, adoucir le retour sur terre lorsque les effets de l'ecstasy s'estompent.

En fait, les propriétés hallucinogènes du 2C-B sont tellement importantes qu'on ne peut confondre l'expérience des deux produits. Et leur dosage est radicalement différent : alors que la dose d'ecstasy est habituellement de 80 à 160 mg, les premières doses de 2C-B, sans effet hallucinogène, se situent entre 5 et 10 mg. Les doses élevées, hallucinogènes et psychédéliques, tournent autour des 10 à 20 mg, pour une durée d'effet de trois à six heures.

Intitulé « L'empathogène érotique », un long document posté sur le Net en 1998 par un utilisateur de 2C-B, a été remarqué par l'Observatoire européen des drogues. Il synthétise admirablement ces différentes dimensions :

« Le 2 C-B est très sensible à la dose. Prendre une dose située juste au-dessus de la dose recommandée peut produire une expérience intense que la plupart des gens trouvent forcée et déplaisante. (…) La plupart des usagers commencent avec une petite dose de 2C-B, environ 8 mg, puis explorent d'autres doses ultérieurement. (…) La dose requise est si petite qu'une balance sophistiquée est nécessaire pour peser la dose. Disons qu'on peut le résumer comme suit : 16 mg produira une expérience de type "musée"[9]. On peut se déplacer en public, avec une perception un peu accrue. 20 à 24 mg produiront une expérience davantage psychédélique avec effets visuels et sentiments intensifiés. Je n'ai vu aucun texte qui recommande une dose au dessus de 30 mg. »

Or la dose courante de l'ecstasy est bien plus importante... Par ailleurs, les usagers d'ecstasy parlent d'une drogue favorisant le contact à l'autre ou l'empathie, la capacité de se placer dans la peau de l'autre. Qu'en est-il avec le 2C-B ?

« Le 2 C-B est considéré comme empathogène, et beaucoup d'usagers font état d'expériences empathogènes puissantes et transformatrices. Cela ne m'est arrivé que pendant 25 % des mes expériences avec le 2C-B. Cependant, je trouve que cette qualité est très importante et transformatrice, bien plus significative que cette béatitude (comparativement plus) superficielle et émotionnelle que j'avais tendance à expérimenter avec l'ecstasy. »

Le document se conclut enfin par une dangereuse apologie des combinaisons entre 2C-B et ecstasy, expliquant que « le 2C-B est généralement absorbé à la toute fin d'un voyage à l'ecstasy. Beaucoup de gens ont trouvé que le 2C-B leur permet de développer et maintenir les visions dues à l'ecstasy qui auraient tendance à s'effacer. J'ai aussi eu de bons résultats en prenant une petite dose d'ecstasy (80 mg) 90 minutes avant le 2C-B. Cela produit un voyage avec un contenu empathogène incroyablement profond, que je n'ai jamais expérimenté avec l'une des deux substances prise isolément. »

Nous ne pouvions pas reproduire la teneur de ces dernières lignes sans les recadrer, du moins d'un point de vue médical. Par définition, le danger lié à un mélange de substances est toujours plus élevé et plus complexe à établir que celui lié à une seule substance. Dans le cas du 2C-B, on sait que cette substance ne prolonge pas seulement les effets de l'ecstasy, mais qu'elle les renforce. Aux Pays-Bas, pays dans lequel le 2C-B a longtemps été autorisé à la vente dans les « smart shops », le Trimbos Instituut prévient que « puisque les interactions entre drogues sont plus difficiles à prédire que les effets de drogues séparées, il est fortement recommandé d'éviter la prise de 2C-B en combinaison avec d'autres stupéfiants ou de l'alcool ».

Quant aux dangers du 2C-B proprement dit, ce stupéfiant est à ce point neuf – « rare », disent même les Français [10] – que ses menaces sont floues : en 1998, le Dr Christian Giroud, de l'Institut universitaire de médecine légale, à Lausanne, écrivait dans les *Annales de toxicologie analytique* qu'«à notre connaissance, aucune donnée fiable n'existe à ce jour dans la littérature scientifique concernant des intoxications létales ou non impliquant l'usage de cette drogue [11]».

Psydoc France n'est guère plus loquace : «Le potentiel toxicomanogène du 2C-B est faible, mais la tolérance peut apparaître dans les conditions d'une utilisation chronique, régulière (à partir d'une consommation hebdomadaire), à fortes doses. Il convient de rappeler que le potentiel toxicomanogène du 2C-B en comparaison avec l'ecstasy, est considéré par certains auteurs comme plus élevé.» Quant à la toxicité du produit, Psydoc note que «très peu de données existent dans la littérature spécialisée. (...) La comparaison avec les effets de la mescaline laisse supposer une toxicité faible au niveau neuronal. Toutefois, les doses fortes causent (...) tachycardie, hypertension artérielle, hyperthermie».

La meilleure réponse à ce jour est formulée par les Néerlandais, qui posent la question clairement : l'usage du 2C-B est-il nocif ? Le Trimbos Instituut ne dit rien d'autre que ce que les chercheurs français ou suisses ont déjà affirmé, mais, comme à son habitude, il l'exprime avec une rigueur intellectuelle parfaite : «Il y a peu d'informations sur la toxicité du 2C-B. (...) Le 2C-B se lie aux récepteurs de sérotonine du cerveau, ce qui explique probablement ses effets hallucinogènes. La sérotonine est un "produit messager" ou neurotransmetteur, qui exerce son action sur le système nerveux central et périphérique. Parce que le 2C-B n'a pas de groupe moléculaire du type alpha-méthyl, il n'appartient pas à la classe des amphétamines, au contraire de l'ecstasy, etc. Le 2C-B ne semble pas épuiser les concentrations de sérotonine du cerveau. Cela peut signifier que ce produit ne partage pas les propriétés neurotoxiques de certaines amphétamines. Il n'y a pas de chronologie de cas cliniques associés à l'usage de 2C-B. Comme pour la mescaline, il n'y a pas non plus de rapport sur des cas qui auraient débouché sur un accident mortel [bien que] le 2C-B puisse stimuler l'activité sympathique, et donc accroître le rythme des pulsations cardiaques, élever la pression sanguine et la température du corps. »

Les recommandations, par contre, sont décevantes : « En général, l'usage de cette substance par les femmes enceintes ou en période d'allaitement est fortement déconseillée. Enfin, comme beaucoup d'autres psychotropes, le 2C-B peut altérer les fonctions mentales et accroître les risques d'accidents. Pour cela, les personnes sous influence de 2C-B (et même un certain temps après) ne devraient pas conduire de véhicules motorisés ou s'engager dans d'autres activités dangereuses. »

En d'autres termes, la science n'est pas encore, aujourd'hui, à même de statuer sur le 2C-B : on analyse ce produit par analogie, et on transmet au public des conseils de prudence élémentaires. Dans dix ans peut-être sera-t-on capable de dresser un authentique portrait-robot du premier fils chimique de Shulgin.

❏ DMT, 45 minutes en enfer

Mais Alexander Shulgin a popularisé bien d'autres produits, qu'ils soient ou non de son invention, dont deux autres substances devenues très populaires, toutes deux de type « tryptamines » et proches cette fois de la psilocybine.

L'une, peu courante en Europe, la 5-MeO-DIPT [12], ne vaut d'être citée que pour mémoire. Mais l'autre, la DMT [13], est devenue un classique des nouvelles drogues synthétiques. Shulgin lui-même s'en méfiait : « La DMT m'a toujours semblé avoir un volet très sombre », dira-t-il lors de l'un des rares entretiens qu'il accordera peu avant la publication de son second livre [14].

Shulgin n'est pas à proprement parler le père de cette substance, qui existe à l'état naturel dans certaines variétés de plantes et de graines, ainsi que dans les sécrétions de certaines variétés de crapaud. Il ne sera même pas le premier à synthétiser cette substance, hallucinogène majeur réalisé en laboratoire dès 1931. Mais l'étude exhaustive qu'il en fait va remettre la DMT au goût du jour et, en un certain sens, à portée de tous.

L'intérêt de Shulgin pour la DMT est une vieille histoire, dont on retrouve déjà les traces en 1976 [15]. Il sait que le produit se trouve à l'état naturel dans l'acacia (ce n'est qu'un exemple) et peut être synthétisé en une poudre cristalline, beige, brune, rose ou jaunâtre, dont l'odeur est décrite comme âcre et irritante.

Premier défi posé par cette drogue, qui ne se dissout pas dans l'eau mais seulement dans les solvants organiques : son absence totale d'effet lorsqu'elle est avalée seule. C'est un problème d'enzymes, qu'avaient deviné les Amérindiens : même au-delà d'un gramme, une dose prise oralement n'a absolument aucun impact car le corps s'en prémunit. Les Amérindiens ont découvert un moyen traditionnel de neutraliser ces enzymes, la préparation « ayahuasca », une combinaison qui contre la réaction naturelle du corps humain. C'est ainsi qu'avant de connaître son nom chimique, les Indiens de l'est du Brésil utilisaient la DMT dans les boissons traditionnelles baptisées « ajuca » ou « jurema ».

Pour copier les recettes traditionnelles d'Amérique latine, il faut donc trouver un des inhibiteurs d'enzymes qui existent dans le marché pharmaceutique : ce sont les médicaments « inhibiteurs de la monoamine oxydase » (IMAO), qui vont contrer la réaction naturelle du corps face à la DMT. Les IMAO sont commercialisés par l'industrie pharmaceutique (notamment sous les noms de Déprényl®, Eldepryl® ou Jumex®) pour lutter contre la maladie de Parkinson et, de manière plus controversée, contre la maladie d'Alzheimer. Bref, sans envisager de voyager au Brésil, il existe la possibilité de concocter un cocktail chimique de DMT et d'inhibiteurs d'enzymes. Mais attention : ce cocktail est extrêmement dangereux, souvent mortel. L'absorption orale est donc à proscrire.

❏ Businessman trip

L'impossibilité de consommer la DMT par voie orale et d'en retirer un bénéfice – sauf au risque de courir un danger majeur – a au moins un avantage : il est totalement impossible de confondre la DMT et l'ecstasy, car la DMT devra être fumée ou inhalée. Mais alors, son action est foudroyante... Les premiers effets peuvent se manifester dans les dix secondes, le plus haut niveau d'intoxication étant atteint dans les deux à trois minutes ! Voilà pourquoi on l'appelle « trip du businessman » (« businessman trip ») ou « 45 minutes psychosis » : tout va très vite, tant la montée que la descente. La montée prend dix secondes à une minute, ensuite le « plateau » dure de trois à quinze minutes et, enfin, les effets résiduels perdurent les trois quarts d'heure restants. Il est donc rare – mais remarqué – que le trip puisse connaître un prolongement quelconque après soixante minutes. Les Français, qui ont instauré un système de surveillance de l'Internet pour en apprendre davantage sur les usages de drogues, remarquaient en novembre 1999 que la montée et l'action sont à ce point rapides que les usagers doivent aspirer sans délai la fumée et se préparer à une perte immédiate de contrôle, sans avoir le temps de consommer tout le contenu de la pipe. Ce qui peut être dangereux si, lors d'une expérience ultérieure, on oublie de bien vider le culot de la pipe avant d'y charger une nouvelle dose : l'usager pourrait surdoser par mégarde son chilom [16].

Shulgin avait révélé tout cela près d'un quart de siècle auparavant, mais la rapidité et la force de la DMT surprennent toujours : « Une des caractéristiques inhabituelles induites par l'intoxication est la vitesse de l'effet et sa courte durée. Dans les cinq minutes se produit la dilatation des pupilles, un battement cardiaque rapide, un accroissement mesurable de la pression sanguine, et divers troubles végétatifs qui persistent généralement pendant toute l'expérience. En 10 à 15 minutes, l'intoxication complète est réalisée, caractérisée généralement par des hallucinations (que les paupières soient ouvertes ou fermées) et de grands mouvements dans le champ visuel. Il y a communément un basculement de l'humeur dans l'euphorie avec rires sans raison, mais on rapporte parfois l'apparition d'idées de type paranoïaque qui induisent l'anxiété et la sensation de plonger dans un état de panique [17]. »

Est-ce plaisant ? Non, pas vraiment : un consommateur parle de l'impression « d'être éjecté du fût d'un canon atomique ». Cette drogue ne provoquerait ni dépendance physique ni dépendance psychologique, mais, ses effets n'étant pas forcément agréables, elle est davantage réservée à l'expérimentation qu'à un usage festif et continu.

Que peut-on encore en dire ? Selon le système de veille Internet mis en place à Paris, on peut cataloguer ses effets en trois catégories subjectives : effets positifs, neutres et négatifs. Les effets jugés positifs sont sa courte durée (ce qui démontre bien que le voyage n'est pas réellement plaisant), l'intensité de l'expérience, les visions kaléidoscopiques et hallucinations visuelles intenses, la puissance des sensations, le changement radical des perspectives et une expérience spirituelle profonde. Les effets neutres sont un changement dans la perception du temps, l'apparition d'hallucinations auditives et la sensibilité aux couleurs. Quant aux effets décrits comme négatifs, ils consistent en une expérience jugée trop intense, les douleurs pulmonaires consécutives à l'usage d'une drogue très désagréable à fumer, des maux d'estomac, la difficulté à intégrer les expériences dans sa vie, enfin l'aspect effrayant de certains voyages.

La DMT offre ainsi au consommateur un voyage très particulier, presque effrayant, qui n'est pas sans rappeler ce que nous avons écrit au sujet de la kétamine. D'où le fait que son usage est ciblé, sans doute limité à un contexte d'usage particulier lui aussi, où les mélanges de produits sont rares : 2C-B, LSD et protoxyde d'azote (le gaz hilarant) sont les rares substances parfois utilisées en même temps que la DMT, mais sans que cette vague de cocktails, majoritairement américains, semble toucher l'Europe en ce moment.

❏ And the winner is...

Gagnant les recoins de l'Internet, la sous-culture des drogues de synthèse a donc généré ses héros et ses produits-phares, dont nous n'avons cité que quelques rares exemples : le 2C-B, la DMT. Mais peut-on tenter de quantifier le phénomène ?

Parmi les sites sérieux consacrés aux stupéfiants, nous en citerons deux, tous deux en langue anglaise : « The Lycaeum »[18] et « The Vaults of Erowid »[19]. Le premier (qui permet de passer en revue les particularités de pas moins de 492 produits chimiques) publie une liste de ses pages les plus visitées, offrant du même coup une vision possible de l'avenir. On sait aujourd'hui ce qui intéresse les surfeurs psychédéliques du monde entier. Des produits classiques : héroïne, cocaïne, cannabis, LSD, éthanol. Et d'autres produits dont nous avons parlé : benzodiazépines, 2C-B, 5-MeO-DIPT, DMT, GHB, GBL, kétamine, ecstasy, amphétamines et analogues. Sans oublier le petit dernier, arrivé en Europe très récemment et dont nous traiterons au chapitre suivant : le 2C-T-7.

Faut-il voir dans ce « best of » psychédélique une émulation malsaine qu'il conviendrait de museler ? Le débat n'est pas simple : outre le fait que ces manifestations sont le résultat du simple exercice de la liberté d'expression, elles constituent aussi, en certains cas, un précieux vecteur d'information pour les services de prévention. A l'heure d'imprimer ce livre, l'Observatoire européen des drogues et des toxicomanies, à Lisbonne, réfléchit à son tour à la création d'un site de ce type, où les témoignages seraient compilés, vérifiés dans la mesure du possible. Un site qui fournirait des liens non seulement vers les banques de données académiques et les institutions ayant pignon sur rue, mais aussi vers la face cachée de l'Internet. Tant l'« inframonde » que recèle la grande toile peut être utile, comme nous allons le voir...

Internet : repères et repaires

alt.drugs : dans les forums de discussion, une mine d'or déclinée en de nombreux thèmes. alt.drugs.ketamine, alt.drugs.dmt, alt.drugs.ghb, alt.drugs.meth, etc. rassemblent tous les jours des consommateurs, curieux et... dealers qui s'échangent questions, réponses et remarques. Très mal famé, et vecteur d'informations absolument invérifiables. Bref, attention, danger.

www.erowid.org : l'un des sites d'usagers les plus riches de la toile. « The Vaults of Erowid » se présente comme un site offrant une documentation « sur les relations complexes entre les humains et les psychoactifs ». Dans sa section « expériences », il offre un nombre incalculable de témoignages sous pseudonyme, qu'il filtre et classe selon leur fiabilité et leur intérêt. Cette banque de données inédite leur vaut le respect des services de prévention. Avec plus ou moins de prudence, l'OEDT et Europol lui-même s'y réfèrent régulièrement, tant certains témoignages peuvent être précis et représentatifs d'usages émergents. Le site offre en outre une synthèse des législations en vigueur et un aperçu de la sous-culture des drogues psychédéliques.

www.lycaeum.org : moins connu, « The Lycaeum » revendique la « défense de la liberté » et propose, outre son forum et un relevé d'expériences personnelles, une « banque de données » des psychotropes, organisée autour de deux moteurs de recherche : l'un pour les plantes, l'autre pour les produits chimiques. Comme ce site, très clair, est moins complet que d'autres, les liens renvoient parfois à « Erowid » ou à la DEA, l'agence antidrogue américaine. Parce que ce site est moins anglo-saxon qu'« Erowid », sa page de liens et de sites hébergés est sans limite : on y trouve les informations russes sur la drogue, les liens vers des serveurs scandinaves, etc.

NOTES

1. Le message original, posté par « Ventura » : « Parex Chemicals (www.parex.co.yu) is selling GBL, 375 USD for a drum (25 kilos). Problem is that you have to be a company to buy it, or you have to go trough bunch of other crap. I work for them, and I can get you any quantity you want for a $30 per kilo, no question asked+ S&H. mail me at ventura 8@yahoo.com if you want to deal... »

2. Il s'agit en l'occurrence de l'expérimentation d'une substance baptisée « Aleph » DOT ou para DOT.

3. Alexander et Ann Shulgin, *Pihkal, a chemical love story*, Transform Press, Berkeley, 1991, 978 p.

4. David Gems, *Theoretical Medecine and Bioethics*, 20 : 477-479, University College London, Londres, 1999.

5. Alexander et Ann Shulgin, *Tihkal, the continuation*, Transform Press, Berkeley, 1997, 804 p.

6. Il s'agit d'une phénéthylamine (PEA), le 4-bromo-2,5-diméthoxy-phénéthylamine, ou « 2C-B ».

7. Les appellations « Bromo » et « Spectrum » ont été relevées dans la littérature scientifique de langue portugaise.

8. Pour intéressante qu'elle soit, cette dernière remarque – une consommation adulte, en soirées privées – disparaîtra de ce document en 2001.

9. L'image du « musée » est due à Shulgin lui-même qui détaille les effets du 2C-B alors qu'il se promenait dans les dédales du musée de Stanford.

10. Pierre-Yves Bello, Abdalla Toufik, Michel Gandillon, *Tendances récentes. Rapport Trend*, OFDT, Paris juin 2001.

11. C Giroud, P Mangin, « Synthèse, identification, usage, propriétés et métabolisme de la 4-bromo-2,5diméthoxy-phénéthylamine (« Nexus » ou « 2C-B »)» *Toxicorama*, vol. X, n⁰ 2, 1998, Paris.

12. Objet de l'expérience n⁰ 37 de *Tihkal*, la 5-MeO-DIPT ou « 5-méthoxy-N,N-diisopropyltryptamine » ne doit pas être confondue avec un produit qui est naturellement associé à la DMT, la 5-Meo-DMT, et qui est fumé par les toxicomanes américains.

13. Pour diméthyltryptamine.

14. Clifton Royston, « A visit with Sasha Shulgin », article repris dans les sites les plus fiables consacrés aux drogues synthétiques, et notamment « Erowid » et « The Lycaeum ».

15. Alexander T. Shulgin, « DMT », *Journal of Psychedelic Drugs*, 8: 167-168, 1976.

16. « Substance : DMT », TREND, Veille Internet, 1ᵉʳ novembre 1999.

17. Alexander T. Shulgin, « DMT », *Journal of psychedelic Drugs*, 8: 167-168, 1976.

18. Emanation du « projet Leda » entamé en octobre 1999, la base de données « The Lycaeum » est opérationnelle depuis janvier 2000. Adresse : www.lycaeum.org.

19. « The Vaults or Erowid » est accessible à l'adresse : www.erowid.org.

ÉPILOGUE : LE FUTUR EST DÉJÀ ANTÉRIEUR

> *Tabby commença par renverser un sac de détritus*
> *trouvés dans mon bureau directement sur le tapis :*
> *canettes de bière, mégots, fioles de quelques*
> *grammes de cocaïne, sachets de la même, cuillères à*
> *coke poisseuses de morve et de sang, Valium, Xenax,*
> *flacons de sirop de Robitussin contre la toux, NyQuil*
> *(un truc contre les refroidissements), et même des*
> *bouteilles pour bains de bouche.*
> Stephen King, *Ecriture.*

Les ultimes alertes : PMA, PMMA, 2C-T-7.

Dénomination scientifique : paraméthoxyamphétamine («PMA»); paraméthoxyméthylamphétamine («PMMA»).
Principales dénominations de rue : «Superman», «Death», «Mitsubishi Double-Stack», «E», «Jumbo», «Mitsubishi», «Red Mistibushi», «Killer».
Mode d'administration : orale (rarement nasale).
Zone de diffusion (2001) : Allemagne, Australie, Autriche, Belgique, Canada, Danemark, Espagne, Etats-Unis, France, Grande-Bretagne, Pays-Bas, Suède.

Dénomination scientifique : 2,5-diméthoxy-4-(n)-propylthiophénéthylamine («2C-T-7»).
Principales dénominations de rue : «Blue Mystic».
Mode d'administration : orale, nasale.
Zone de diffusion (2001) : Etats-Unis, France.

L'histoire d'un nouveau comprimé au nom barbare, PMA, vaut d'être contée au titre d'épilogue provisoire de ce livre. Le temps de démontrer que, dans la course aux « nouvelles défonces », bien des chevaux sur le retour sont prêts à revenir en lice dès que les services de police auront baissé leur garde. Or ces « vieux machins » remis au goût du jour ont laissé sur le Net les traces de leur gloire passée.

❑ PMA, les vendanges de Bourgogne

Nous sommes en France en février 2001. Plus précisément en Bourgogne... à moins qu'il ne s'agisse de l'Aquitaine, la Franche-Comté ou la Champagne. Car au terme de l'hiver 2001, tant le sud-ouest que l'est de la France semblent touchés simultanément par une même vague : dans toutes ces régions, un petit comprimé blanc baptisé « Superman » fait son chemin dans la panoplie des dealers [1]. Oh, ce n'est pas un succès foudroyant, et le comprimé est d'ailleurs vendu au même titre que n'importe quelle ecstasy. Pourtant, sous la loupe des laboratoires, « Superman » se révèle être un curieux cocktail : un peu de MDMA, certes, mais surtout une dose inconnue d'un produit étiqueté « rare », la paraméthoxyamphétamine (PMA). Simultanément, en Bourgogne et en France-Comté, on retrouve la PMA dans une poudre blanche à sniffer, vendue comme étant de la kétamine... Or, point de kétamine dans cette poudre : PMA, chloroquine et ecstasy, soit. Mais pas la moindre molécule de « valium du chat » ! Que se passe-t-il ?

Il semble qu'une lame de fond frappe alors l'Europe, dont l'origine peut être retrouvée en Espagne dès 1993 [2] mais surtout au Danemark en juin 2000 : à cette époque, la police danoise intercepte un dealer en possession de 700 comprimés marqués du logo « Mitsubishi ». L'homme passe rapidement aux aveux, avoue avoir déjà vendu 300 autres comprimés. Mais il est trop tard pour éviter un double décès : dès juillet 2000, deux *ravers* danois succombent à une overdose mortelle. L'un d'eux n'avait que 17 ans, n'a pas ressenti les effets classiques de l'ecstasy et a (trop) rapidement augmenté la dose. Fatale erreur : les « Mitsubishi » ne contenaient pas d'ecstasy, mais de la PMA fabriquée clandestinement en Pologne ! Un produit hallucinogène cinq fois plus puissant que la mescaline, trois fois plus puissant (et plus toxique) que l'ecstasy...

Le Danemark se mobilise : en moins de deux mois, pas moins de 4 478 comprimés blancs ou rouges, tous frappés de la même estampille, sont saisis, ce qui n'empêche pas la mort d'un troisième consommateur. L'existence du « killer » danois est communiquée à toute l'Europe, le mythe du comprimé « Mitsubishi rouge » est lancé. Dès la mi-septembre, l'Autriche est frappée à son tour : quatre comprimés « Mitsubishi rouge » sont identifiés à Vienne. Mais il s'agit cette fois d'un mélange d'amphétamines, de PMA en dose très importante (les deux tiers d'une dose dangereuse) et de l'une de ses cousines, la PMMA.

Evidemment, cette pré-alerte bénéficie aux Etats d'Europe qui, comme la France, seront bientôt confrontés aux variantes de cette nouvelle défonce. Et lorsque « Superman » débarque dans l'Hexagone en février 2001, Paris est déjà en possession de deux messages d'alerte émanant de l'Observatoire européen des drogues et toxicomanies (OEDT) de Lisbonne[3]. Les Français savent ainsi que la PMA est un hallucinogène, produit des distorsions visuelles et stimule l'énergie. Mais aussi qu'elle induit des spasmes musculaires, augmente la température et la pression artérielle, provoque des difficultés respiratoires voire le coma et la mort.

Malheureusement, l'information disponible demeure lapidaire. L'OEDT reproche surtout à la PMA d'être vendue au titre d'ecstasy, alors que les doses que le consommateur devrait absorber pour l'un ou l'autre de ces produits sont sans commune mesure : la fourchette dangereuse pour l'ecstasy se situe aux alentours de 80 à 160 mg, alors que la moitié de cette dose suffit à rendre la PMA dangereuse[4]. D'où la fréquence des accidents mortels. Mais qu'ajouter à cela ? Officiellement, début 2001, la totalité de l'information disponible sur la PMA tient en une demi-douzaine de pages...

Et la PMA tuera à nouveau, en Belgique cette fois, à l'été 2001. Quatre morts, suivies de quatre hospitalisations graves : les températures du corps ont grimpé jusqu'à 46,1 °C ! Des drames qui auraient pu être évités par une meilleure information ? Pas sûr. La sclérose administrative révélée lors de cet ultime drame enlève toute illusion quant à un succès rapide des politiques européennes de prévention. La présence de PMA dans des comprimés illicites saisis en Belgique sera révélée par un laboratoire d'analyse le 3 août. Mais l'information demeure couverte par le secret de l'instruction. Elle ne sera révélée que le 10 août, après un bras de fer entre les départements belges de la santé et de la justice. Au lieu de donner à la présence de ce poison toute la publicité qu'elle mérite, les Belges ont préféré pinailler sur des questions administratives, sur la diffusion possible ou non des photos, etc. L'ultime décès par ingestion de PMA sera annoncée par le parquet de Louvain le 21 août.

❑ Les leçons de l'Histoire

Pourtant, le compte-rendu des expériences de Shulgin et la lecture des sites Internet spécialisés démontrent que la PMA n'est pas née d'hier, loin de là. Et leur consultation peut aider : la PMA a déjà tué. Et ce dès... 1972, de l'autre côté de l'Atlantique.

On ne parlait pas alors d'ecstasy, ni de « Mitsubishi », non. Mais de « poudre de poulet », « chicken powder » ou « chicken yellow ». A l'époque, la guerre à la drogue n'existait même pas en songe, et Hollywood ne s'était pas encore emparée de la « French connection ». Les années soixante-dix verront pourtant la PMA faire une apparition aussi brève qu'agitée, cette drogue étant d'emblée cataloguée comme particulièrement dangereuse : trois morts en Géorgie, au Missouri, au Kansas. Et huit morts au Canada, à Toronto ! Autant de décès qui expliquent pourquoi, sans doute, la PMA passera à la trappe durant toutes les années quatre-vingt. A l'époque, l'Amérique du Nord découvre même un réseau de trafic international : les comprimés étaient produits dans un laboratoire clandestin de Toronto, puis confiés à un réseau qui inondait Washington, Atlanta, Kansas City, etc.

En conséquence, dès 1973, les Etats-Unis et le Canada ont revu leurs législations et prohibé la substance mortelle. S'en était suivi un long silence de vingt ans, de 1974 à 1994 : la molécule semblait être tombée dans l'oubli.

Shulgin lui-même avait redécouvert la synthèse de la PMA, à laquelle il consacre dans *Pihkal* sa « recherche n° 97 ». Ses commentaires recoupent parfaitement ce que les consommateurs européens allaient décrire ultérieurement, bien qu'il se soit abstenu de pousser l'expérience au-delà de la dose de 75 mg : « Dosage : 50 à 80 mg, durée d'action courte. A 60 mg, après juste une heure, il y eut une soudaine montée de la pression sanguine (...). Cela s'est maintenu durant une autre heure. (...) A 70 mg, cela frappe assez soudainement. J'éprouve une sensation de narcose, presque une intoxication de type alcoolique, et je n'ai jamais eu de "high" au sens psychédélique du terme. » Ce n'est pas fréquent, mais, pour ce produit, Shulgin quitte les considérations purement chimiques et évoque également une « tragédie sociale » : « L'aspect tragique [est que] la PMA a été largement distribuée à la fois aux Etats-Unis et au Canada, sur base, peut-être, d'études effectuées sur le rat qui ont montré que cette substance était l'hallucinogène le plus puissant après le LSD. » Il évoque ensuite les nombreuses morts par overdoses dues à la PMA, et laisse en définitive à ses lecteurs une image peu flatteuse de la « poudre de poulet ». Au seuil des années quatre-vingt-dix, alors que cette molécule est oubliée, voilà l'*underground* à nouveau prévenu via Shulgin : la PMA mérite bien les oubliettes de l'Histoire.

Et pourtant, qui sait pourquoi ?, la PMA refait surface en 1991 en Allemagne – un laboratoire clandestin est démantelé à Worms – et surtout fin 1994 en Australie, ouvrant dans ce pays un long cortège de douze décès au moins. On a pensé trop vite que la PMA allait disparaître et, de ce fait, le décompte des overdoses perd en précision : plusieurs décès ont été attribués trop rapidement à l'ecstasy, alors que seule la PMA était en cause. D'autres victimes, autrefois classées dans les «Divers», reviennent au-devant de l'actualité : la PMA, encore et toujours.

Lorsque l'Europe et la France reprennent ce dossier à l'hiver 2001, l'image devient subitement plus nette : l'Autriche confirme l'implantation durable du produit sur son territoire, et continue l'analyse de nouveaux échantillons. L'Espagne est elle aussi touchée et se souvient avoir saisi à Barcelone, en août 2000, quelques rares comprimés de PMA en mauvais état. Lors du démantèlement d'un laboratoire clandestin en juillet 2000, l'Allemagne identifie finalement quelque 10 grammes de PMA parmi les substances saisies. Ce retour en force de la PMA est suffisamment inquiétant pour que l'Europe se saisisse du problème et ordonne à l'OEDT une évaluation des risques liés à la PMA et la PMMA[5]. Une fois encore, après la MBDB, la 4-MTA ou le GHB, la machine européenne s'est mise en branle.

Les Etats-Unis ne sont pas en reste : en février 2000, peu avant que la PMA n'effectue sa rentrée remarquée sur la scène européenne, elle est de retour en Floride, dans l'Illinois, au Michigan, en Virginie, au Canada[6]. Et les overdoses fatales se succèdent : trois à Chicago, sept en Floride. Tout semble recommencer, comme dans les années soixante-dix.

Le fait est que cette drogue, déjà mortelle dans les années psychédéliques, supporte mal les usages du nouveau siècle et, plus spécifiquement, les mélanges de psychotropes : on consomme désormais la PMA avec de l'alcool, du cannabis, de la cocaïne, du Prozac ou des amphétamines. La PMA, dangereuse à l'origine, devient alors redoutable en association. Ces cocktails mortels sont d'autant plus difficiles à éviter que, rappelons-le, la PMA ne fait pas l'objet d'un marketing spécifique et est vendue au titre d'ecstasy. Il nous manque ensuite la mémoire des drames passés : en définitive, trente années d'expérience de la PMA n'auront pas pu éviter près de trente nouveaux décès survenus uniquement au tournant du siècle. La relecture des expériences de Shulgin permettra simplement de disposer dans l'immédiat d'un cadre plus large d'analyse, mais auquel il manque une clé : jamais Shulgin n'avait étudié le domaine trop vaste des cocktails, l'interaction entre divers produits...

❑ PMMA, le dernier des hors-la-loi

Il faudra attendre mars 2002, soit près de deux années après les premiers ravages connus au Danemark, pour obtenir un portrait fin des molécules de PMA et PMMA, souvent associées en comprimé lors de leur vente en Europe. A ce moment, presque toute l'Europe est touchée, dix jeunes Européens en sont morts en moins de 24 mois, et le Conseil décide l'interdiction de ces deux produits dans toute l'Union[7].

En définitive – s'il est administré en dose adéquate ! – le mélange PMA-PMMA n'est pas plus dangereux que l'ecstasy mais ses effets sont plus tardifs et parfois moins agréables. En outre, la dose active serait peu éloignée de la dose mortelle. Seule consolation : ce mélange agit sur la sérotonine, pas sur la dopamine : il n'y a donc guère de dépendance. Mais tant que la PMA/PMMA sera vendue pour être de l'ecstasy, tant qu'elle sera surdosée, il y aura des accidents.

Les parents qui ont perdu un enfant peuvent se demander pourquoi ce poison a été mis sur le marché par les filières criminelles polonaises. Le rapport de l'Observatoire européen des drogues laisse filtrer une explication cruelle : les produits précurseurs étaient plus faciles à trouver pour la PMMA que pour l'ecstasy, raison pour laquelle les trafiquants se sont rués sur le nouveau produit miracle...

❑ 2C-T-7, ovni dans les Ardennes françaises

Le 12 février 2001, les recherches de Shulgin et les témoignages d'usagers rassemblés sur Internet allaient donner un coup de pouce significatif aux réseaux d'alerte français : ce jour là, la brigade de surveillance et d'intervention des douanes de La Chapelle, dans les

Ardennes françaises, met la main sur trois comprimés qui ne figurent même pas dans la liste des stupéfiants prohibés dans l'Hexagone[8]. Leur nom : « Blue Mystic ». L'analyse chimique réalisée par les douanes tient en quatre lignes que le commun des policiers aura bien du mal à exploiter : « 10 mg PT-DM-PEA, 195 mg calcium carbonate... »

En fait, il s'agit d'un autre comprimé au nom barbare, 2C-T-7, dont les effets sont proches de la mescaline et de l'ecstasy. Malgré l'absence d'études scientifiques, l'Observatoire français des drogues et toxicomanies (OFDT) se doit de diffuser sans délai un message d'alerte. Il s'exécute le 23 février en diffusant quasi exclusivement la... traduction de témoignages et mises en garde récoltées sur le site américain d'usagers « Erowid », non sans préciser que « ces données sont à appréhender avec prudence dans la mesure où, compte tenu du caractère encore peu connu du 2C-T-7, celles-ci n'ont aucune garantie de scientificité ». Ce faisant, et malgré une mise en garde sans équivoque, l'organisme français vient de conférer au site Erowid une certaine reconnaissance.

Les indications fournies par ce site sont, il est vrai, particulièrement adéquates et, coïncidence, ont été postées sur le Net le jour même de la saisie française : « Depuis quatre mois, affirme Erowid, des surdoses consécutives à l'usage de 2C-T-7 sont rapportées. Il est extrêmement important de prendre conscience que le 2C-T-7 est un psychédélique puissant, dont les effets, même à petites doses, peuvent être très forts. Des usagers ont déclaré s'être rendus eux-mêmes à l'hôpital ou avoir été emmenés aux urgences après un usage exclusif de 2C-T-7. Des usagers qui avaient consommé des doses, relativement faibles, de 10 mg ont rapporté avoir été submergés par des sensations d'anxiété et d'inconfort, tandis que d'autres, qui en avaient sniffé 15 mg ou pris 30 mg ou plus par voie orale, se disaient marqués par l'intensité profonde de l'expérience. Ceux-ci poursuivaient en déclarant avoir éprouvé des craintes pour leur santé, du fait des dissociations psychiques – oubliant qui ils étaient, où ils étaient, ce qu'ils avaient consommé – ; des douleurs corporelles intenses (crampes musculaires et stomacales) ; des hallucinations très fortes troublant la vue ; et enfin d'un développement de l'agressivité. On peut légitimement être inquiet à propos du 2C-T-7 parce que les effets durent longtemps et que les usagers qui en ont pris de fortes doses deviennent incapables de conserver un minimum de contrôle de soi. (…)»

En l'occurrence, les usagers sont les premiers à stigmatiser les effets néfastes du 2C-T-7. Ils en connaissent toutes les vicissitudes, jusqu'à relever des détails qu'aucun chercheur n'aurait pu relever en laboratoire. Ainsi, relève Erowid, le sniff (la consommation nasale) serait particulièrement dangereuse : «Le problème du sniff de 2C-T-7 est à l'ordre du jour en partie du fait de surdoses sévères et d'un cas de décès consécutifs à des sniffs de cette substance. (…) Un des résultats surprenants du sniff est que les usagers ressentent davantage les effets secondaires du 2C-T-7 que les usagers qui le prennent par voie orale alors même qu'ils pensaient réduire ces effets en le sniffant.

«L'usage de 2C-T-7 sous forme de poudre provoque chez la plupart des consommateurs des malaises intenses. En outre, il est probable que le sniff est dommageable pour les sinus et conduira, à l'instar d'autres substances sniffées, à des problèmes de santé sérieux en cas d'usage chronique. A la différence de la cocaïne et de la kétamine, le 2C-T-7 en sniff provoque une sensation intense de brûlure qui dure de 5 à 15 minutes avant de disparaître pour laisser place à un écoulement nasal désagréable. Chez certaines personnes, des infections de la gorge et des sinus peuvent survenir. (…) La plupart des usagers contactés par Erowid déclarent qu'ils ne sont pas prêts de recommencer le sniff de 2C-T-7 du fait des effets secondaires et des risques de surdoses accidentelles. »

C'est par ce même vecteur – les sites d'usagers – que la France prend par ailleurs connaissance d'un cas d'overdose mortelle au 2C-T-7 survenu moins de quatre mois plus tôt aux Etats-Unis : «Dimanche 15 octobre 2000, un homme de 20 ans sniffait à peu près 35 mg de 2C-T-7 lors d'une fête privée. 20 minutes plus tard, des signes d'agitation, de peur et des sensations de froid se manifestaient. Le jeune homme se mit à hurler invoquant la présence d'esprits diaboliques, se réfugia dans un coin d'une pièce et tenta de se réchauffer. Hormis de légers vomissements, il sembla physiquement se porter "correctement" lors des 60-90 minutes qui suivirent la consommation. Après, il commença à avoir des convulsions, des vomissements et se mit à saigner abondamment du nez. Ses amis décidèrent alors de le conduire à l'hôpital. Sur la route, ils notèrent qu'il avait cessé de respirer. (…) Peu après son arrivée à l'hôpital, il décédait d'un arrêt cardiaque. »

❑ Entre antidote et poison

La preuve était ainsi faite : en cas d'urgence, et parce que les « nouvelles menaces » sont souvent de vieilles inventions, les sites d'usagers peuvent dépasser en efficacité tous les centres de documentation actuels et participer indirectement à la prévention des accidents.

Mais en l'occurrence, le rôle joué par Shulgin est plus délicat : lorsqu'il s'agissait de prévenir la réapparition de la PMA, la large diffusion des textes de Shulgin aurait pu aider à éviter tout abus. Dans le cas du 2C-T-7, quelle leçon tirer ? D'une part, comme nous l'avons déjà écrit, Shulgin est un pur scientifique vérifiant dans la pratique toute la diversité des possibilités théoriques de la chimie. Ce ne sont pas une ni deux expériences qu'il consacrera aux stupéfiants de type « 2C-T- », mais bien davantage. Et Shulgin a diffusé pas moins de onze textes qui synthétisent ses expériences[9], offrant au monde une vision large et unique de ce type particulier de psychotropes.

Mais il y a un hic : Shulgin adore ce type de produits… Extraits choisis : « Avec 60 mg, la poésie devient une chose naturelle et aisée » (2C-T) ; « Excellent outil d'introspection » (2C-T-2) ; « La clarté du corps et de l'esprit a duré le reste de la soirée avec un sentiment merveilleux de paix » (2C-T-4). Et lorsqu'il aborde le 2C-T-7 en particulier, il écrit : « Si toutes les phénéthylamines devaient être classées selon leur acceptabilité et leur richesse intrinsèque, le 2C-T-7 serait directement très proche du sommet, avec le 2C-T-2, le 2C-B, la mescaline et le 2C-E. (…) [Ce produit] est, comme je m'en rappelle, bon, amical et merveilleux. Je pense qu'il va prendre la place du 2C-T-2 dans mon cœur. (…) » Difficile, dans ces conditions, d'inciter à la lecture ou à la diffusion de ces textes sans éclairage critique.

L'unique apport incontestable de Shulgin aura alors été de détailler avec minutie les doses auxquelles la consommation est apparemment sans risque. Et sur ce point, il rejoint les usagers d'Erowid : le chimiste californien a testé le produit à 20, 25, 30 mg. Et pourtant Shulgin conclut à un dosage de 10 mg, indiquant que la majorité des usagers ont trouvé que cela « correspondait à leurs goûts ». En un sens, Erowid ne dit rien d'autre lorsqu'il diffuse sur le Net que « des usagers qui avaient consommé des doses relativement faibles de 10 mg ont rapporté avoir été submergés par des sensations d'anxiété et d'inconfort, tandis que d'autres, qui en avaient sniffé 15 mg, ou pris 30 mg voire davantage par voie orale, se disaient marqués par l'intensité profonde de l'expérience ».

Mais le ton est sensiblement différent, ouvrant une polémique durable : faut-il ou non parler des expériences passées ? Faut-il ou non diffuser ce type d'information au large public ? Et peut-être est-ce là, par-delà les péripéties de ces ultimes produits « à la mode », par-delà la morale et les notions de bien et de mal, l'un des défis politiques majeurs posés par ces nouvelles défonces dont nous avons tenté de cerner le contour.

❏ En guise de conclusion

Souvent, de vieux rossignols sont proposés à une génération qui, elle seule, est nouvelle. Donc l'information scientifique, l'expérimentation, les comptes-rendus empiriques et (relativement) fiables préexistent la plupart du temps. Or, pour la PMA, le 2C-T-7 comme pour nombre d'autres produits, le problème fondamental des nouvelles drogues réside moins dans leur extraordinaire diffusion, leur complexité chimique ou un paysage de l'offre et de la demande en perpétuelle recomposition, que dans le silence assourdissant que leur opposent nos sociétés. Par pudeur, par précaution, autocensure en vertu d'une illusoire politique d'endiguement, l'information de base est encore trop souvent soigneusement confinée dans les enceintes spécialisées, réservée aux publications autorisées voire même frappée du sceau du secret : « confidentiel », « classifié », « for internal use only ». L'information de qualité ne manque pas, nous l'avons démontré. Elle n'est simplement pas dévoilée – ou jargonnante, ce qui revient au même – par crainte de la contagion, justifiée ou non.

On pourrait nous reprocher de véhiculer dans ce livre des informations qui facilitent l'usage des drogues. Mais nous pensons au contraire que l'époque vit un formidable paradoxe : telle qu'elle est confinée, l'information parvient sans encombre à ceux qui ne devraient pas y avoir accès (chimistes, trafiquants), alors qu'elle n'atteint que très partiellement les parents, éducateurs ou adolescents qui, eux, en ont cruellement besoin. Besoin de se faire une idée précise, besoin de mises en garde. Tous les sites spécialisés de « défonce » abreuvent leurs usagers des pires conseils, alors que les professeurs, les maisons de jeunes, voire les agents de police ou agents de prévention ont toutes les difficultés à élaborer ne fût-ce qu'une vue d'ensemble du phénomène. N'est-il pas opportun d'ouvrir les fenêtres, et de jeter une lumière crue sur un monde, certes stupéfiant, mais dépourvu de grand mystère et de toute dimension merveilleuse ? Si, comme le notait Courier, « la vérité est diamétralement opposée au ton de la bonne compagnie », elle n'en est pas moins gage d'une certaine efficacité. Qui courtise le savoir tutoie inévitablement le diable.

NOTES

1. « Identification de PMA dans plusieurs échantillons », note d'information du dispositif SINTES, 13 avril 2001.

2. Un décès sera relevé en Espagne à cette époque, mais il associe PMMA (sans PMA), MDEA et éthanol.

3. « Note d'information sur le PMA », non daté, et « Deuxième note d'information sur le PMA », 4 octobre 2000. La percée de la PMA et, plus spécifiquement, de la PMMA, fera l'objet d'une mise à jour ultérieure réalisée par l'OEDT le 2 février 2001.

4. 60 à 80 mg représente la dose dangereuse pour la PMA.

5. « Council launches new risk-assessment process », *Drugnet Europe*, n° 30, juillet-août 2001.

6. DEA, «The hallucinogen PMA : dancing with death», *Drug Intelligence Brief*, octobre 2000.

7. Décision prise le 28 février 2002, entrée en vigueur le 28 mai 2002.

8. Pierre-Yves Bello, Michel Gandilhon, «Saisie en France de 2C-T-7», OFDT, message d'information rédigé le 23 février 2001, Paris.

9. Alexander et Ann Shulgin, *Pihkal : a chemical love story*, experiences 39 à 49.

ANNEXE

L'ARGOT DES DROGUES DE SYNTHÈSE

45 minutes psychosis . . . . *DMT*
5-pointed Star *4-MTA*
A . . . . *Amphétamine*
Abe . . . . *Cinq dollars de drogue*
Ace . . . . *PCP*
Acide bleu . . . . *LSD*
Acide de batterie . . . . *LSD*
Acide noir . . . . . *Mélange de LSD et PCP*
Adam . . . . *MDMA*
Adam MTX . . . . *MDMA*
Agent de voyage . . . . *Dealer de LSD*
Aime . . . . *Nitrite d'amyle*
Aimie . . . . *Amphétamine, nitrite d'amyle*
Alice . . . *LSD, champignon hallucinogène*
Alien sex fiend . . . . *Mélange fort de PCP*
et d'héroïne
Aliments pour poules . . *Méthamphétamine*
(« Chiken feed »)
Alpha-ET . . . . *Alpha-éthyltryptamine*
Ame . . . . *Nitrite d'amyle*
Amidon . . . . *Méthadone*
Amoeba . . . . *PCP*
Amped . . . *Sous influence d'amphétamine*
Amped-out . . . . *Se dit de quelqu'un*
de fatigué, après usage d'amphétamine
Amphète . . . . *Amphétamine*
AMT . . . . *DMT*
Angel Dust . . . . *PCP*
Angel hair . . . . *PCP*
Angel poke . . . . *PCP*
Angel tears . . . . *LSD liquide*
Animal . . . . *LSD*
Apache . . . . *Fentanyl*
Aroma of men . . . . *Nitrite de butyle*
Aurora Borealis . . . . *PCP*
Baby slit . . . . *MDMA*
Back breaker . . . . *Mélange de LSD*
et strychnine
Back dex . . . . *Amphétamine*
Bam . . . . *Amphétamine*
Bambinos . . . . *Amphétamine*
Barb . . . . *Barbiturique*
Barbitos . . . . *Barbiturique*
Barrels . . . . *LSD*
Bart Simpson . . . . *LSD*
Bathtub crank . . . . *Amphétamine*
de piètre qualité

Bathtub speed . . . . *Methcathinone*
Batu . . . . *Méthamphétamine fumable*
B-bomb . . . . *MDMA*
BDMPEA *2C-B*
Beam Me Up Scottie . . . . . *Crack plongé*
dans le PCP
Beavis & Butthead . . . . *LSD*
Belladona . . . . *PCP*
Bennie . . . . *Tablette d'amphétamine*
Benz . . . . *Amphétamine*
Beurre de cacahuète . . *Méthamphétamine*
Big D . . . . *LSD*
Big Daddy . . . . *LSD*
Biphetamine . . . . . *Amphétamine, MDMA*
Birdhead . . . . *LSD*
Black and white . . . . *Amphétamine*
Black beauty . . . . *Amphétamine*
Black bird . . . . *Amphétamine*
Black cadillac . . . . *Amphétamine*
Black Molly . . . . *Amphétamine*
Black sunshine . . . . *LSD*
Black Whack . . . . *PCP*
Blanche . . . . *Amphétamine*
Blind squid . . . . *Kétamine, LSD*
Blue Bay . . . . *Amphétamine*
Blue boy . . . . *Amphétamine*
Blue Chairs . . . . *LSD*
Blue fly . . . . *LSD (New York)*
Blue heaven . . . . *LSD*
Blue kiss . . . . *MDMA*
Blue lips . . . . *MDMA*
Blue madman . . . . *PCP*
Blue meth . . . . *Méthamphétamine*
Blue Microdot . . . . *LSD*
Blue Nitro Vitality . . . . *Produit contenant*
du GBL
Boat . . . . *PCP, joint de cannabis*
et de PCP
Boisson . . . . *Ethanol*
Bolt . . . . *Nitrite de butyle*
Bombe bleue . . . . *Benzodiazépine*
Bombido . . . . . . *Amphétamine injectable*
Bombita . . . . *Amphétamine*
Book . . . . *Cent doses de LSD*
Booty juice . . . . *MDMA*
dilué dans un liquide
Booze . . . . *Ethanol*

Bopper . . . . *Nitrite d'amyle*
Bourdon . . . . *Amphétamine*
Brain tickler . . . . *Amphétamine*
Bromo *2C-B*
Brouillard . . . . *LSD*
(brouillard bleu,
brouillard pourpre, etc.)
Brown bomber . . . . *LSD*
Brown dot . . . . *LSD*
Bullet . . . . *Nitrite de butyle*
(ou ustensile de mesure
pour la prise nasale)
Bummer trip . . . . . . *Mauvaise expérience*
à la PCP
Bump . . . . *Kétamine*
Businessman's LSD . . . . *DMT*
Businessman's special . . . . *DMT*
Busy bee . . . . *PCP*
Butt noked . . . . *PCP*
Buvard . . . . *LSD (sur support papier)*
Cacheton . . . . *Terme générique*
pour les psychotropes
Cadillac . . . . *PCP*
Cadillac express . . . . *Methcathinone*
Café . . . . *LSD*
California Sunshine . . . . *LSD*
Canasson rouge . . . . *Benzodiazépine*
Candy . . . . *Amphétamine*
Candy flipping . . . . *Mélange de LSD*
on a string *et de MDMA ;*
ou de LSD, de MDMA
et de cocaïne
Cap . . . . *LSD*
Carrefour . . . . *Amphétamine*
Cat . . . . *Methcatinone*
Cheiro (Portugal) . . . . *Prise nasale*
de psychotropes volatils
Cherry meth . . . . *GHB*
Chief . . . . *LSD*
China girl . . . . *Fentanyl*
Chips chocolat . . . . *LSD*
Christina, Cristina . . . . *Amphétamine,*
méthamphétamine
Chrystal methadrine . . . . *MDMA*
Cid . . . . *LSD*
Cigarrode Cristal . . . . *PCP*
Circle . . . . *Rohypnol®*

CJ . . . . *PCP*
Clarity . . . . *MDMA*
Clear Rock . . . . *Amphétamine*
Clicker . . . . *Mélange de crack et de PCP*
Cliffhanger . . . . *PCP*
Climax . . . . *Nitrite de butyle*
Coast to Coast . . . . *Amphétamine*
Cocaïne synthétique . . . . *PCP*
Coco snow . . . . *Benzocaïne*
Cœurs . . . . *Amphétamine*
Columbo . . . . *PCP*
Conductor . . . . *LSD*
Co-pilote . . . . *Amphétamine*
Cosmos . . . . *Methcathinone*
Crackers . . . . *LSD*
Craie . . . . *Amphétamine*
Crank . . . . *Méthamphétamine*
Crankster . . . *Personne qui consomme ou*
qui produit de la méthamphétamine
Crazy coke . . . . *PCP*
Crazy Eddie . . . . *PCP*
Crêpes au sirop . . *Mélange de glutéthimide*
(hypnosédatif) et de sirop
pour la toux à la codéine
Crink . . . . *Méthamphétamine*
Cris . . . . *Méthamphétamine*
Crisscross . . . . *Amphétamine*
Cristal . . . . *Méthamphétamine*
Cristal (au Portugal) . . . . *PCP*
Cristy . . . . . . *Méthamphétamine fumable*
Croak . . . . *Mélange de crack*
et de méthamphétamine
Croke . . . . *Amphétamine*
Crypto . . . . *Méthamphétamine*
Crystal Meth . . . . *Méthamphétamine*
Cube . . . . *Une once de LSD*
Cube (en France) . . . *LSD sur un morceau*
de sucre
Cupcake . . . . *LSD*
Cyclone . . . . *PCP*
D (aux Etats-Unis) . . . . *PCP*
D (en Europe) . . . *Comprimé de Doriden®*
Dance fever . . . . *Fentanyl*
Debs . . . . *Amphétamine, MDMA*
Décadence . . . . *MDMA*
Deeda . . . . *LSD*
Desocsin . . . . *Méthamphétamine*

Desogtion . . . . *Méthamphétamine*
DET . . . . *DMT*
Dex . . . . *Amphétamine, MDMA*
Diamond . . . . *Amphétamine, MDMA*
Dinitel (au Portugal) . . . . . . *Clobenzorex*
Dipper . . . . *PCP*
Disco biscuit . . . . *MDMA*
DMT . . . . *Diméthyltryptamine*
Do it Jack . . . . *PCP*
Docteur . . . . *MDMA*
Doll . . . . *Amphétamine, MDMA*
DOM . . . . *Diméthoxyméthylamphétamine*
Dome . . . . *LSD*
Domex . . . *Mélange de PCP et de MDMA*
Domino . . . . *Amphétamine*
Double Cross . . . . *Amphétamine*
Double dome . . . . *LSD*
Double Trouble . . *Mélange d'amobarbital*
et de sécobarbital
Dragon . . . . *LSD*
Drogue du cambriolage
sexuel parfait . . . . *GHB*
Drunfar (Portugal) . . . . . . *Consommateur*
d'hypnotiques et d'alcool
Dummy Dust . . . . *PCP*
Dust Joint . . . . *PCP*
Dust of angels . . . . *PCP*
Easy Lay . . . . *GHB*
Ecstasy . . . . *MDMA*
Ecureuil (Squirrel) . . . . *PCP et cannabis,*
fumés avec de la cocaïne
Effet Rambo . . *Sensation d'invulnérabilité,*
sommeil puis amnésie
Electric Kool . . . . *LSD*
Electric Kool Aid . . . . *LSD*
Eléphant . . . . *PCP*
Elvis . . . . *LSD*
Engelenspul . . . . *PCP*
(« Angel Dust » en néerlandais)
Ephédrone . . . . *Methcathinone*
Essence . . . . *MDMA*
ET . . . . *Alpha-éthyltryptamine*
Etoile noire . . . . *LSD*
Etre en Roche . . . . . . *Etre sous influence*
de Rohypnol®
Eve . . . . *MDEA*
Everclear . . . . *GHB*

Explorers' club . . . . . . *Groupe d'usagers*
du LSD
Fantasia . . . . *DMT*
Fantasy . . . . *GHB*
Fantasy (en France) . . . . *N-hydroxy-MDA*
Fast balls . . . . *Amphétamine*
Fastin . . . . *Amphétamine, MDMA*
Félix le Chat . . . . *LSD*
Fentanest (au Portugal) . . . . *Fentanyl*
Feuille de menthe . . . . *PCP*
Fields . . . . *LSD*
Fire . . . . *Mélange de crack*
et de méthamphétamine
Firewater . . . . *Produit contenant du GBL*
Fives . . . . *Amphétamine*
Flash . . . . *LSD*
Flat blues . . . . *LSD*
Flatliner . . *4-MTA (ou kétamine, ou PCP)*
Footballs . . . . *Amphétamine*
Forget-me-pill . . . . *Rohypnol*®
Forwards . . . . *Amphétamine*
French blue . . . . *Amphétamine*
Friend . . . . *Fentanyl*
Fuel . . . . *PCP*
G . . . . *GHB*
Gagger . . . . *Methcathinone*
Gaggler . . . . *Amphétamine, MDMA*
GBH . . . . *GHB*
GBL . . . . *Gamma-butyrolactone,*
précurseur du GHB
Georgia home boy . . . . *GHB*
GHB . . . . *Gamma-hydroxybutyrate*
Ghost . . . . *LSD*
Glass . . . . *Amphétamine*
Gluey . . . . *Personne qui se drogue*
à la colle (« glue »)
Go Fast . . . . *Methcathinone*
Golden dragon . . . . *LSD*
Golden eagle *4-MTA*
Goob . . . . *Methcathinone*
Goodfellas . . . . *Fentanyl*
Goofballs . . . . *Barbituriques*
Goon . . . . *PCP*
Goop . . . . *GHB*
Gorilla biscuit . . . . *PCP*
Gorilla pill . . . . *Mélange de sécobarbital*
et d'amobarbital

Grape parfait . . . . *LSD*
Great hormones at bedtime . . . . *GHB*
Green . . . . *Kétamine*
Green Double Dome . . . . *PCP*
Green leaves . . . . *PCP*
Green Single Dome . . . . *LSD*
Green tear . . . . *PCP*
Greenie . . . . *Mélange américain*
de pentobarbital
et de méthamphétamine
Grievous bodily harm . . . . *GHB*
G-riffic . . . . *GHB*
Hanyak . . . . . *Méthamphétamine fumable*
Hardware . . . . *Nitrite de butyle*
Hat . . . . *LSD*
Hawk . . . . *LSD*
Haze . . . . *LSD*
HCP . . . . *PCP*
Head drug . . . . *Amphétamine*
Head light . . . . *LSD*
Heaven & Hell . . . . *PCP*
He-Man . . . . *Fentanyl*
Herm . . . . *PCP*
Hinkley . . . . *PCP*
Hironpon . . . . *Méthamphétamine fumable*
Hog . . . . *PCP*
Homicide . . . . *Héroïne coupée*
à la scopolamine
Honey Oil . . . . *Kétamine*
Hong-Yen . . . . *Héroïne en comprimé*
Hot ice . . . . . . *Méthamphétamine fumable*
Hug drug . . . . *MDMA*
Hydro . . . . *Amphétamine, MDMA*
Iboga . . . . *Amphétamine, MDMA*
Ice . . . . *Méthamphétamine pure*
qui peut être inhalée
(Dexméthamphétamine)
Inbetween . . . . *Amphétamine*
Infinity . . . . *LSD aux effets très longs*
Instant zen . . . . *LSD*
Jackpot . . . . *Fentanyl*
Jam . . . . *Amphétamine*
Jam cecil . . . . *Amphétamine*
Jee cocktail . . . . *Methcathinone*
Jelly baby . . . . *Amphétamine*
Jesus Christ acid . . . . . *LSD très puissant*
Jet . . . . *Kétamine*

Jet fuel . . . . *PCP*
Jib . . . . *GHB*
Jim Jones . . . . *Mélange de cannabis,*
cocaïne et PCP
Jug . . . . *Amphétamine*
Juice . . . . *PCP*
K . . . . *Kétamine*
Kaksonjae . . . *Méthamphétamine fumable*
Kaléidoscope . . . *Une des variétés de LSD*
Kap . . . . *PCP*
K-blast . . . . *PCP*
Keller . . . . *Kétamine*
Kellys day . . . . *Kétamine*
Ket . . . . *Kétamine*
Keta . . . . *Kétamine*
K-hole, black hole . . *Effet de « trou noir »*
spécifique à la kétamine
Killer Weed . . . . *PCP*
King Ivory . . . . *Fentanyl*
Kit Kat . . . . *Kétamine*
KJ . . . . *PCP*
Kleenex . . . . *MDMA*
Koller joint . . . . *PCP*
Krystal . . . . *PCP*
L . . . . *LSD*
LA . . . . *Amphétamine*
(« Long Acting amphetamine »)
La Roche . . . . *Rohypnol®*
Lactone . . . . *GBL*
Lason Sa Daga . . . . *LSD*
Leaky bolla . . . . *PCP*
Leaky leak . . . . *PCP*
Leaper . . . . *Amphétamine*
Leary's . . . . *LSD*
Lemon 714 . . . . *PCP*
Lemon drop . . . . *Méthamphétamine*
de couleur jaune
Lentilles de contact . . . . *LSD*
Lethal weapon . . . . *PCP*
Lid propper . . . . *Amphétamine*
Lime acid . . . . *LSD*
Liquid E . . . . *GHB*
Liquid ecstasy . . . . *GHB*
Liquid X . . . . *GHB*
Little bomb . . . . *Amphétamine*
Little one . . . . *PCP*
Live one . . . . *PCP*

Live, spit and die . . . . *LSD*
Load of laundry . . . . . *Méthamphétamine*
Locker room . . . . *Nitrite de butyle*
Logor . . . . *LSD*
Loony Toon . . . . *LSD*
Louis XVI . . . *1,77 g (un seizième d'once)*
Love boat . . . . *PCP*
Love doctor . . . . *MDMA*
Love pearls . . . . . . *Alpha-éthyltriptamine*
Love trip . . . . *Mélange de MDMA*
et de mescaline
Lovely . . . . *PCP*
Lucky Charmz . . . . *MDMA*
Lunch money drug . . . . *Rohypnol®*
Lune bleue . . . . *LSD*
MA *4-MTA*
Mad dog . . . . *PCP*
MAO . . . . *Amphétamine, MDMA*
Marathon . . . . *Amphétamine*
Maui-wowie . . . . *Méthamphétamine,*
cannabis
Max . . . . *GHB dissous dans l'eau*
et mélangé à de l'amphétamine
MDM . . . . *MDMA*
Mellow Yellow . . . . *LSD*
Meth . . . . *Méthamphétamine*
Meth head . . . . *Toxicomane*
aux amphétamines
Meth monster . . . . . . *Personne qui réagit*
violemment
aux méthamphétamines
Methlies quik . . . . *Méthamphétamine*
Mexican crack . . . . . . *Méthamphétamine*
qui a l'apparence du crack
Mexican speedball . . . . *Mélange de crack*
et de méthamphétamine
Mexican valium . . . . *Rohypnol®*
MFT *2C-B*
Mighty Quinn . . . . *LSD*
Mind detergent . . . . *LSD*
Minibenny . . . . *Amphétamine*
Missile base . . . . *Mélange de PCP*
et de crack liquide
Mitsubishi . . . . *MDMA estampillé*
« Mitsubishi »
MK *4-MTA*
Molly . . . . *Amphétamine*

Monkey dust . . . . *PCP*
Monstre vert (ou rouge) . . . . *LSD*
More . . . . *PCP*
Morning shot . . . . *Amphétamine, MDMA*
Mort à l'arrivée . . . . *PCP*
(« DOA, Death on arrival »)
Mother of God . . . . . *LSD dont le buvard*
représente une femme dénudée
Mother's little helper . . . . *Benzodiazépine*
(diazépam)
Mr Lovely . . . . *Mélange de cannabis*
et de PCP
Mulk . . . . *Methcathinone*
Murder 8 . . . . *Fentanyl*
New acid . . . . *PCP*
New magic . . . . *PCP*
Newspaper . . . . *LSD*
Nexus *2C-B*
Niebla . . . . *PCP*
Nimy . . . . *Comprimé de Nembutal*
Nineteen . . . . *Amphétamine, MDMA*
Noirs . . . . *Amphétamine*
Nugget . . . . *Amphétamine*
Number 9 . . . . *MDMA*
OPP . . . . *PCP*
Octane . . . . *Mélange de PCP et d'essence*
Oiseaux noirs . . . . *Amphétamine*
One-way . . . . *LSD*
Orange . . . . *Amphétamine*
Organic quaalude . . . . *GHB*
Outerlimits . . . . *Mélange de crack*
et de LSD
Owsley, Owsley's acid . . . . *LSD*
Ozone . . . . *PCP*
P . . . . *PCP*
Palf . . . . *Ampoules de Palfium®*
(dextromoramide)
Panama . . . . . . *Comprimé de Dexedrine®*
(ou Biphetamine®, ou Orténal®, etc.)
Pane . . . . *LSD*
Paper . . . . *Un dixième de gramme*
de méthamphétamine
Parachute . . *Mélange de crack et de PCP*
Patate . . . . *LSD*
PAZ . . . . *PCP*
PCP . . . . *PCP*
PeaCe Pill . . . . *PCP*

Pêche . . . . *Comprimé de Dexedrine®*
Pep . . . . *Amphétamine*
Perles . . . . *Nitrite d'amyle*
Peter Pan . . . . *PCP*
P-Funk . . . . *Mélange de crack et de PCP*
Phenos . . . . *Phénobarbital*
Phosphore rouge . . . . *Speed*
(psychostimulant) à fumer
Pills (en France) . . . . *LSD*
Pilule d'amour . . . . *MDMA*
Pilule de régime . . . . *Amphétamine*
Pingus . . . . *Rohypnol®*
Po-de-Anjo (au Portugal) . . . . *PCP*
Pois («Beans») . *Tablette d'amphétamine*
Poison . . . . *Fentanyl*
Polluant . . . . *Amphétamine, MDMA*
Polvo de Angel . . . . *PCP*
Polvo de Estralos . . . . *PCP*
Popper . . . . *Nitrite d'amyle, de butyle*
ou de propyle
Pot belge . . . . . *Dopant sportif contenant*
notamment de l'amphétamine
Poulet en poudre . . . . *Amphétamine*
(«Chicken powder»)
Prelo . . . . . . *Comprimé de phenmétrazine*
Puffy . . . . *PCP*
Purple . . . . *Kétamine*
Purple rain . . . . *PCP*
Qat . . . . *Metcathinone*
Quartz . . . . . . *Méthamphétamine fumable*
Quicksilver . . . . *Nitrite de butyle*
Quill . . . . *Méthamphétamine*
R-2 . . . . *Rohypnol® 2 mg*
Rainbow . . . . *LSD*
Redneck cocaïne . . . . . *Méthamphétamine*
Renewtrient . . *Produit contenant du GBL*
Retour . . . . *Fin de trip au LSD*
Revivarant, Revivarant-G . . . . . . *Produit*
contenant du GBL
Reynold . . . . *Rohypnol®*
Rhythm . . . . *Amphétamine*
Rib . . . . *Rohypnol®*
Roach-2 . . . . *Rohypnol® 2 mg*
Robutal . . . . *Rohypnol®*
Roca (hispanophone) . . . . *MDMA*
Rochas dos . . . . *Rohypnol® 2 mg*
Roche . . . . *Rohypnol®*

Rocket fuel . . . . *PCP*
Rolling . . . . *MDMA*
Rolpe (au Portugal) . . . . *Rohypnol®*
Roofie . . . . *Rohypnol®*
Rose . . . . *Tablette d'amphétamine*
Roues de charettes . . . . *Amphétamine*
(«Cartwheels»)
Row-shay . . . . *Rohypnol®*
Roz-Rox . . . . *LSD*
Ruffle . . . . *Rohypnol®*
Running . . . . *MDMA*
Russian Sickles . . . . *LSD*
S-5 . . . . *4-MTA*
S5 the one and only dominator . . . *4-MTA*
Salty water . . . . *GHB*
Sandoz . . . . *LSD*
Sapin de Noël . . *Mélange d'amphétamine*
et d'amobarbital
Savon . . . . *GHB*
Scaffle . . . . *PCP*
Schmiz . . . . *Méthamphétamine*
Scooby snack . . . . *MDMA*
Scoop . . . . *GHB*
Scootie . . . . *Méthamphétamine*
Sedexes (au Portugal) . . . . *Flunitrazépam*
Seggy . . . . *Sécobarbital*
Sernyl® . . . . *L'une des appellations*
commerciales américaines
de la PCP
Sernylan® . . . . *L'une des appellations*
commerciales américaines
de la PCP
Shabu . . . . *Méthamphétamine*
Sketch . . . . *Méthamphétamine*
Slamming . . . . *Amphétamine, MDMA*
Sleep-500 . . . . *GHB*
Slick superseed . . . . *Methcathinone*
Slipvin . . . . *Amphétamine*
Snap . . . . *Amphétamine*
Snapper . . . . *Nitrite de butyle*
Sniff . . . . *Methcathinone*
Snot . . . . *Résidus dégagés par*
l'amphétamine fumée
Snow pallet . . . . *Amphétamine*
Snowman . . . . *LSD*
Soap dope . . . . . . *Méthamphétamine avec*
une couleur légèrement rose

Soma . . . . *PCP*
Somali tea . . . . *Methcathinone*
Somatomax . . . . *GHB*
Space base . . . *Crack plongé dans le PCP*
Sparkler . . . . *Amphétamine*
Special K . . . . *Kétamine*
Special la Coke . . . . *Kétamine*
Spectrum *2C-B*
Speed Cristal . . . *Amphétamine à injecter*
Speed for lovers . . . . *MDMA*
Speed freak . . . . *Usager régulier d'amphétamines à injecter*
Speedball . . . . . *Mélange cocaïne/héroïne, ou MDMA/kétamine*
Spike . . . . *Héroïne coupée à la scopolamine*
Spivias . . . . *Amphétamine, MDMA*
Splash . . *Amphétamine, méthamphétamine*
Spoosh . . . . *Méthamphétamine*
Star . . . . . . *Amphétamine, methcathinone*
Stat . . . . *Methcathinone*
Stove top . . . . *Méthamphétamine*
STP . . . . *PCP*
(Serenity, Tranquillity, Peace)
Strawberry field . . . . *LSD*
Strawberry shortcake . . . . . *Amphétamine, MDMA*
Sucre . . . . *LSD*
Sulphate . . . . *Amphétamine*
Super Acid . . . . *Kétamine*
Super C . . . . *Kétamine*
Super Ice . . . . *Méthamphétamine fumable*
Superman . . . . *LSD*
Sweet . . . . *Amphétamine*
Tac et Tic . . . . *PCP*
T-buzz . . . . *PCP*
TEM . . . . *Comprimé de Temgésic® (buprémorphine)*
Ten pack . . . . *Mille doses de LSD*
Tête de cheval . . . . *Amphétamine*
The C . . . . *Methcathinone*
Thrust . . . . *Nitrite de butyle*
Tic . . . . *PCP en poudre*
Ticket . . . . *LSD*
TNT . . . . *Fentanyl*
Toonie *2C-B*
Topette . . . . *Amphétamine*

Totally spent . . . . *Gueule de bois due au MDMA*
Tour de contrôle . . . . *Personne qui prend («ground control») soin d'une autre pendant une expérience sous hallucinogène*
TR-6 . . . . *Amphétamine*
Tragic Magic . . . . *Crack plongé dans le PCP*
Trails . . . . *Illusion due au LSD : les objets en mouvement semblent se démultiplier*
Trichlo . . . . *Trichloréthylène*
Trip . . . . *LSD*
Tripar (Portugal) . . . . *Etre sous influence d'hallucinogènes*
Turnabout . . . . *Amphétamine*
Tweeker . . . . *Methcathinone*
Twenty-five . . . . *LSD*
Twister . . . . *Mélange de crack et de méthamphétamine*
USP . . . . *Amphétamine, MDMA*
Utopiacé . . . . *Hallucinogène*
V . . . . *Valium® (diazépam)*
Valium du chat . . . . *Kétamine* («Cat valium»)
Venus *2C-B*
Vita-G . . . . *GHB*
Vitamin K . . . . *Kétamine*
Vodka acid . . . . *LSD*
Vredestro (en néerlandais) . . . . *PCP*
Wake up . . . . *Amphétamine*
Wedding bell . . . . *LSD*
Wedge . . . . *LSD*
West coast . . . *Méthylphénidate (Ritalin®)*
Wheels . . . . *MDMA*
Whiffledust . . . . . . *Amphétamine, MDMA*
White dove . . . . *MDMA*
White dust . . . . *LSD*
Whiteout . . . . *Nitrite de butyle*
Whizz . . . . *Amphétamine*
Wigit . . . . *MDMA*
Wild cat . . . . . *Mélange de methcathinone et de cocaïne*
Wobbly Jellies . . . . *Comprimés de témazépam*
Wonder star . . . . *Methcathinone*

Working man's
cocaïne . . . . *Méthamphétamine*
X . . . . *MDMA*
X-ing . . . . *MDMA*
X-mas Tree . . . . *Amphétamine*
XTC (=Ecstasy) . . . . *MDMA*
Yellow bam . . . . *Méthamphétamine*
Yellow jackets *Comprimé de pentobarbital*
Yellow powder . . . . . . *Méthamphétamine*

Yen sleep . . . . *Etat d'assoupissement*
après l'utilisation de LSD
Yerba Mala . . . . *Mélange de PCP*
et de cannabis
Ying Yang . . . . *LSD*
Zen . . . . *LSD*
Zig Zag man . . . . *LSD*
Zombie . . . . *PCP*
Zoom . . . . *PCP*

REMERCIEMENTS

Rien n'aurait été possible sans la bienveillance de l'Observatoire européen des drogues et toxicomanies (OEDT) de Lisbonne. Que son directeur Georges Estievenart, ainsi que nos amis Alain Wallon, Alexis Goosdeel, Gianni Contestabile et leur attachée de presse Kathy Robertson en soient remerciés. De la même manière, nous souhaiterions saluer l'équipe de l'Observatoire français des drogues et toxicomanies (OFDT), et en particulier Abdalla Toufik et Alain Labrousse. Merci enfin à Philippe «Berki» Berkenbaum, Jean-Paul Collette et Baudouin Loos, du quotidien *Le Soir* de Bruxelles, pour avoir donné à ce livre le temps de naître malgré les événements du 11 septembre 2001.

A. L.

Je remercie tout particulièrement Stany Laval qui m'a donné un accès rapide et aisé à l'ensemble de la littérature médicale consacrée à la pharmacologie et plus particulièrement à l'usage détourné des substances licites, ainsi que Josiane Salmon.

P. S.

TABLE

Impression réalisée sur CAMERON par

BUSSIÈRE CAMEDAN IMPRIMERIES

GROUPE CPI

à Saint-Amand-Montrond (Cher)
en juin 2002
pour le compte des Éditions Grasset,
61, rue des Saints-Pères, 75006 Paris

Nᵒ d'édition : 12424. — Nᵒ d'impression : 21994-02170
Dépôt légal : juin 2002.

Imprimé en France

ISBN 2-246-63281-1